질문으로 배우는
중국어 문법

下

질문으로 배우는
중국어 문법

下

陆俭明 편찬
杨玉玲 · 应晨锦 저
김미순 · 정인정 · 고은미 편역

한국문화사

© 北京大学出版社 2011
本作品中文版由北京大学出版社出版。
此译本经北京大学出版社授权出版发行。
保留一切权利。未经许可，任何人不得复制、发行。

© Peking University Press 2011
The Chinese edition is originally published by Peking University Press.
This translation is published by arrangement with Peking University Press, Beijing, China.
All rights reserved. No reproduction and distribution without permission.

이 책의 한국어 출판권은 북경대학교출판부를 통해 저작권자와 독점 계약한 한국문화사에 있습니다.
신 저작권법에 의해 한국 내에서 보호를 받는 저작물이므로 무단 전재와 무단 복제를 금합니다.

총서 서문

중국어 교육은 중국 언어학, 응용 언어학, 교육학, 심리학, 문학 그리고 문화와 예술 등 다양한 분야를 아우르는 학문이지만 핵심은 중국 언어와 문자를 가르치는 것이며, 그 목적은 중국어 학습자가 중국어를 제대로 습득하는 데 있습니다. 따라서 중국어 교사는 중국어와 중국 문자에 대해 해박한 지식이 있어야 중국어를 잘 가르칠 수 있습니다.

그런데 중국어 교사는 특이하게도 다른 교과의 교사와는 달리, 학과 전공이 매우 다양합니다. 중국어 교육이 융합 학문이기 때문에 이는 장점이기도 하지만, 교사의 중국 언어학 지식이 부족하여 중국어 교수·학습 과정에서 나타나는 질문들을 답변하기에는 역부족일 수 있습니다. 중문학을 전공한 교사여서 중국 언어학 지식에 해박할지라도, 중문학은 중국어 모국어 화자를 위한 학문이기 때문에 중국어 교육에 필요한 지식을 갖추기에는 한계가 있습니다. 따라서 중국어 교사가 전공과 관계 없이 중국어 교육에 필요한 중국 언어학 지식을 갖추는 데 도움을 주고자, 본 총서를 편찬하게 되었습니다.

본 총서는 '博雅对外汉语知识丛书'로 불리며, 현재 『现代汉语语音答问』, 『现代汉语语法答问』, 『现代汉语词汇答问』, 『现代汉语修辞答问』, 『现代汉语文字答问』, 『现代汉语规范化答问』 등의 저서가 출간되었습니다. 본 총서의 주요 특징은 다음과 같습니다.

(1) 본 총서는 주로 중국어 교사, 특히 교육 경험이 부족한 현직 교사와 예비 교사를 대상으로 합니다.

(2) 본 총서는 중국어 교사가 수시로 참고할 수 있도록 편찬한 도서입니

다. 중국어 교육에 필요한 기본적인 중국 언어학 지식, 그리고 중국어 교육에서 직면하는 다양한 문제를 해결할 지식과 능력을 전수하는 데 목적이 있습니다.

(3) 본 총서는 이론에 기반하였으며 적합성, 포괄성, 실용성을 모두 고려하여 집필되었습니다. 또한, 저자의 개인적인 경험들도 반영하였습니다.

(4) 본 총서는 전통적인 편찬 방식에서 벗어나 문답 형식으로 구성하였습니다. 각 장절은 주요 내용에 대표 질문들을 연계하여 설계하고, '일문일답'의 방식을 채택하여 실제 교육 현장에서 직면할 수 있는 질문들을 분석, 설명하였습니다. 질문은 신임 교사가 가질 수 있는 궁금증에서 출발하였으며, 해설은 핵심적인 내용을 포함하여 독자의 궁금증이 해소될 수 있도록 하였습니다.

(5) 본 총서의 각 장은 주요 내용 소개로 시작하고, 본문은 해당 장의 내용을 포괄하는 다양한 질문과 답변으로 구성되었습니다.

(6) 본 총서는 심도 있는 내용을 쉽게 풀어내고, 전문 용어의 사용을 자제하여 누구나 이해하기 쉽도록 저술하였습니다.

본 총서는 편집 방식을 최대한 통일하였습니다. 그러나 분권마다 내용이 다르므로 무리하게 통일하지는 않았습니다. 그래서 저서마다 제시어의 상세함, 문제 설계 규모, 해설의 깊이, 참고문헌 배치 등에서 다소 차이가 있을 수 있습니다.

독자 여러분, 특히 중국어 선생님들께서 귀한 의견을 주시면 향후 본 총서를 개정할 때 반영하여 책의 완성도를 높임으로써, 여러분의 요구에 더 부합할 수 있도록 노력하겠습니다.

陆俭明
2010年 5月 5日
북경대학교 蓝旗营 숙소에서

서문

　외국어 교육에서 문법의 중요성은 언급할 여지도 없습니다. 단어를 한 사람의 피와 살에 비유한다면, 문법은 뼈대입니다. 뼈대가 튼튼하지 않다면, 피와 살이 아무리 건강해도 사람은 자유자재로 움직일 수 없습니다. 그래서 외국어 교사는 문법 교육을 매우 중시하며, 어떤 학파를 막론하고 명시적으로나 암묵적으로 문법 교육을 하게 됩니다. 그러나 문법은 복잡하고 추상적이어서 많은 외국어 교사가 문법 교육을 부담스럽게 생각합니다. 문법을 복잡하고 추상적이지 않게 설명하여 중국어 학습자의 불필요한 오류를 줄이고자『现代汉语语法答问』을 저술하게 되었습니다.

　이 책은 주로 다음과 같은 원칙을 반영하였습니다.

　첫째, 실용성 원칙.

　내용 선정과 중점, 그리고 편집 방식의 두 가지 측면에서 드러나는데, 이 책은 현대중국어 문법의 모든 것들을 다루지 않고, 중국어 교육에서 어려운 항목들을 다루었습니다. 즉 학습자가 이해하기 어려워서 자주 오류를 범하거나 사용을 회피하는 문법 현상들을 중점적으로 선정하였습니다. 예를 들어 학습자가 왜 자주 "我要见面一个朋友", "我做作业完了", "我从爷爷知道这件事", "她是一个美美丽丽的公主", "她病了病, 很快就好了", "我们的老师40岁多了", "她是最好学生" 등의 오류문을 말하는지에 대해 실용적 측면에서 자세히 설명했습니다. 외국어 학습자가 틀리지 않는 문법 현상들에 대해서는 간략하게 설명하거나 언급하지 않았습니다.

　다음으로 선정한 문법 현상에 대해 구체적으로 설명하고, 중국어 교육에서 쉽게 발생하는 문제와 해결 방안도 제시하였는데, 이것이 일반 문법 교재와 다른 점 중 하나입니다. 문법 체계의 틀 안에서 문법 현상과 규칙들을 구체적으로 설명하여, 중국어 교수·학습에 도움이 되고자 하였습니다.

둘째, 체계성 원칙.

이 책은 먼저 특정 문법 항목을 간단히 설명한 후에, 몇 개의 질문을 설계하여 관련 문법 현상을 자세히 다루었습니다. 예를 들어 동사의 경우, 동사의 문법 기능과 분류에 관해 설명한 후, 동사 유형의 하위 분류에 있어 중국어 교육에서 자주 발생하는 문제를 다루었습니다. 이러한 방식은 독자가 현대중국어 문법 체계를 이해하고, 더 나아가 특정 문법 현상에 대해서도 숙지하여 중국어 교육에 효과적으로 적용할 수 있도록 돕습니다. 문법 체계가 은으로 된 실이라면 중국어 교육에서 발생하는 문제들은 한 알 한 알의 진주여서, 이 둘은 유기적으로 연결된 완성체를 이룹니다. 은실이 없다면 수많은 문법 문제는 흩어진 진주와 같아, 아름다운 목걸이로 만들 수 없을 것입니다.

셋째, 세분화 원칙.

이 책은 기초 학습자도 이해할 수 있도록 문법 설명이 매우 상세합니다. 예를 들어 다른 문법책은 '能'와 '会'의 차이를 자세히 설명하지 않습니다. 또 다른 예로, 형용사 중첩과 동사 중첩을 언급하지만, 어떤 형용사나 동사가 중첩될 수 있는지, 어떤 형용사나 동사가 중첩될 수 없는지는 설명하지 않습니다. 그러나 이 책은 이것들에 대해 자세히 다루었습니다. 문법 규칙을 세부적으로 나누어 설명하며, 문법 형식 외에 의미와 용법 설명에도 주의를 기울여 '문법, 의미, 용법' 세 가지 측면을 모두 고려하였습니다. 설명이 자세해서 자칫 사전처럼 보일 수도 있지만, 중국어 교육에서의 어려운 점이나 핵심 내용이라면 번거로움을 감수하고 모두 자세히 설명하여 실용성을 높이고자 하였습니다.

물론, 인간은 기억에 한계가 있어서, 규칙이 너무 많고 복잡하면 기억하기 어려울 수 있습니다. 그래서 문법 규칙을 설명할 때 간결함과 복잡함 사이의 적절한 균형을 찾으려고 노력했습니다. 균형의 적절성에 관한 판단은 독자분들께 맡기고자 합니다.

이 부분도 이 책이 다른 문법서와 차별화되는 점입니다.

넷째, 대조 원칙과 오류 분석 원칙.

이 책은 주로 세 가지 유형의 대조를 진행하였습니다. 첫째는 언어 간 대조이고, 둘째는 언어 내부 대조, 즉 중국어 내에서 유사하거나 혼동하기 쉬운 문법 현상들을 비교하는 것입니다. 그리고 셋째는 학습자의 오류문과 적격문(올바른 문장)에 대한 대조입니다. 이를 통해 중국어 교육에서 모국어의 부정적 전이로 인한 오류와 과잉 일반화로 인한 오류를 최대한 예방하고자 했습니다.

이 책의 출간을 맞이하여 지도교수님이신 陆俭明 교수님, 북경대학교 출판사 沈浦娜 선생님, 편집자 李凌 선생님께 깊은 감사의 말씀을 드립니다. 陆 교수님과 沈 선생님의 독보적인 안목 덕분에 이 책이 탄생할 수 있었습니다. 陆 교수님께서 중국어 교육 기초 연구의 중요성을 강조하시며 격려해 주셔서 제가 '보잘것없는 재주'지만 최선을 다할 수 있었습니다. 또한 교수님의 후학 육성을 위한 마음 덕분에 저희가 이 귀중한 기회를 얻게 되었고, 교수님의 '비공개 감수' 덕분에 이 책의 완성도를 더 높일 수 있었습니다. 이 자리를 빌려 교수님께 진심으로 감사의 인사를 전하고 싶습니다. 陆 교수님과 沈 선생님의 독보적인 안목이 이 책의 탄생을 가능하게 했다면, 李凌 선생님의 책임감 있는 태도와 뛰어난 중국어 실력 덕분에 이 책이 풍성한 결실을 보게 되었습니다. 그리고, 여러 차례 감수해 주신 선생님들께도 특별히 감사드립니다. 그분들의 고견과 제안으로 인하여 이 책이 더욱 빛을 발하게 되었습니다. 이 자리를 빌려 모든 분께 감사의 말씀을 드립니다.

이 책이 모쪼록 중국어 교육에 뜻이 있는 분들이 문법 교육의 묘미를 경험하고 즐기는 데 도움이 되기를 바랍니다.

   이 책은 교육적 목적에서 출발하였으며, 향후 지속적으로 교육 현장의 고견을 반영하고자 합니다. 경험에 한계가 있고, 일부 문법 현상에 대한 연구와 선행 연구에 대한 배움이 깊지 못해 부족한 점이 있으리라 생각합니다. 더 나은 저서를 위하여 독자 여러분의 비평과 고견을 부탁드립니다.

저자

2011년 7월 미국 Middlebury College에서

역자의 말

이 중국어 원서를 처음 접했을 때 굉장히 반가웠습니다. 그동안 중국어 학습자의 오류를 해결하기 위한 문법 연구가 상당히 진행되었음에도 관련 연구 성과를 반영한 문법서를 찾아보기 어려웠기 때문입니다. 이 중국어 원서는 중국어 교사나 학습자가 한 번쯤은 고민했을 질문을 던지고, 최근의 연구 성과를 적용하여 그 해법을 매우 명쾌하게 제시하고 있습니다. 게다가 중국어 문법 학계의 저명 학자이신 陸儉明 교수님의 감수를 거쳐, 여러 문법책을 집필한 杨玉玲, 应晨锦 교수님께서 출간한 저서이기에 원서에 대한 믿음과 신뢰가 더욱 컸습니다.

중국어의 문법 구조를 주로 소개하는 기존 문법서와 다르게, 중국어의 사용 관점에서 출발한다는 점 또한 이 중국어 원서가 이유입니다. 학습자의 입장에서 "중국어는 왜 이렇게 말하는지? 왜 이렇게 말하면 안 되는지?", 교사의 입장에서 "학습자는 왜 이렇게 잘못 말하는지? 그러면 어떻게 가르쳐야 되는지?" 등의 다양한 질문을 던집니다. 이어서 '구조, 의미, 용법'의 세 가지 측면을 고려한 설명과 교수 방안을 제시합니다.

국내 중국어 교사와 학습자도 이렇게 참신한 구성과 내용의 문법서를 접했으면 하는 마음에 편역하게 되었습니다. 중국어 원서의 내용을 최대한 유지하되, 주요 독자가 한국어 모국어 화자라는 점을 중점적으로 고려하여 편역을 진행하였습니다. 지나치게 어렵거나 앞뒤 맥락을 이해하기 어려운 예문은 배제하고, 설명 순서에 맞게 재배치하였습니다. 다양한 유형의 오류문들은 중국어 교수·학습에 도움이 되기 때문에 중국어 원서에 수록된 분량을 그대로 제시하였습니다. 이와 함께 한국어 모국어 화자가 이해하기 쉽도록 중국어 문법을 설명하고, 중국어 교육 현장에서 자주 접하는 학습자의 오류 유형 및 교수 방안을 제시하였습니다.

이 책이 국내 중국어 교사, 학습자, 연구자들에게 유용하게 활용되기를 바랍니다. 그리고 중국어 문법 교육이 단순히 문법 구조를 가르치는 것이 아니라, 중국어를 제대로 사용하는 방법을 가르치는 것이라는 점을 다시 한번 일깨우는 좋은 기회가 되었으면 하는 바람입니다.

다음은 이 책을 읽는 독자들을 위한 일러두기입니다.

(1) 예문 앞에 있는 '*'는 오류문을 의미
(2) 예문 앞에 있는 '?'는 문법적 오류는 없으나 부자연스러운 문장을 의미

마지막으로 이 자리를 빌려 편역을 허락해 주신 저자분들과 북경대학교 출판사, 그리고 출간을 위해 애써주신 한국문화사 관계자 여러분께 감사의 말씀을 전합니다.

역자 일동
2025년 서울에서

목차

총서 서문 5

서문 7

역자의 말 11

CHAPTER 4 문장 성분   1

I. 주어와 서술어 ——————————————————— 3

   1. 주어와 서술어: "怎么了, 你?"에서 주어는 무엇일까? ·····················3

   2. 주어와 서술어의 의미 관계: "这把刀我切肉"에서 '这把刀'는 주어일까? ···4

   3. 어떤 단어가 주어와 서술어가 될 수 있을까? ···························6

   4. 주어의 한정성: "一个人走了"는 왜 잘못된 문장일까? ···············10

   5. 주어와 서술어를 학습할 때 자주 출현하는 오류는? ··················12

II. 서술어와 목적어 ——————————————————— 16

   1. 서술어란? 목적어란? 서술어와 목적어는 의미상으로 어떤 관계가 있을까? ···16

   2. 어떤 단어가 서술어와 목적어가 될 수 있을까? ························20

   3. 행위자 목적어문 및 특징: "前边来了那辆车"는 왜 잘못된 문장일까? ···23

   4. 목적어의 비한정성: "客人来了"와 "来客人了"는 어떤 차이가 있을까? ··24

   5. 목적어의 위치: '看了一天书'와 '等了一天他'는 모두 맞는

　　　　표현일까? ···25
　　6. 서술어와 목적어를 학습할 때 자주 출현하는 오류는? ·······················28
　　7. 서술어와 목적어 교육에서 유의할 점은? ··29

III. 보어 ——————————————————————————— 31

　　1. 보어 개요 ··34
　　　1.1 보어란? 중국어 교육에서 보어는 왜 중요할까? ·····························34
　　　1.2 보어는 몇 개의 유형으로 나누어질까? ··34
　　2. 결과보어와 결과보어 교육 ···35
　　　2.1 결과보어란? 결과보어의 구조적 특징은? ··35
　　　2.2 결과보어와 목적어 위치: '做作业完了'일까 '做完作业了'일까? ····37
　　　2.3 결과보어를 학습할 때 자주 출현하는 오류는? ·······························38
　　　2.4 결과보어 교육에서 유의할 점은? ··40
　　3. 방향보어와 방향보어 교육 ···41
　　　3.1 방향보어 및 유형 ··41
　　　　3.1.1 방향보어란? 방향보어의 특징은? ··41
　　　　3.1.2 방향보어는 몇 개의 유형으로 나누어질까? ·························42
　　　　3.1.3 방향보어와 목적어의 위치: '回宿舍去了'와
　　　　　　　'走进了宿舍'의 어순은 왜 다를까? ··43
　　　3.2 상용 방향보어의 기본 용법과 기본 용법 교육 ·······························46
　　　　3.2.1 '来'와 '去'의 방향 의미는 어떤 차이가 있을까? ···················46
　　　　3.2.2 '(동사+)上来'와 '(동사+)上去'의 방향 의미는 어떤 차이가
　　　　　　　있을까? ···47
　　　　3.2.3 '(동사+)下来'와 '(동사+)下去'의 방향 의미는 어떤 차이가
　　　　　　　있을까? ···47
　　　　3.2.4 '(동사+)过来'와 '(동사+)过去'의 방향 의미는 어떤 차이가
　　　　　　　있을까? ···47
　　　　3.2.5 '(동사+)进来'와 '(동사+)进去'의 방향 의미는 어떤 차이가
　　　　　　　있을까? ···48

3.2.6 '(동사+)出来'와 '(동사+)出去'의 방향 의미는 어떤 차이가
있을까? ···48

3.2.7 '(동사+)回来'와 '(동사+)回去'의 방향 의미는 어떤 차이가
있을까? ···48

3.2.8 '동사+起来'의 방향 의미는? ···49

3.2.9 '起来'와 '上来': '坐起来'와 '坐上来'는 어떤 차이가
있을까? ···49

3.2.10 '동사+开'의 의미는? ··50

3.2.11 방향보어의 기본 용법을 학습할 때 자주 출현하는
오류는? ···51

3.2.12 방향보어 기본 용법 교육에서 유의할 점은? ·······················52

3.3 상용 방향보어의 파생 용법과 파생 용법 교육 ································53

3.3.1 '起来'의 파생 용법: '站起来', '哭起来', '捆起来'에서
'起来'는 같을까? ··53

3.3.2 '突然下雨起来'는 왜 잘못된 표현일까? ································54

3.3.3 '下去'의 파생 용법: '爬下去'와 '请讲下去'에서 '下去'는
같을까? ···56

3.3.4 "请你说话下去"와 "上课了, 他还在玩下去"는 왜 잘못된
문장일까? ···57

3.3.5 '起来'와 '下去': '聊起来'와 '聊下去'는 어떤 차이가
있을까? ···58

3.3.6 '下来'의 파생 용법: '爬下来', '停下来', '脱下来'와
'坚持下来'의 '下来'는 같을까? ···59

3.3.7 '下来'와 '下去': '坚持下来'와 '坚持下去'는 어떤 차이가
있을까? ···61

3.3.8 '下来'와 '起来': 왜 '变胖'은 '胖起来'라고 하는데 '变瘦'는
'瘦下来'라고 하지 않을까? ···62

3.3.9 '过来'의 파생 용법: '跑过来', '醒过来', '熬过来'에서
'过来'는 같을까? ··63

3.3.10 '过来'와 '过去': 왜 '醒过来', '昏过去'라고 표현할까? ·········64
3.3.11 '出来'의 파생 용법: '跑出来'와 '想出来'에서 '出来'는
　　　　같을까? ···66
3.3.12 '出去'의 파생 용법: '跑出去'와 '说出去'에서 '出去'는
　　　　같을까? ···66
3.3.13 '想出来'와 '想起来'는 어떤 차이가 있을까? ·················67
3.3.14 '报上来'와 '报上去'는 어떤 차이가 있을까? ·················68
3.3.15 '上'의 파생 용법: '爬上树'와 '合上书', '考上大学',
　　　　'爱上他'에서 '上'은 같을까? ·······································68
3.3.16 방향보어의 파생 용법을 학습할 때 자주 출현하는
　　　　오류는? ···69
3.3.17 방향보어 파생 용법 교육에서 유의할 점은? ·············70

4. 가능보어와 가능보어 교육 ···73
　　4.1 가능보어란? 가능보어의 구조적 특징은? ······················73
　　4.2 가능보어 분류: '用不完', '用不了'는 '用不得'와 어떤 차이가
　　　　있을까? ···74
　　4.3 '能吃完'과 '吃得完'은 어떤 차이가 있을까? ···················77
　　4.4 가능보어와 목적어의 어순: '睡觉不着'일까 '睡不着觉'일까? ·········78
　　4.5 가능보어를 학습할 때 자주 출현하는 오류는? ·············79
　　4.6 가능보어 교육에서 유의할 점은? ·································82

5. 정도보어와 정도보어 교육 ···84
　　5.1 정도보어란? 정도보어의 구조적 특징은? ······················84
　　5.2 정도보어를 수반하는 단어: "她病得很"은 왜 맞는 문장일까? ·······85
　　5.3 서술어와 정도보어 결합: "我开心得慌"은 왜 잘못된 문장일까? ·····85

6. 상태보어와 상태보어 교육 ···87
　　6.1 상태보어란? ··87
　　6.2 어떤 단어가 상태보어가 될 수 있을까? ·························88
　　6.3 "她打扫打扫得干干净净"은 왜 잘못된 문장일까? ··········89
　　6.4 상태보어와 목적어의 어순: "他打球得特别棒"은 왜 잘못된

문장일까? ··· 89
  6.5 "你要学习得很认真"은 왜 잘못된 문장일까? ······························ 91
  6.6 상태보어를 학습할 때 자주 출현하는 오류는? ···························· 92
7. 수량보어와 수량보어 교육 ·· 94
  7.1 시량보어와 시량보어 교육 ·· 95
    7.1.1 시량보어 및 의미: '睡了三天了'와 '来了三天了'에서
         '三天'은 같을까? ·· 95
    7.1.2 시량보어와 목적어의 어순: 왜 '看了一天书'는 맞는
         표현인데 '教了一年我'는 잘못된 표현일까? ······················ 96
    7.1.3 시량보어 교육에서 유의할 점은? ······································ 98
  7.2 동량보어와 동량보어 교육 ·· 100
    7.2.1 동량보어란? ·· 100
    7.2.2 동량보어와 목적어의 어순: 왜 '听了两次京剧'는 맞는
         표현인데 '帮了两次她'는 잘못된 표현일까? ···················· 101
    7.2.3 동량보어를 학습할 때 자주 출현하는 오류는? ············ 102
8. 전치사구 보어와 전치사구 보어 교육 ·· 104
  8.1 전치사구 보어란? ·· 104
  8.2 '走向胜利'는 어떻게 가르칠까? ·· 105

IV. 관형어 ──────────────────────────────── 106

1. 관형어 및 중심어와의 관계 ·· 106
  1.1 관형어는 명사 앞의 수식 성분일까? ·· 106
  1.2 어떤 단어가 관형어가 될 수 있을까? ·· 107
  1.3 관형어와 중심어의 관계: 관형어의 의미 유형은? ···················· 109
  1.4 관형어의 분류: 한정성 관형어와 묘사성 관형어란? ················ 111
2. 관형어의 위치 ·· 111
3. 관형어와 '的'의 사용 ·· 111
4. 다중 관형어의 순서 ·· 116
  4.1 다중 관형어란? 다중 관형어는 몇 개의 유형으로 나누어질까? ······· 116

4.2 다중 관형어의 순서: '一件我的衣服'일까
　　　　'我的一件衣服'일까? ··· 117
　　4.3 '县, 省, 市的领导'는 왜 잘못된 표현일까? ································ 119
　　4.4 "我参观了一个中国有历史意义的地方"은 왜 잘못된
　　　　문장일까? ··· 120
　　4.5 "我的新的朋友的妈妈来了"는 왜 잘못된 문장일까? ················ 121
5. 관형어를 학습할 때 자주 출현하는 오류는? ···································· 121
　　5.1 관형어의 어순 오류 ·· 121
　　5.2 '的'의 누락 오류 ··· 122
　　5.3 '的'의 첨가 오류 ··· 123
　　6. 관형어 교육 ·· 123

V. 부사어 ─────────────────────────── 125

1. 부사어 및 유형 ·· 125
　　1.1 부사어란? 어떤 단어가 부사어가 될 수 있을까? ······················ 125
　　1.2 부사어는 어떤 단어를 수식할 수 있을까? ································ 128
　　1.3 부사어와 중심어의 관계: 부사어의 의미 유형은? ···················· 130
　　1.4 부사어의 분류: '묘사성 부사어'와 '한정성 부사어'란? ············ 131
　　1.5 부사어와 관형어의 구별: '充分de准备'에서 '充分'은 관형어일까
　　　　부사어일까? ·· 134
2. 부사어와 '地'의 사용 ·· 137
3. 부사어의 위치와 다중 부사어의 순서 ·· 141
　　3.1 부사어의 위치: "我到北京六点", "我学习汉语在首师大"는 왜
　　　　잘못된 문장일까? ·· 141
　　3.2 부사어와 주어: 부사어와 주어는 어떤 위치 관계가 있을까? ··· 142
　　3.3 다중 부사어: '已经昨天看过了'일까 '昨天已经看过了'일까? ····· 145
　　3.4 다중 부사어의 순서: "对个人对国家有利",
　　　　"我们在咖啡馆明天见面"은 왜 잘못된 문장일까? ··················· 146
4. 부사어를 학습할 때 자주 출현하는 오류는? ···································· 151

  4.1 부사어의 어순 오류······151
  4.2 '地'의 누락 오류······153
  4.3 '地'의 첨가 오류······153
 5. 부사어와 보어의 구별······154
 6. 부사어 교육······156

VI. 삽입어 — 159
 1. 삽입어란? 삽입어의 기능은?······159
 2. 상용 삽입어는 어떤 유형이 있을까?······159

CHAPTER 5 문장의 구조 유형과 기능 유형   163

I. 문장의 구조 유형과 기능 유형 개요 — 165
 1. 문장의 구조 유형이란? 구조 유형은 몇 개의 유형으로
  나누어질까?······165
 2. 문장의 기능 유형이란? 기능 유형은 몇 개의 유형으로
  나누어질까?······166

II. 단문 — 167
 1. 기본 개념······167
  1.1 단문이란? 복문이란?······167
  1.2 주술문이란? 비주술문이란?······168
 2. 명사서술어문······169
  2.1 명사서술어문이란? 모든 명사는 서술어가 될 수 있을까?······169
  2.2 주어가 명사인 명사서술어문은 어떤 특징이 있을까?······169
  2.3 주어가 주술구인 명사서술어문은 어떤 특징이 있을까?······172
 3. 동사서술어문······173
  3.1 동사서술어문이란? 동사서술어문은 몇 개의 유형으로

　　　　나누어질까? ···173
　　3.2 동사서술어문을 학습할 때 자주 출현하는 오류는? ··············174
　4. 형용사서술어문 ··177
　　4.1 형용사서술어문이란? ··177
　　4.2 형용사서술어문을 학습할 때 자주 출현하는 오류는? ··········177
　5. 주술서술어문 ··180
　　5.1 주술서술어문이란? 주술서술어문은 몇 개의 유형으로
　　　　나누어질까? ···180
　　5.2 주술서술어문은 오류가 적은데 학습자가 제대로 파악하였다고
　　　　말할 수 있을까? ··182

III. 문장의 기능 유형 ──────────────────── 184

　1. 문장의 기능 유형 개요 ··185
　2. 의문문 ···186
　　2.1 의문문은 몇 개 유형으로 나누어질까? ······························186
　　2.2 의문문은 유형별로 어떤 특징이 있을까? ···························188
　　　2.2.1 시비의문문이란? ···188
　　　2.2.2 특지의문문이란? ···190
　　　2.2.3 '특지의문사+呢': "你怎么走"와 "你怎么走呢"는 어떤
　　　　　　차이가 있을까? ···193
　　　2.2.4 정반의문문이란? ···194
　　　2.2.5 선택의문문이란? ···195
　　　2.2.6 반어문이란? ···195
　　　2.2.7 '呢'를 사용한 생략의문문이란? ·································197
　　2.3 의문문을 학습할 때 자주 출현하는 오류는? ······················197
　3. 명령문 ···200
　　3.1 명령문이란? 명령문은 몇 개의 유형으로 나누어질까? ········200
　　3.2 명령문의 구조적 특징: 왜 '请看'은 맞는 문장인데 "请看见"은
　　　　잘못된 문장일까? ··203

3.3 왜 "认真点儿!", "谦虚点儿!"은 맞는 문장인데 "漂亮点儿!",
"骄傲点儿!"은 잘못된 문장일까? ·· 203
3.4 명령문은 동사/형용사에 대해 어떤 제약 조건이 있을까? ············· 205
3.5 긍정명령문과 부정명령문은 왜 비대칭일까? ································ 207
4. 감탄문 ·· 209
4.1 감탄문이란? ··· 209
4.2 '太', '真', '好', '可'의 문법적 차이: "她是一个真好的老师!"는
왜 잘못된 문장일까? ·· 211
4.3 '太', '真', '好', '可' 감탄문의 용법 차이: "太冷了!"와 "可冷了!"는
같을까? ··· 213

CHAPTER 6 중국어 상용구문   221

I. 비교구문 ——————————————————————— 223

1. 비교구문 개요 ·· 223
2. '比'구문 ·· 225
   2.1 '比'구문의 구조적 특징은? ·· 225
   2.2 '比'구문을 학습할 때 자주 출현하는 오류는? ······································ 227
3. '比'구문 교육 ·· 232
4. 기타 비교구문 ·· 233
   4.1 동등비교구문 "A 跟/和 B……一样":
   "她的头发跟我的头发一样颜色"는 왜 잘못된 문장일까? ···················· 233
   4.2 "他不如我笨"은 왜 잘못된 문장일까? ·· 234
   4.3 '越来越很紧张', '越来越学习中文',
   '越来越出国旅游的人多了'는 왜 잘못된 표현일까? ····························· 235
   4.4 "老师越讲, 越我糊涂"는 왜 잘못된 문장일까? ······································ 236

II. '把'구문 ——————————————————————— 239

1. '把'구문 및 문법 의미 ··239
   1.1 "我把饺子吃在五道口食堂"은 왜 잘못된 문장일까? ···············239
   1.2 '把'구문의 용법: "我放手机在桌子上"은 왜 잘못된 문장일까? ····242
2. '把'구문의 구조적 특징 ···244
3. '把'구문을 학습할 때 자주 출현하는 오류는? ·····················249
   3.1 '把'구문의 누락 오류 ···249
   3.2 '把'구문의 첨가 오류 ···250
   3.3 '把'구문의 구조 오류 ···251
4. '把'구문 교육 ···252
   4.1 문법 의미부터 시작하여 단계별로 교육한다 ·····················252
   4.2 '把'구문에서 담화 요소의 제약 ···································259
   4.3 '把'구문의 구조 특징 강조 ·······································260

III. 피동구문 ─────────────────────────── 261

1. 피동구문의 특징과 유형 ···261
   1.1 피동구문이란? 피동구문은 어떤 특징이 있을까? ···············261
   1.2 피동구문은 몇 개의 유형으로 나누어질까? ·····················264
   1.3 의미상의 피동: "会议下个星期被召开"는 왜 잘못된
       문장일까? ···265
   1.4 '由'구문: "这件事被经理负责"는 왜 잘못된 문장일까? ·········267
   1.5 '被'구문이란? '被'구문은 어떤 특징이 있을까? ···············268
   1.6 '被'구문의 화용 기능은? ···273
   1.7 '被, 叫, 让, 给' 피동구문은 어떤 차이가 있을까? ···········274
   1.8 '被'구문을 학습할 때 자주 출현하는 오류는? ·················274
2. 피동구문 교육 ···279

IV. '是……的' 구문 ──────────────────────── 281

1. '是……的' 구문이란? ··281
2. '是……的' 구문의 구조적 특징: "他是昨天来的"="他昨天来的"

≠ "他是昨天来"는 왜 그럴까? ···282
3. '是……的'구문은 무엇을 강조할 수 있을까? ···················283
4. '是……的'구문의 화용 조건: "他是明天去上海的"는 왜 잘못된
    문장일까? ··285
5. "他是去年退休的"와 "他去年退休了"는 어떤 차이가 있을까? ······285
6. "他是昨天来的"와 "他是会来的"는 같을까? ·························288
7. '是……的'구문을 학습할 때 자주 출현하는 오류는? ············289
8. '是……的'구문 교육에서 유의할 점은? ······························291

V. '连' 구문 ——————————————————— 293

1. '连'구문이란? ···293
2. '连'구문의 구조적 특징: "他连一封也没写信"은 왜 잘못된
   문장일까? ···294
3. '连'구문은 무엇을 강조하는 것일까? ·······································296
4. '连'구문을 학습할 때 자주 출현하는 오류는? ························298
5. '连'구문 교육에서 유의할 점은? ···299

VI. '是' 구문 ——————————————————— 301

1. '是'구문이란? '是'구문은 몇 개의 유형으로 나누어질까? ·········301
2. '是'구문을 학습할 때 자주 출현하는 오류는? ························302

VII. '有' 구문 ——————————————————— 304

1. '有'구문이란? '有'구문은 몇 개의 유형으로 나누어질까? ·········304
2. '有'구문을 학습할 때 자주 출현하는 오류는? ························306
3. "前边是一家银行"과 "前边有一家银行"은 어떤 차이가
   있을까? ···309

VIII. '在' 구문 ——————————————————— 311

1. '在'구문이란? ···311

2. '在'구문을 학습할 때 자주 출현하는 오류는? ··311
  3. '在'구문과 '有'구문: "衣服在床"과 "床上有衣服"는 어떤 차이가
     있을까? ···313
  4. '是'존재구문과 '在'구문: "前边是银行"과 "银行在前边"은 어떤
     차이가 있을까? ···315

IX. 존현구문 ──────────────────────────── 316
  1. 존현구문 개요 ··316
  2. 존현구문의 유형 ··317
    2.1 존재구문 ···317
      2.1.1 존재구문의 용법은? ···317
      2.1.2 존재구문의 구조적 특징은? ···317
    2.2 소실출현구문 ··322
      2.2.1 소실출현구문의 용법은? ···322
      2.2.2 소실출현구문의 구조적 특징은? ···322

X. 연동구문 ──────────────────────────── 325
  1. 연동구문이란? 연동구문은 몇 개의 유형으로 나누어질까? ·······················325
  2. 연동구문을 학습할 때 자주 출현하는 오류는? ···327

XI. 겸어구문 ──────────────────────────── 330
  1. 겸어구문이란? 겸어구문은 몇 개의 유형으로 나누어질까? ·······················330
  2. 겸어구문과 이중목적어구문의 차이: "他叫我明天开会"와
     "他告诉我明天开会"는 같을까? ···332
  3. 겸어구문과 주술구의 목적어 차이: "我请他来做讲座"와
     "我知道他来做讲座"는 어떤 차이가 있을까? ···333
  4. '使', '叫', '让'의 차이: "老师使我们读课文"은 왜 잘못된
     문장일까? ··334
  5. 겸어구문을 학습할 때 자주 출현하는 오류는? ···336

6. 겸어구문 교육에서 유의할 점은? ·······································337

XII. 이중목적어구문 — 339

1. 이중목적어구문이란? ···339
2. 이중목적어구문은 몇 개의 유형으로 나누어질까? ···············339
3. 이중목적어구문을 학습할 때 자주 출현하는 오류는? ··········340

CHAPTER 7 복문   345

1. 복문 및 유형 ··347
   1.1 복문이란? 몇 개의 유형으로 나누어질까? ·················347
2. 병렬복문 ···348
   2.1 병렬복문이란? ···348
   2.2 "她又丑又善良"은 왜 잘못된 문장일까? ····················349
   2.3 '既……又……', '又……又……', '也……也……'는 어떤 차이가 있을까? ···350
   2.4 '一方面……(另)一方面……', '一面……一面……', '一来……二来……'는 어떤 차이가 있을까? ·················351
   2.5 "我叫大卫, 我是美国人, 我今年21岁, 我现在在北京学习, 我很喜欢中文"은 맞는 표현일까? ······························352
3. 순차복문 ···353
   3.1 순차복문이란? ···353
   3.2 '然后'와 '后来': "大家先谈谈考察的情况, 后来我们再具体分析"는 왜 잘못된 문장일까? ··············354
   3.3 '以后'와 '后来': "下课以后去打球"에서 '以后'를 '后来'로 교체할 수 있을까? ···355
4. 해설복문 ···356
5. 점층복문 ···357
   5.1 점층복문이란? ···357

- 5.2 "我不但要去吃中国饭, 而且能去旅游?"는 왜 잘못된 문장일까? ············358
- 5.3 '不但不(没有)······, 反而······'의 용법: "老人不但不坐着, 反而站着"는 왜 잘못된 문장일까? ············359

6. 선택복문 ············361
- 6.1 선택복문이란? ············361
- 6.2 '不是A就是B'와 '或者A或者B'는 어떤 차이가 있을까? ············362
- 6.3 '不是A就是B'와 '不是A而是B'는 어떤 차이가 있을까? ············363
- 6.4 '与其······不如······', '宁可······也不······', '宁可······也要······'는 어떤 차이가 있을까? ············364

7. 인과복문 ············367
- 7.1 인과복문이란? ············367
- 7.2 '既然'과 '因为': "他既然生病了, 就回宿舍休息了"는 왜 잘못된 문장일까? ············368
- 7.3 '所以'와 '于是': "因为他很聪明, 于是他的成绩很好"는 왜 잘못된 문장일까? ············370

8. 전환복문 ············371
- 8.1 전환복문이란? ············371
- 8.2 '虽然······但是······'와 '······就是······'는 어떤 차이가 있을까? ············372
- 8.3 '只是', '不过', '可是', '但是', '然而'은 어떤 차이가 있을까? ············374

9. 조건복문 ············375
- 9.1 조건복문이란? ············375
- 9.2 '只有······才······'와 '只要······就······'는 어떤 차이가 있을까? ············377
- 9.3 '不管······都······'와 '尽管······但是······': "不管父母不同意, 我都要和她结婚?"은 왜 잘못된 문장일까? ············378

10. 가정복문 ············381

11. 양보복문 ············382
- 11.1 양보복문이란? ············382

11.2 '即使……也……'와 '如果……就……'는 어떤 차이가 있을까? …382
12. 목적복문 384
　　12.1 목적복문이란? 384
　　12.2 '……为的是……'와 '……以便……'은 어떤 차이가 있을까? 385
13. 복문 교육 386
　　13.1 복문에서 접속사, 부사의 위치: "不但他喜欢, 也我喜欢"은 맞는 문장일까? 386

CHAPTER 8 문법의 오류 분석　389

1. 중국어 교육에서 오류 분석은 어떤 중요한 의미가 있을까? 391
2. 오류 분석의 원칙: '오류'와 '실수'는 어떤 차이가 있을까? 391
3. 학습자의 오류 원인은? 392
4. 학습자의 오류 특징은? 395
5. 오류 유형은 어떻게 분류할 수 있을까? 397

参考文献　401

CHAPTER 4
문장 성분

┃주요 내용┃

이 장에서는 중국어의 여섯 가지 문장 성분, 즉 주어, 서술어, 목적어, 관형어, 부사어, 보어 및 특수 삽입어를 소개한다. 또 어떤 단어가 위의 문장 성분이 될 수 있는지, 문장 성분 간의 상호 관계와 문장에서의 위치, 학습자가 자주 범하는 오류 현상 등을 설명한다. 이에 근거하여 몇 가지 교육적 제안을 하고자 한다.

I. 주어와 서술어

1. 주어와 서술어: "怎么了, 你?"에서 주어는 무엇일까?
2. 주어와 서술어의 의미 관계: "这把刀我切肉"에서 '这把刀'는 주어일까?
3. 어떤 단어가 주어와 서술어로 될 수 있을까?
4. 주어의 한정성: "一个人走了"는 왜 잘못된 문장일까?
5. 주어와 서술어를 학습할 때 자주 출현하는 오류는?

1. 주어와 서술어: "怎么了, 你?"에서 주어는 무엇일까?

 문장은 주어와 서술어로 나눌 수 있다. 주어는 진술, 설명이나 묘사의 대상이고, 서술어는 주어에 대해 진술, 설명, 묘사를 한다. 주어와 서술어는 서로 상대적인 개념으로, 주어가 없으면 서술어도 없고, 서술어가 없으면 주어도 없다.

① <u>我朋友</u> <u>已经买了那本书</u>。
　　주어　　　서술어
　내 친구는 이미 그 책을 샀다.

주어와 서술어는 가장 기본적인 문장 성분이다. 주어와 서술어의 관계는 비교적 느슨한데, 아래 세 가지 측면에서 알 수 있다.
(1) 주어는 일반적으로 서술어 앞에 위치하지만, 표현상의 이유로 주어가 서술어 뒤에 출현하여 도치문을 구성할 수도 있다.

① 怎么了, 你?
　　주어　서술어
　　어떻게 된 거야, 너?

(2) 주어는 경우에 따라 생략할 수 있다.

① a. 你去哪儿了?
　　　어디 갔어?
　b. (我)去超市了。
　　　(나) 슈퍼에 갔어.

(3) 주어와 서술어 사이에는 휴지가 있을 수 있으며, 주어 뒤에 일부 어기조사(啊, 呀, 呢, 吧 등)도 추가할 수 있다.

① 他呀, 干不成什么大事。
　　그 사람 말이야, 큰 일은 못 해.

2. 주어와 서술어의 의미 관계: "这把刀我切肉"에서 '这把刀'는 주어일까?

주어와 서술어는 대립적인 개념이면서도 상호 의존하는 문장 성분이다. 주어는 화자가 진술하고자 하는 대상이고, 서술어는 주어에 대한 진술이다. 구체적인 문장에서 주어와 서술어의 의미 관계는 훨씬 다양하다. 간단히 설명하면 다음과 같다.

(1) 행위자와 동작의 관계: 주어가 가리키는 사물이 서술어가 나타내는 동작의 주체(행위자)이다.

① 他拿出来一本词典。
　그가 사전을 한 권 꺼냈다.
② 她买了一本牛津双解词典。
　그녀가 옥스퍼드 사전을 한 권 샀다.

(2) 피행위자와 동작의 관계: 주어가 가리키는 사물이 서술어가 나타내는 동작의 대상(피행위자)이다.

① 衣服已经洗干净了。
　옷을 이미 깨끗하게 빨았다.
② 作业做完了。
　숙제를 다 끝냈다.

(3) 결과와 동작의 관계: 주어가 가리키는 사물이 서술어가 나타내는 동작의 결과이다.

① 房子盖好了。
　집이 다 지어졌다.
② 毛衣织好了。
　스웨터를 다 떴다.

(4) 도구와 동작의 관계: 주어가 가리키는 사물이 서술어가 나타내는 동작 행위의 도구이다.

① 这把刀切熟食。
　이 칼로 익힌 음식을 썬다.
② 这个箱子放书，那个箱子放衣服。
　이 상자는 책을 넣고, 저 상자는 옷을 넣으세요.

(5) 주체와 성질의 관계: 주어가 가리키는 사물이 서술어가 진술하는 성질이나 상태의 주체이다.

① <u>他的儿子</u>很可爱。
그의 아들은 귀엽다.
② <u>南宁</u>现在也很现代。
南宁은 지금도 매우 현대적이다.

(6) 장소와 상태의 관계: 주어가 가리키는 것이 사물이 존재하는 장소이다.

① <u>门前</u>停着一辆车。
문 앞에 차 한 대가 서 있다.
② <u>头上</u>别着一朵花。
머리에 꽃 한 송이가 꽂혀 있다.

(7) 시간과 동작 상태의 관계.

① <u>明天</u>要阴天。
내일은 흐릴 것이다.
② <u>今天</u>晴天。
오늘은 맑다.

이와 같이 주어는 대화의 주제로, 서술어는 주제에 대한 진술로 이해할 수 있다. 따라서 "这把刀我切肉"에서 '这把刀'는 주어이다.

3. 어떤 단어가 주어와 서술어가 될 수 있을까?

대화의 주제가 다양하기 때문에, 주어가 될 수 있는 성분도 매우 다양하다. 자주 출현하는 성분은 다음과 같다.

  (1) 명사(구), 대체사 등이 주어로 사용된다.

  ① <u>书</u>早就丢了。
    책은 일찌감치 잃어버렸다.
  ② <u>欢快的笑声</u>从门口飞进来。
    즐거운 웃음소리가 입구에서부터 들려왔다.
  ③ <u>他们</u>已经走了。
    그들은 이미 떠났다.

  (2) 시간, 장소, 방향을 나타내는 명사도 주어로 사용할 수 있다.

  ① <u>今天</u>不是星期六。
    오늘은 토요일이 아니다.
  ② <u>杭州</u>有个西湖, <u>武汉</u>有个东湖。
    杭州에는 西湖가 있고, 武汉에는 东湖가 있다.
  ③ <u>前边</u>就是大栅栏。
    앞쪽이 바로 大栅栏이다.

  (3) 수사나 '수사 + 양사'도 주어로 사용할 수 있다.

  ① <u>六</u>等于三乘二。
    6은 3 곱하기 2이다.
  ② <u>一米</u>等于一百厘米。
    1미터는 100센티미터이다.

  (4) 동사성/형용사성 성분도 주어로 사용할 수 있다.

① 笑比哭好。
　웃는 것이 우는 것보다 낫다.
② 谦虚是一种美德。
　겸손은 일종의 미덕이다.
③ 锻炼身体很重要。
　몸을 단련하는 것은 매우 중요하다.
④ 自卑自傲都是要不得的。
　자기 비하와 교만은 모두 허용할 수 없다.
⑤ 虚心使人进步，骄傲使人落后。
　겸손은 사람을 발전시키고, 교만은 사람을 뒤처지게 한다.

위의 예문에서 알 수 있듯이 동사(구)나 형용사(구)가 주어로 쓰이기 위해서는 조건이 있는데, '是'구문, '是……的'구문, 형용사서술어문, 겸어구문 등에 많이 나타난다.

(5) 주술 구조도 주어가 될 수 있다.

① 你去不太合适。
　네가 가는 것은 별로 적합하지 않다.
② 我能有今天全托您的福。
　제가 오늘 여기 있게 된 것은 모두 당신 덕분입니다.

서술어가 될 수 있는 성분도 다양한데, 예를 들면 다음과 같다.
(1) 동사/형용사/상태사(구)가 주로 서술어로 쓰인다.

① 我去。
　나는 간다.
② 他买了两件衣服。
　그가 옷 두 벌을 샀다.
③ 哈尔滨冬天非常冷。

哈尔滨은 겨울이 매우 춥다.
④ 秋天的银杏树<u>金黄金黄的</u>。
가을의 은행나무가 금빛으로 물들었다.

(2) 명사성 성분은 보통 서술어로 사용되지 않으나 날짜, 절기, 날씨, 사람의 국적이나 사람의 외모 특징을 나타내는 명사성 성분은 경우에 따라 가능하다.

① 今天<u>周末</u>。
오늘은 주말이다.
② 后天<u>阴天</u>。
모레는 흐리다.
③ 他<u>上海人</u>。
그는 上海 사람이다.
④ 那个小孩<u>黄头发</u>。
그 아이는 금발이다.

(3) '수사 + 양사' 또는 '수사 + 양사'가 관형어인 명사성 수식 구조도 서술어로 출현할 수 있다.

① 他<u>二十岁</u>。
그는 스무 살이다.
② <u>一人一个</u>苹果。
한 사람당 사과 한 개이다.

(4) 주술구도 서술어가 될 수 있는데, 이는 중국어 문법의 특징이기도 하다.

① 他个子很高。
   그는 키가 매우 크다.
② 葡萄十块钱三斤。
   포도가 3근에 10위안이다.

이러한 유형의 문장을 '주술서술어문'이라고 한다(하권 CHAPTER 5. Ⅱ. 5. 주술서술어문 참고).

4. 주어의 한정성: "一个人走了"는 왜 잘못된 문장일까?

우선 몇 쌍의 예시문을 비교해 보자.

① a. 你姐姐找你。　b. *一个人找你。　c. 有个人找你。
   a. 네 언니가 너를 찾는다　　　　　c. 어떤 사람이 너를 찾는다.
② a. 那本书破了。　b. *一本书破了。　c. 有本书破了。
   a. 저 책이 찢어졌다.　　　　　　　c. 어떤 책이 찢어졌다.
③ a. 你朋友在等你。　b. *一个人在等你。　c. 有个人在等你。
   a. 네 친구가 너를 기다리고 있다.　　c. 어떤 사람이 너를 기다리고 있다.

위와 같이 주어는 행위자, 피행위자, 관계자(当事)를 포함해 모두 한정성을 가진다. 단순 명사가 주어로 출현하려면 특정할 수 있는 사물이어야 한다.

① 学生来了。[화청자 모두 '学生'이 누구인지 알고 있음]
   (그) 학생이 왔다.
② 书破了。[화청자 모두 '书'가 무슨 책인지 알고 있음]
   (그) 책이 찢어졌다.

'수사+양사+명사'구조는 불특정 지시를 나타내므로 문두에서 주어로 쓰일 수 없고, 앞에 '有'를 추가하여 그 목적어로 쓰인다. 그러면 주술서술어문이 아니라 겸어구문이 된다(하권 CHAPTER 6. XI. 겸어구문 참고). 위의 제약에 따라, "一个人走了"에서 '一个人'은 비한정성을 나타내므로 주어가 될 수 없다. 그렇다면 아래 문장의 주어도 비한정 구조인데, 어째서 적격문일까?

① <u>一个人</u>也没来。
   한 사람도 안 왔다.
② <u>一本书</u>都没丢。
   한 권도 잃어버리지 않았다.
③ <u>一间教室</u>坐<u>二十个学生</u>。
   한 교실에 스무 명의 학생이 앉는다.
④ <u>一锅饭</u>吃<u>六个人</u>。
   한솥밥을 6명이 먹는다.

예문①-②를 보면 주어가 보편(周遍)의미를 나타내어 '모두 그러하여 예외 없음'의 의미를 나타내고, 뒤에는 부사 '也' 또는 '都'가 위치한다. 예를 들어, 위의 '一个人'은 '모든 사람'을 의미하고, '一本书'는 '모든 책'을 의미한다. 이러한 문장을 '보편주어문'이라고도 한다. 예문③-④는 '수용문'으로 주어와 목적어가 모두 '수사+양사+명사'의 구조인데, 수사와 양사가 대비 구조로 위치상 호환이 가능하다. 예를 들어, "一间教室坐二十个学生"은 "二十个学生坐一间教室"로 바꿀 수 있다. 수용문은 배분이나 계산 표현에 자주 사용되는데, '每'의 의미를 포함한다. 예를 들어, "一锅饭吃六个人"은 "每一锅饭能供六个人吃(밥 한솥당 6명이 먹을 수 있다)"의 의미이다.

5. 주어와 서술어를 학습할 때 자주 출현하는 오류는?

학습자가 주어와 관련하여 범하는 오류는 그리 많지 않다.
(1) 주어의 첨가 오류.
가장 흔히 볼 수 있는 오류는 주어의 첨가 오류이다.

① *我叫维麦，我今年20岁，我来自美国，我很喜欢打球，我也很喜欢看电影。(我叫维麦，今年20岁，来自美国，我很喜欢打球，也很喜欢看电影。)
(내 이름은 维麦이고, 올해 20살이다. 미국에서 왔고, 나는 공놀이를 좋아하고, 영화 보는 것도 매우 좋아한다.)
② *他早上起了床他去吃饭，他吃完饭他来上课，他下了课他去打球。(他早上起了床就去吃饭，吃完饭来上课，下了课就去打球。)
(그는 아침에 일어나면 밥을 먹으러 가고, 밥을 다 먹고 수업 받으러 오고, 수업이 끝나면 공놀이를 하러 간다.)

주어가 같을 때 후속절의 동일 주어는 생략한다. 그렇지 않으면 청자에게 수다스러운 느낌을 줄 수 있다.
(2) 삽입어의 어순 오류.

① *我看起来老师有点不高兴。(看起来老师有点不高兴。)
(선생님께서 좀 언짢아 보이신다.)
② *我总而言之他不喜欢这样的女孩。(总而言之他不喜欢这样的女孩。)
(결론적으로 그는 이런 여자를 좋아하지 않는다.)
③ *我恐怕老师听写。(恐怕老师会听写。)
(선생님께서 받아쓰기를 하실 것 같아 걱정이다.)

삽입어 중 일부는 그 앞에 주어가 출현할 수 없다. 학습자는 이러한 규칙을 제대로 이해하지 못해 위의 오류를 범한다.

서술어 관련 오류는 비교적 복잡한데(상권 CHAPTER 2. Ⅲ.동사, Ⅳ. 형용사 참고), 간단히 제시하면 다음과 같다.

(3) 서술어동사의 누락 오류.

① *我们班都韩国人。(我们班都是韩国人。)
(우리 반은 모두 한국인이다.)
② *她有姐姐, 也妹妹。(她有姐姐, 也有妹妹。)
(그녀는 언니도 있고, 여동생도 있다.)

(4) 서술어전치사의 누락 오류.

① *我妈妈很感兴趣我们的课。(我妈妈对我们的课很感兴趣。)
(엄마는 우리 수업에 관심이 많으시다.)
② *我同屋满意现在的生活。(我同屋对现在的生活很满意。)
(내 룸메이트는 현재 생활에 매우 만족한다.)

(5) 서술어동사의 첨가 오류.

① *明天下午我们有上课。(明天下午我们有课。)
(내일 오후에 우리는 수업이 있다.)
② *我对中国的瓷器有感兴趣。(我对中国的瓷器很感兴趣/有兴趣。)
(나는 중국 도자기에 관심이 많다/관심이 있다.)
③ *他是很聪明。(他很聪明。)
(그는 똑똑하다.)
④ *他对结婚没有感兴趣。(他对结婚没有兴趣。)
(그는 결혼에 관심이 없다.)

(6) 주어와 서술어의 결합 오류.

① *中国的出生率越来越小。(中国的出生率越来越低。)
   (중국의 출산율은 갈수록 낮아지고 있다.)
② *她的生活很圆满。(她的生活很美满。)
   (그녀의 생활은 아름답고 원만하다.)

(7) 명사를 동사로 잘못 사용한 오류.

① *我很兴趣这本书。(我很喜欢这本书。)
   (나는 이 책을 매우 좋아한다.)

(8) 용언성 목적어를 취하는 동사를, 체언성 목적어를 취하는 동사로 잘못 사용한 오류.

① *我大学时就开始汉语了。(我大学时就开始学习汉语了。)
   (나는 대학교 때부터 중국어를 배우기 시작했다.)

(9) 자동사를 타동사로 잘못 사용한 오류.

① *她及格了口语考试。(她口语考试及格了。)
   (그녀가 구술 시험에 합격했다.)
② *她迟到了开会。(她开会迟到了。)
   (그녀가 회의에 늦었다.)

(10) '了, 着, 过'의 어순 오류.

① *我们见面过。(我们见过面。)
   (우리는 만난 적이 있다.)
② *他们聊天了一会儿。(他们聊了一会儿天。)

(그들은 잠시 수다를 떨었다.)

(11) '목적어+서술어'로 잘못 사용한 어순 오류.

　① *我们饭吃了。(我们吃饭了。)
　　(우리는 밥을 먹었다.)

(12) 부사어의 어순 오류.

　① *我们去798明天下午。(我们明天下午去798。)
　　(우리는 내일 오후에 798에 간다.)

(13) 주어와 서술어의 어순 오류.

　① *很难讨价还价用中文。(用中文讨价还价很难。)
　　(중국어로 흥정하는 것은 어렵다.)

　위와 같이 서술어 오류는 대부분 학습자가 서술어로 사용하는 동사나 형용사를 제대로 이해하지 못해 발생하는 유형이다. 따라서 '큰 어휘, 작은 문법'의 교수·학습 원칙에 기반하여, 고정결합의 방식으로 동사와 형용사가 서술어가 될 때의 특징을 강조해야 한다. 또한 혼동하기 쉬운 동사 유의어와 형용사를 잘 구별할 수 있게 해야 한다.

II. 서술어와 목적어

1. 서술어란? 목적어란? 서술어와 목적어는 의미상으로 어떤 관계가 있을까?
2. 어떤 단어가 서술어와 목적어가 될 수 있을까?
3. 행위자 목적어문 및 특징: "前边来了那辆车"는 왜 잘못된 문장일까?
4. 목적어의 비한정성: "客人来了"와 "来客人了"는 어떤 차이가 있을까?
5. 목적어의 위치: '看了一天书'와 '等了一天他'는 모두 맞는 표현일까?
6. 서술어와 목적어를 학습할 때 자주 출현하는 오류는?
7. 서술어와 목적어 교육에서 유의할 점은?

1. 서술어란? 목적어란? 서술어와 목적어는 의미상으로 어떤 관계가 있을까?

서술어는 동사/형용사구로 구성될 수 있다. 문장에 술목구가 출현하면 '서술어-목적어' 문제와 만나게 된다. '서술어'는 동작 행위를 나타내고, '목적어'는 동작 행위가 지배하고 영향을 미치거나, 관련이 있는 대상을 말한다. 그러나 이것은 개괄적인 설명일 뿐이며, 실제로 서술어와 목적어의 의미 관계는 매우 다양하다. 자주 출현하는 유형은 다음과 같다.
  (1) 목적어가 동작 행위의 피행위자이다.

  ① 我寄了<u>一封信</u>。
     나는 편지 한 통을 부쳤다.
  ② 奶奶昨天洗了<u>一件毛衣</u>。
     할머니가 어제 스웨터 한 벌을 세탁했다.

이를 '피행위자 목적어'라고 부른다.
(2) 목적어가 동작 행위의 결과이다.

① 她写了一封信。
그녀가 편지 한 통을 썼다.
② 那些建筑工人正在盖房子。
저 건설 노동자들은 지금 집을 짓고 있다.

이를 '결과 목적어'라고 부른다. 피행위자 목적어와 결과 목적어의 차이는 다음과 같다. 피행위자 목적어는 동작 행위가 일어나기 전부터 존재했던 사물이다. 예를 들어, '拆房子'에서 '房子'는 '拆' 이전에 존재한 것이다. 반면 결과 목적어는 동작 행위가 일어나기 전에는 존재하지 않고, 동작 행위가 발생한 후에 생겨난 것이다. 예를 들어 '盖房子'는 '盖'의 결과로 '房子'가 생겨난 것으로 해석된다.
(3) 목적어가 동작의 행위자이다.

① 这个沙发能坐三个人。
이 소파는 세 사람이 앉을 수 있다.
② 他们正在海边晒太阳。
그들은 해변에서 햇볕을 쬐고 있다.

이를 '행위자 목적어'라고 부른다.
(4) 목적어가 장소나 위치를 나타낸다.

① 下周我爸爸来北京。
다음 주에 우리 아빠가 北京에 오신다.
② 妈妈在二楼呢。
엄마는 2층에 계신다.

이를 '장소 목적어'라고 부른다.

(5) 목적어가 동작 행위에 사용하는 도구이다.

① 她喜欢洗凉水。
　그녀는 찬물로 씻기를 좋아한다.
② 爷爷以前抽烟斗。
　할아버지는 예전에 파이프로 담배를 피우셨다.

'洗凉水'는 '用凉水洗'의 의미이다. 이러한 목적어를 '도구 목적어'라고 부른다.

(6) 목적어가 수량을 나타낸다.

① 她买了两个，我买了三个。
　그녀가 두 개를 샀고, 나는 세 개를 샀다.
② 那些书都很有意思，我一次就买了三本看。
　그 책들은 모두 재미있어서, 나는 한 번에 세 권을 사서 봤다.

이를 '수량 목적어'라고 부른다.

(7) 목적어가 소유하거나 존재하는 사물을 나타낸다.

① 他有一个弟弟。
　그는 남동생이 한 명 있다.
② 门前是一条河。
　문 앞에 강이 하나 있다.

(8) 목적어가 행위와 관련된 구체적인 내용을 가리킨다.

① 我认为这个办法有问题。
  나는 이 방법이 문제가 있다고 생각한다.
② 听说他明天回国。
  그가 내일 귀국한다고 들었다.

이를 '내용 목적어'라고 부르기도 한다.
(9) 목적어가 어떤 물건을 받는 대상을 가리킨다.

① 她送我一块手表。
  그녀가 나에게 손목시계를 하나 선물했다.
② 王老师教我们语法。
  王 선생님은 우리에게 문법을 가르친다.

이를 '수혜자 목적어'라고 부른다(하권 CHAPTER 6. Ⅻ. 이중목적어구문 참고).

위에서 소개한 것은 자주 출현하는 서술어와 목적어의 의미 관계이다. 비교적 특수한 의미 관계로, 예를 들면 목적어가 행위의 목적, 원인 또는 사용 재료를 나타낼 수 있다.

① 她去市里跑经费去了。[목적성 목적어]
  그녀는 시내에 경비를 마련하러 갔다.
② 我正着急工作的事情呢。[원인 목적어]
  나는 지금 일 때문에 다급하다.
③ 爷爷正在刷油漆呢。[재료 목적어]
  할아버지는 지금 페인트로 칠하고 계신다.

2. 어떤 단어가 서술어와 목적어가 될 수 있을까?

서술어가 될 수 있는 단어 유형은 많지 않은데, 다음과 같다.
(1) 타동사는 모두 서술어가 될 수 있다.

① 她研究中国历史。
그녀는 중국 역사를 연구한다.
② 我们现在开始上课。
지금부터 수업을 시작하겠습니다.
③ 你们可以出去了。
너희는 나가도 된다.

위의 예문을 보면 목적어를 가질 수 있는 타동사는 크게 두 종류가 있다. 하나는 예문①과 같이 일반 타동사이고, 또 다른 하나는 예문②와 같이 용언성 목적어를 취할 수 있는 동사이다. 여기에는 예문③과 같은 능원동사가 포함된다.
(2) 타동사로 이루어진 술보구와 병렬구는 목적어를 취할 수 있다.

① 我们已经做完作业了。
우리는 이미 숙제를 끝냈다.
② 我们一定分析研究这类现象。
우리는 반드시 이러한 현상을 분석하고 연구할 것이다.

(3) 자동사 술보구가 술목구에서 서술어가 될 수도 있다.

① 他哭湿了手帕。
그는 손수건이 젖을 정도로 울었다.

② 大风吹断了树枝。
    강한 바람이 불어 나뭇가지가 부러졌다.

(4) 구어체에서 일부 단음절 형용사 뒤에 '死, 坏'가 놓인 술보구 또한 술목구에서 서술어가 될 수 있다.

① 泰国真是热死人了。
    태국은 정말 더워 죽겠다.
② 真是累坏我了。
    정말 지쳐서 죽을 지경이다.

이러한 술목구는 모두 과장의 어조를 포함한다.
(5) 일부 자동사는 장소 목적어를 취할 수 있다.

① 她去白俄罗斯了。
    그녀가 벨라루스에 갔다
② 她进大城市后完全变了。
    그녀는 대도시로 간 후에 완전히 변했다.

형용사는 보통 목적어를 취할 수 없는데, 아래는 예외처럼 보인다.

③ 你确实应该端正态度。
    확실히 태도를 바르게 해야 한다.
④ 我们要方便当地的群众。
    우리는 현지 사람들을 편리하게 해야 한다.

그러나 사실 그렇지 않다. '端正', '方便'은 '很'의 수식을 받을 수 있는 형용사지만, 위 예에서 목적어를 수반한 '端正', '方便'은 형용사가 아니라

동사이다. 목적어를 취하면서 동시에 '很'의 수식을 받을 수는 없기 때문이다(상권 CHAPTER 2. XV. 겸품사 참고).

다음으로, 목적어를 취할 수 있는 단어는 아래 몇 개 유형이 있다.

(1) 체언성 단어는 일반적으로 목적어가 될 수 있다. 구체적으로 명사(구), 대체사(구)가 목적어로 쓰인다.

① 大家都在看书。
다들 책을 읽고 있다.
② 女人都喜欢漂亮的衣服。
여자들은 모두 예쁜 옷을 좋아한다.
③ 你真的喜欢他吗?
그 사람을 정말 좋아해요?

(2) 수량사도 목적어로 쓰일 수 있다.

① 那家商场卖的衣服都很漂亮, 我买了三件, 妹妹买了四件。
그 쇼핑몰에서 파는 옷들은 모두 예뻐서 나는 3벌, 여동생은 4벌을 샀다.

(3) 동사, 형용사 및 주술구도 목적어로 쓰일 수 있다.

① 我想参加。
나는 참가하고 싶다.
② 孩子们都喜欢热闹。
아이들은 모두 떠들썩한 것을 좋아한다.
③ 我希望你能按时完成工作。
나는 당신이 제시간에 일을 끝내기를 바란다.

3. 행위자 목적어문 및 특징: "前边来了那辆车"는 왜 잘못된 문장일까?

앞에서 목적어에 행위자가 올 수 있다고 언급했다. 행위자를 목적어로 하는 문장을 '행위자 목적어문'이라고 한다.

① 台上坐着<u>很多老师</u>。
  단상에 많은 선생님들이 앉아 있다.
② 我们班走了<u>两个学生</u>。
  우리 반에 학생 두 명이 갔다.
③ 门外走进来<u>一位老先生</u>。
  문 밖에서 노신사 한 분이 걸어 들어왔다.
④ 这张床能睡<u>三个人</u>。
  이 침대는 세 사람이 잘 수 있다.

행위자 목적어문은 아래 세 가지 특징이 있다.

첫째, 행위자 목적어문은 예문①-③과 같이 사물의 존재, 출현 또는 소멸을 나타낸다. 그리고 예문④와 같이 주어와 목적어 간에 수용, 공유의 관계가 있음을 나타낸다. "这张床能睡三个人"의 의미는 "这张床能供三个人睡(이 침대는 3명이 잘 수 있다)"이다.

둘째, 행위자 목적어문은 일반적으로 비한정, 즉 화청자가 사전에 모르는 정보이므로 비한정 수량사가 자주 쓰인다.

셋째, 서술어동사가 복잡한 형식이다. 예문①-②와 같이 '了, 着, 过'를 취하거나 예문③과 같이 보어를 취하기도 하며, 예문④와 같이 앞에 능원동사가 출현하기도 한다.

4. 목적어의 비한정성: "客人来了"와 "来客人了"는 어떤 차이가 있을까?

"客人来了"와 "来客人了"는 동일한 성분으로 이루어져 있고 기본 의미도 유사하지만, 구조도 다르고 표현하고자 하는 의미에도 차이가 있다. "客人来了"는 주술 구조이고, "来客人了"는 술목 구조이다. 주어는 보통 화자와 청자가 이미 알고 있는 정보를 나타내고, 목적어는 모르는 새로운 정보를 나타낸다. 따라서 단순 명사가 주어에 위치하면 한정적인 것으로 해석되고, 목적어에 위치하면 비한정 대상으로 본다. "客人来了"라고 말할 때 화청자는 이미 손님이 온다는 것을 알고 있고, 그 손님이 누구인지도 안다. 그러나 손님이 온다는 사실을 사전에 알지 못했다면, "来客人了"라고 표현해야 한다. 그 외에 "来客人了"의 앞에는 "他家来客人了"와 같이 장소 표현이 출현할 수 있는 반면, "客人来了"에는 그러한 용법이 없다.

목적어는 비한정성을 나타내기 때문에, 주로 비한정 수량사를 수반한다.

① 他买了<u>一本书</u>。
그가 책 한 권을 샀다.
② 他带来<u>一个朋友</u>。
그가 친구 한 명을 데리고 왔다.

목적어가 한정성을 나타내면 문두에 위치하여 화제로 쓰이거나, '把'구문으로 출현한다.

① <u>那天他的言辞</u>我怎么也想不起来了。
그 날 그의 말이 나는 도무지 생각나지 않았다.
② 她把<u>男朋友送的礼物</u>扔了。
그녀는 남자 친구가 준 선물을 버렸다.

5. 목적어의 위치: '看了一天书' 와 '等了一天他' 는 모두 맞는 표현일까?

목적어는 보통 동사 바로 뒤에 위치한다. 반면 한국어에서는 목적어가 동사 앞에 위치한다. 그래서 한국 학습자는 모국어의 영향을 받아 목적어를 동사 앞에 배치하는 오류를 범하게 된다.

① *我们饭吃了。
② *她一本书买了。

동사가 보어와 목적어를 동시에 취하면, 목적어의 위치가 복잡해진다. 목적어의 위치 문제는 보어의 종류, 동사의 종류, 목적어의 종류와 모두 연관된다. 아래에서 간단한 예를 통해, 목적어의 다양한 위치를 살펴보자.
첫째, 동사 + 목적어.

① 我们学习汉语。
　 우리는 중국어를 공부한다.

둘째, 동사 + 결과보어 + 목적어.

② 我看完电影就去。(하권 CHAPTER 4. Ⅲ. 결과보어 참고)
　 나는 영화를 다 보면 바로 간다.

셋째, 동사 + 가능보어 + 목적어.

③ 我吃不完一个西瓜。(하권 CHAPTER 4. Ⅲ. 가능보어 참고)
　 나는 수박 한 통을 다 못 먹는다.

넷째, 동사+목적어+동사+보어.

④ 她看电影看得热泪盈眶。(하권 CHAPTER 4. Ⅲ. 상태보어 참고)
그녀는 영화를 눈물을 글썽이며 봤다.

다섯째, 지속동사+수량보어+명사 목적어.

⑤ 我看了三天书。(하권 CHAPTER 4. Ⅲ. 수량보어 참고)
나는 3일 동안 책을 읽었다.

여섯째, 비지속동사+명사 목적어+수량보어.

⑥ 她来中国三年了。(하권 CHAPTER 4. Ⅲ. 수량보어 참고)
그녀가 중국에 온 지 3년이 되었다.

일곱째, 동사+대체사 목적어+수량보어.

⑦ 我等了她半个小时。(하권 CHAPTER 4. Ⅲ. 수량보어 참고)
나는 그녀를 30분 동안 기다렸다.

위의 문제는 주로 목적어의 종류와 위치의 관계에 관한 것이다. 몇 가지 예문을 더 살펴보자.

목적어가 대체사일 때:

A조(V+O+C)	B조(V+C+O)
张先生等了她一天。	*张先生等了一天(的)她。
张선생은 그녀를 하루 종일 기다렸다.	
姐姐照顾了我两天。	*姐姐照顾了两天(的)我。

언니가 나를 이틀 동안 돌봐줬다.
我找过她三次。　　　　　　*我找过三次她。
나는 그녀를 세 번 찾아갔다.
妈妈见过他一次。　　　　　*妈妈见过一次他。
엄마는 그를 한 번 본 적이 있다.

목적어가 명사일 때:

A조(V+O+C)	B조(V+C+O)
*张先生看了书一天。	张先生看了一天(的)书。
	张선생은 하루 종일 책을 읽었다.
*姐姐复习了英语两天。	姐姐复习了两天(的)英语。
	언니는 이틀 동안 영어를 복습했다.
*我看过电影三次。	我看过三次电影。
	나는 영화를 세 번 봤다.
*妈妈读了这本小说两遍。	妈妈读了两遍这本小说。
	어머니는 이 소설을 두 번 읽었다.

위의 비교를 통해 시량보어, 동량보어, 목적어가 동시에 출현할 경우 목적어의 종류도 다르고, 문장 내 위치도 다르다는 것을 알 수 있다. 목적어가 대체사면 시량/동량보어 앞에 위치하는 A조 형식이어야 한다. 목적어가 일반명사이면 시량/동량보어 뒤에 위치하는 B조 형식이어야 한다. 목적어가 복잡한 형식이거나 강조하고자 하면 일반적으로 주술서술어문, 즉 '대주어+소주어+동사+보어'의 구조를 취한다.

① <u>那件漂亮的毛衣</u>她试了半天了。
　　그 예쁜 스웨터를 그녀는 한참 동안 입어 보았다.
② <u>那个韩国的电视剧</u>我看了三个小时了。
　　그 한국 드라마를 나는 3시간 동안 봤다.

6. 서술어와 목적어를 학습할 때 자주 출현하는 오류는?

학습자가 서술어와 목적어를 학습할 때 쉽게 범하는 오류는 주로 다음과 같다.

(1) 자동사, 형용사, 명사 뒤에 목적어를 첨가한 오류.

① *飞飞打了小王, 所以小王不道歉飞飞的妈妈。(……小王不向飞飞的妈妈道歉。)
 (……小王은 飞飞의 엄마에게 사과하지 않았다.)
② *问好你的父母。(向你的父母问好。)
 (부모님께 안부를 전해 주세요.)
③ *妈妈很感兴趣中国文化。(妈妈对中国文化很感兴趣。)
 (엄마는 중국 문화에 대해 매우 관심이 많다.)
④ *我们都赔不是她吧。(我们都给她赔不是吧。)
 (우리 모두 그녀에게 사과합시다.)
⑤ *她很热情我们。(她对我们很热情。)
 (그녀는 우리에게 매우 친절하다.)
⑥ *我很珍贵我们的友谊。(我很珍惜我们的友谊。)
 (나는 우리의 우정을 소중히 여긴다.)
⑦ *我们愿望能有机会学习中国文化。(我们希望能有机会学习中国文化。)
 (우리가 중국 문화를 배울 기회가 있기를 바란다.)

(2) 서술어와 목적어의 결합 오류.

① *老师说我们一件事。(老师告诉我们一件事。)
 (선생님께서 우리에게 어떤 일을 알려주셨다.)
② *我们周末去参观老师。(我们周末去拜访老师。)
 (우리는 주말에 선생님을 뵈러 간다.)

③ *我们都有责任赡养孩子。(我们都有责任抚养孩子。)
(우리 모두 아이를 키울 책임이 있다.)

(3) 목적어가 서술어 앞에 위치한 어순 오류.

① *那时候我在路上偶然中学生时代的朋友碰见了。(……碰见了中学时代的朋友。)
(……중고등학교 시절의 친구를 만났다.)
② *我已经饭吃了。(我已经吃饭了。)
(나는 이미 밥을 먹었다.)
③ *我没有朋友的意见听, 真后悔。(我没有听朋友的意见……)
(나는 친구의 의견을 듣지 않았는데……)
④ *你别他的卷子看。(你别看他的卷子。)
(그의 답안지를 보지 마라.)
⑤ *你不能这样的话说。(你不能说这样的话。)
(그런 말을 해선 안 된다.)

(4) 한정성 목적어의 오용 오류.

① *他叫出来了王鹏。(他把王鹏叫出来了。)
(그가 王鹏을 불러냈다.)
② *他买回来了那本书。(他把那本书买回来了。)
(그가 그 책을 사 왔다.)

7. 서술어와 목적어 교육에서 유의할 점은?

(1) 학습자의 오류를 보면, 술목 구조의 오류는 주로 동사 사용에서 많이 발생한다. 이 문제를 해결하는 가장 좋은 방법은 동사의 용법을 세분화하는 것이다. 새로운 동사가 출현할 때마다 동사가 목적어를 가질 수

있는지, 어떤 목적어를 가질 수 있는지, 목적어를 가질 수 없다면 어떻게 대상을 어떻게 취할 수 있는지 등을 명확하게 설명해야 한다. 타동사의 예를 들면, 구조화의 방법을 통해 학습자에게 해당 동사가 어떤 목적어를 가질 수 있는지 알려준다. 자동사는 특히 전치사를 사용하여 대상을 취하는 경우를 구조화하는 방법으로 학습자에게 사용 규칙을 명확하게 설명한다. 예시를 들면 다음과 같다.

参观+지역	예:	参观长城
		长城을 견학하다
给+사람+鼓掌	예:	给选手鼓掌
		선수에게 박수를 치다
向+사람+问好	예:	向父母问好
		부모님께 안부 인사하다
为+사람+着想	예:	为孩子着想
		아이를 위해 생각하다

(2) 교사는 학습자가 '동사+목적어'구조를 쉽게 습득할 수 있도록, 동사와 관련 목적어를 결합하여 가르쳐야 한다. 일부 동사는 결합할 수 있는 목적어가 매우 적다. 예를 들어 '眨', '睁'은 '眼, 眼睛'과만 결합할 수 있고, '穿'은 '衣服, 裤子, 鞋子, 袜子' 등과 결합할 수 있다.

동사가 목적어를 취할 때 의미상의 제약이 발생하는 경우도 있다. 교사는 학습자가 이 같은 의미적 제약을 제대로 이해하도록 지도해야 한다. 예를 들어 '缺乏'는 목적어가 추상적일 것('经验, 管理, 资源' 등)을 요구하지만, '缺少'에는 이 같은 제약이 없다.

(3) 동사의 유의어는 주로 결합 대상에서 차이를 보인다. 예컨대 '保护'와 '保障'의 경우, '保护'의 대상은 '孩子, 父母' 등과 같이 구체적이다. 그러나 '保障'의 대상은 '权利, 自由, 安全' 등과 같이 추상적인 개념이다.

III. 보어

1. 보어 개요
   1.1 보어란? 중국어 교육에서 보어는 왜 중요할까?
   1.2 보어는 몇 개의 유형으로 나누어질까?
2. 결과보어와 결과보어 교육
   2.1 결과보어란? 결과보어의 구조적 특징은?
   2.2 결과보어와 목적어 위치: '做作业完了'일까 '做完作业了'일까?
   2.3 결과보어를 학습할 때 자주 출현하는 오류는?
   2.4 결과보어 교육에서 유의할 점은?
3. 방향보어와 방향보어 교육
   3.1 방향보어 및 유형
      3.1.1 방향보어란? 방향보어의 특징은?
      3.1.2 방향보어는 몇 개의 유형으로 나누어질까?
      3.1.3 방향보어와 목적어의 위치: '回宿舍去了'와 '走进了宿舍'의 어순은 왜 다를까?
   3.2 상용 방향보어 기본 용법과 기본 용법 교육
      3.2.1 '来'와 '去'의 방향 의미는 어떤 차이가 있을까?
      3.2.2 '(동사+)上来'와 '(동사+)上去'의 방향 의미는 어떤 차이가 있을까?
      3.2.3 '(동사+)下来'와 '(동사+)下去'의 방향 의미는 어떤 차이가 있을까?
      3.2.4 '(동사+)过来'와 '(동사+)过去'의 방향 의미는 어떤 차이가 있을까?
      3.2.5 '(동사+)进来'와 '(동사+)进去'의 방향 의미는 어떤 차이가 있을까?
      3.2.6 '(동사+)出来'와 '(동사+)出去'의 방향 의미는 어떤 차이가 있을까?
      3.2.7 '(동사+)回来'와 '(동사+)回去'의 방향 의미는 어떤 차이가 있을까?
      3.2.8 '동사+起来'의 방향 의미는?
      3.2.9 '起来'와 '上来': '坐起来'와 '坐上来'는 어떤 차이가 있을까?
      3.2.10 '동사+开'의 의미는?
      3.2.11 방향보어의 기본 용법을 학습할 때 자주 출현하는 오류는?
      3.2.12 방향보어 기본 용법 교육에서 유의할 점은?

3.3 상용 방향보어의 파생 용법과 파생 용법 교육
   3.3.1 '起来'의 파생 용법: '站起来', '哭起来', '捆起来'에서 '起来'는 같을까?
   3.3.2 '突然下雨起来'는 왜 잘못된 표현일까?
   3.3.3 '下去'의 파생 용법: '爬下去'와 '请讲下去'에서 '下去'는 같을까?
   3.3.4 "请你说话下去"와 "上课了, 他还在玩下去"는 왜 잘못된 문장일까?
   3.3.5 '起来'와 '下去': '聊起来'와 '聊下去'는 어떤 차이가 있을까?
   3.3.6 '下来'의 파생 용법: '爬下来', '停下来', '脱下来'와 '坚持下来'의 '下来'는 같을까?
   3.3.7 '下来'와 '下去': '坚持下来'와 '坚持下去'는 어떤 차이가 있을까?
   3.3.8 '下来'와 '起来': 왜 '变胖'은 '胖起来'라고 하는데 '变瘦'는 '瘦下来'라고 하지 않을까?
   3.3.9 '过来'의 파생 용법: '跑过来', '醒过来', '熬过来'에서 '过来'는 같을까?
   3.3.10 '过来'와 '过去': 왜 '醒过来', '昏过去'라고 표현할까?
   3.3.11 '出来'의 파생 용법: '跑出来'와 '想出来'에서 '出来'는 같을까?
   3.3.12 '出去'의 파생 용법: '跑出去'와 '说出去'에서 '出去'는 같을까?
   3.3.13 '想出来'와 '想起来'는 어떤 차이가 있을까?
   3.3.14 '报上来'와 '报上去'는 어떤 차이가 있을까?
   3.3.15 '上'의 파생 용법: '爬上树'와 '合上书', '考上大学', '爱上他'에서 '上'은 같을까?
   3.3.16 방향보어의 파생 용법을 학습할 때 자주 출현하는 오류는?
   3.3.17 방향보어 파생 용법 교육에서 유의할 점은?
4. 가능보어와 가능보어 교육
   4.1 가능보어란? 가능보어의 구조적 특징은?
   4.2 가능보어 분류: '用不完', '用不了'는 '用不得'와 어떤 차이가 있을까?
   4.3 '能吃完'과 '吃得完'은 어떤 차이가 있을까?
   4.4 가능보어와 목적어의 어순: '睡觉不着'일까 '睡不着觉'일까?
   4.5 가능보어를 학습할 때 자주 출현하는 오류는?
   4.6 가능보어 교육에서 유의할 점은?
5. 정도보어와 정도보어 교육
   5.1 정도보어란? 정도보어의 구조적 특징은?

5.2 정도보어를 수반하는 단어: "她病得很"은 왜 맞는 문장일까?

5.3 서술어와 정도보어 결합: "我开心得慌"은 왜 잘못된 문장일까?

6. 상태보어와 상태보어 교육

6.1 상태보어란?

6.2 어떤 단어가 상태보어가 될 수 있을까?

6.3 "她打扫打扫得干干净净"은 왜 잘못된 문장일까?

6.4 상태보어와 목적어의 어순: "他打球得特别棒"은 왜 잘못된 문장일까?

6.5 "你要学习得很认真"은 왜 잘못된 문장일까?

6.6 상태보어를 학습할 때 자주 출현하는 오류는?

7. 수량보어와 수량보어 교육

7.1 시량보어와 시량보어 교육

7.1.1 시량보어 및 의미: '睡了三天了'와 '来了三天了'에서 '三天'은 같을까?

7.1.2 시량보어와 목적어의 어순: 왜 '看了一天书'는 맞는 표현인데 '教了一年我'는 잘못된 표현일까?

7.1.3 시량보어 교육에서 유의할 점은?

7.2 동량보어와 동량보어 교육

7.2.1 동량보어란?

7.2.2 동량보어와 목적어의 어순: 왜 '听了两次京剧'는 맞는 표현인데 '帮了两次她'는 잘못된 표현일까?

7.2.3 동량보어를 학습할 때 자주 출현하는 오류는?

8. 전치사구 보어와 전치사구 보어 교육

8.1 전치사구 보어란?

8.2 '走向胜利'는 어떻게 가르칠까?

1. 보어 개요

1.1 보어란? 중국어 교육에서 보어는 왜 중요할까?

보어는 서술어 뒤에서 보충 설명하는 통사 성분으로, 예를 들면 다음과 같다.

① 老人走累了。
노인이 걷다가 지쳤다.
② 他看得眼睛都疼了。
그는 눈이 아플 정도로 봤다.

다양한 보어의 사용은 중국어의 중요한 특징이므로 보어 교육은 중국어 교육에서 특히 비중 있게 다루어져야 한다. 구체적으로 살펴보면 우선 다른 언어에는 중국어 보어와 유사한 문법 현상이 매우 드문데, 보어를 포함한 1개 문장이 다른 언어에서는 보통 2개 문장으로 표현되기 때문이다. 그리고 보어는 사용 빈도가 매우 높다. 형용사, 명사, 주술구가 서술어인 문장보다도 높으며, '把'구문, '被'구문, '有'구문, '是'구문, '比'구문, 연동구문 등과 같은 특수 구문보다도 자주 쓰인다(赵淑华 등 1995). 마지막으로 학습자의 보어 사용 오류가 많고 유형도 다양하며, 오류가 쉽게 교정되지 않는 특징을 보인다.

1.2 보어는 몇 개의 유형으로 나누어질까?

보어의 유형에 관해서는 여러 견해가 있는데, 보편적으로 받아들여지는 주장은 다음과 같다.

보어는 의미에 따라, 아래와 같이 나눌 수 있다.

결과보어: 吃完, 洗干净, 做对, 来早, 收拾干净
가능보어: 吃不完, 听不懂, 看得见, 看不见, 记不住, 记得住
방향보어: 走出来, 跑出去, 挤进来, 热起来, 爬上去, 爬下来
정도보어: 好极了, 热得不得了, 挤得很, 憋得慌, 烦死了
수량보어 { **동량보어**: 去了一次, 批评了几回, 打了一顿
            시량보어: 睡了十个小时, 住了半年, 看过一会儿
상태보어: 兴奋得睡不着, 高兴得跳起来, 激动得双手发颤
전치사구 보어: 走到前台, 放在桌子上, 生于1881年

2. 결과보어와 결과보어 교육

2.1 결과보어란? 결과보어의 구조적 특징은?

흔히 동사를 문장의 핵심성분으로 알고 있지만, 대부분의 동사는 동작의 과정만을 나타내며 결과는 표현할 수 없다. 동작과 완료 이후의 결과를 모두 나타낼 때는 동사 뒤에 결과 의미의 동사/형용사를 추가하는데, 이들을 '결과보어'라고 한다.

통사적인 유연성과 경제성을 잘 보여주는 성분이 바로 결과보어이다. 결과보어는 간결한 단문 형식으로 복문에 해당하는 복잡한 내용을 표현한다. 또한 결과보어는 중국어 의미 합성의 특징을 잘 보여주는데, 의미상 관련이 있으면 동사/형용사가 결과보어로 출현하여 술보구를 형성한다.

결과보어가 포함된 술보 구조는 두 가지 중요한 특징이 있다.

첫째, 서술어와 결과보어가 직접 연결되어, 중간에 '得' 등이 삽입될 수 없다. 둘째, 결과보어 역할을 하는 단어는 동사나 형용사인데, 주로 형용사가 많다. 예:

做完   学会   摔倒   拉住   杀死

拉高   染红   听明白   洗干净   收拾整齐

위의 예와 같이 서술어는 통상 동사이다. 일부 단음절 형용사도 서술어가 될 수 있는데, 예를 들면 '饿, 累, 热' 등이다. 이들은 결과보어를 수반할 수는 있지만, 보어가 '死, 病' 등의 일부 동사에 국한된다.

① 饿死了两个人。
　두 사람이 굶어 죽었다.
② 妈妈累病了。
　엄마가 과로로 병이 났다.

의미상 서술어는 어떤 수단을 나타내고, 결과보어는 그 수단을 통해서 얻은 결과를 나타낸다. '洗干净'은 '洗'라는 수단을 통해서 '干净'이라는 결과를 얻은 것이다. 예:

洗干净   洗白了

'干净'은 다른 수단을 통해서도 얻을 수 있다. 예:

扫干净   擦干净

일부 동사는 결과보어로 사용될 때 의미가 약간 바뀌는데, 단어 자체로는 파악이 어렵다. 예를 들어 설명하면 다음과 같다.

见: 기본 의미는 '보고나서 결과가 생긴 것', 즉 '보인다'를 의미하나, '见'이 결과보어가 되면 동작의 결과가 생겼음을 추상적으로 나타낸다. 보통 감각동사의 뒤에 사용되는데, 예를 들면 '看见, 听见, 闻见' 등이다.

好: 동작이 완료된 후 만족스러운 정도에 도달했음을 나타낸다. 예를 들면 '修好, 写好, 做好, 捆好, 放好' 등이다.

住: 동작을 통해서 사람/사물이 고정됨을 나타낸다. 예를 들면 '站住, 停住, 挡住, 记住, 拦住' 등이다.

着(zháo): 동작이 목적에 도달했음을 나타낸다. 예를 들면 '找着, 猜着, 买着, 借着' 등이 있다. '睡着'는 '잠이 들었음'을 나타내고, '点着, 划着' 등은 '불이 붙었음(점화된 상태)'을 나타낸다.

2.2 결과보어와 목적어 위치: '做作业完了'일까 '做完作业了'일까?

앞서 언급했듯이 결과보어는 서술어동사 뒤에 직접 연결되어, 중간에 다른 단어를 삽입할 수 없다. 서술어동사 뒤에 목적어가 출현하면 '목적어와 보어의 경쟁적 동사 의존 현상'이 발생한다. 이때 동사와의 관계가 더 밀접한 결과보어가 동사 뒤에 위치하고, 목적어는 결과보어 뒤에 위치한다.

① 她做完作业了。
그녀가 숙제를 다 했다.
② 你快打开门吧!
얼른 문을 여세요!
③ 那本书我读完了。
그 책을 나는 다 읽었다.

예문③과 같이 피행위자 목적어가 문두에 위치할 수도 있는데, 특히 한정적이며 복잡한 형식의 목적어가 보통 문두에 온다.

반면, 결과보어의 의미지향이 행위자 또는 동작일 때는 동사를 중복해서 사용해야 한다. 결론적으로, 어떤 상황이든 결과보어는 항상 동사와 직접 결합한다.

① 她背单词背烦了。
그녀는 단어를 외우느라 짜증이 났다.
② 我买房买晚了。
나는 집을 늦게 샀다.

앞뒤 맥락이 주어지면 목적어가 출현하지 않아도 되는데, 이 경우 동사는 중복할 필요 없이 그 뒤에 보어가 곧바로 출현한다.

③ a. 你真聪明，那么早就买了两套房子!
진짜 영리하네요, 그렇게 일찍 집을 두 채나 사다니!
b. 其实我也买晚了。
사실은 나도 늦게 산 거예요.

2.3 결과보어를 학습할 때 자주 출현하는 오류는?

학습자가 보어를 어려워하는 이유는 대부분 모국어에서 보어에 대응할 만한 문법 현상을 찾을 수 없기 때문이다. 결과보어를 학습할 때 다음과 같은 오류가 자주 출현한다.

(1) 동사의 누락 오류.

① *我完作业了。(我做完了作业。)
(나는 숙제를 다 했다.)
② *她坏了我的笔。(她弄坏了我的笔。)
(그녀가 내 펜을 망가뜨렸다.)

(2) 결과보어의 누락 오류.

① *老师听我们说英语，很生气了。(老师听到我们说英语，很生气。)
(선생님은 우리가 영어로 말하는 것을 듣고, 매우 화를 내셨다.)

② *我的房卡丢了，今天才找了。(我的房卡丢了，今天才找到。)
(나는 방 열쇠를 잃어버렸다가, 오늘에서야 찾았다.)

(3) '동사+보어'구조에서 중복동사의 누락 오류.

① *他打球累了，回家休息了。(他打球打累了，回家休息了。)
(그는 공놀이를 하다 지쳐, 집에 가서 쉬었다.)
② *她吃火锅怕了。(她吃火锅吃怕了。)
(그녀는 火锅을 먹다가 질려버렸다.)

(4) 결과보어의 어순 오류.

① *他们吃饭完了。(他们吃完饭了。)
(그들은 밥을 다 먹었다.)
② *你要写字清楚。(你要把字写清楚。)
(글자를 또박또박 써야 합니다.)

보통 동사 뒤에 목적어가 위치하므로, 학습자는 '吃饭, 打球, 做作业' 등과 같이 '동사+목적어'를 하나의 구조로 배워 기억한다. 이로 인해 결과보어를 '동사+목적어' 뒤에 배치하는 오류가 발생하게 된다.

(5) 부정 형식의 대체 오류.

① *昨天我不做完作业就睡了。(昨天我没做完作业就睡了。)
(어제 나는 숙제를 다 못하고 잠들었다.)
② *老师，我不听明白。(老师，我没听明白。)
(선생님, 저는 못 알아들었어요.)

결과보어의 부정 형식은 '没+동사+보어'이다. '没(有)'를 사용해서 부정하는 이유는, 결과보어가 동작 발생 이후의 결과를 나타내기 때문이다.

학습자는 초급 단계에서 '不'와 '没有'의 차이를 제대로 이해하지 못해서, 위의 ①, ②와 같은 오류문이 출현하게 된다.

그러나 가정문에서는 통상 '不+동사+보어'를 사용한다.

③ 不找到他我就不回来了。
그를 찾지 못하면 나는 돌아오지 않을 거예요.
④ 不打扫干净别离开。
깨끗이 청소하지 않았으면 가지 마세요.

(6) 결과보어의 첨가 오류.

① *你不妨看见一些报纸，就会发现……(你不妨看一些报纸，就会发现……)
(신문을 좀 보시면, 발견하게 될 거예요……)

2.4 결과보어 교육에서 유의할 점은?

(1) 단계별 교육

중국어 교재에서는 결과보어가 초급 단계에 집중적으로 출현하는데, 여기에는 결과보어의 문법 의미, 구조적 특징, 상용 '동사+보어'구 등에 관한 내용이 포함된다. 그러나 결과보어는 형식상의 확장도 가능하고 관련 의미도 복잡하므로, 고급 단계까지 교육을 연장할 필요가 있다. 아래에서 결과보어의 단계별 교육에 대해 구체적으로 논의해보자.

초급 단계에서는 먼저 결과보어의 문법 의미를 설명한다. 결과보어는 (피)행위자의 동작으로 발생한 결과 또는 동작 자체를 설명하는 데 사용된다. 이러한 결과보어의 문법 의미와 결합해서 상용 결과보어를 가르치는데, 예를 들면 '对/错, 快/慢, 早/晚, 胖/瘦, 好/坏, 干净, 清楚, 见, 懂,

到, 完, 开, 上, 住, 着' 등이 있다.

중급 단계에서는 의미가 허화되었거나 복잡한 결과보어를 소개한다. 예를 들면 '成, 作, 定, 透, 中, 为' 등과 '上, 下' 등의 여러 파생 용법이 있다. 이와 함께 동사와 결과보어의 결합이 단어처럼 쓰여, 때에 따라 목적어, 수량 등의 다른 성분을 수반할 수 있다고 알려준다.

① 他叫醒了<u>妈妈</u>。
그가 엄마를 불러 깨웠다.
② 我来晚了<u>半个小时</u>。
내가 삼십 분 늦게 왔다.

고급 단계에서는 관용어 성격의 결과보어를 설명한다. 예를 들면 '看顺眼(눈에 들다), 干砸锅(일을 망치다), 玩上瘾(노는 데 중독되다), 看入神(정신놓고 보다), 说走嘴(말실수하다), 看走眼(한눈 팔다), 说顺口(말이 입에 붙다)' 등이다.

(2) 어휘 교육

초급 단계에서는 '동사+결과보어'를 하나의 단어로 가르치는데, 동작 등을 통해 학습자가 술보구와 단순 동사의 차이를 이해하게 한다. 그러면 '吃饭完了'와 같은 오류를 피할 수 있게 된다.

3. 방향보어와 방향보어 교육

3.1 방향보어 및 유형

3.1.1 방향보어란? 방향보어의 특징은?

'방향보어'라는 이름에서 알 수 있듯이, 동사/형용사 뒤에서 운동, 위치 이동의 방향을 나타내는 보어를 가리킨다. 방향보어는 동작의 방향 외에 결과 상태도 나타낸다. 예를 들어 "名单都报上来了吗?"에서 '上来'는 결과 의미를 나타내고, "她果真瘦下来了"에 '下来'는 상태 의미를 나타낸다.

방향보어를 포함하는 술보구는 두 가지 구조적 특징이 있다. 첫째, 서술어와 보어가 직접 연결되어 '得'가 필요하지 않은데, 이는 결과보어 술보구와 동일하다. 둘째, 보어로 출현하는 성분이 모두 방향동사이다.

3.1.2 방향보어는 몇 개의 유형으로 나누어질까?

방향보어는 형식상 단순방향보어와 복합방향보어로 나뉜다.

단순방향보어는 2개 조로 나눌 수 있다. 1조는 '上, 下, 进, 出, 回, 过, 起, 开'의 8개로, 방향의 기준이 운동하는 사물의 원위치이다. 2조는 '来/去'로, 방향의 기준이 화자나 서술자의 위치 또는 입장이 된다.

복합방향보어는 '上来, 上去' 등 14개를 포함하는데 1, 2조의 방향동사가 결합하여 보어로 사용될 때 복합방향보어라고 한다. 복합방향보어의 방향은 화자나 서술자의 위치와도 관련이 있으며, 운동하는 사물의 위치 방향과도 관련이 있다. 정리하면 다음과 같다.

	上	下	进	出	回	过	起	开
来	上来	下来	进来	出来	回来	过来	起来	开来
去	上去	下去	进去	出去	回去	过去	-	-

방향보어는 의미상 기본 용법과 파생 용법으로 나뉜다. 기본 용법은 방향 의미인데, 사람이나 사물의 실제 운동 또는 위치 이동의 방향을 나타낸다. 이때 서술어는 동작동사에 국한된다.

① 她把掉在地上的一分钱捡了起来。
　　그녀는 바닥에 떨어진 동전 한 푼을 주웠다.
② 请快速把球扔出去。
　　얼른 공을 바깥으로 던지세요.

파생 용법은 방향이 아닌 다른 의미를 나타낸다.

① 闭上眼睛，休息一下吧。['闭上'= '닫다']
　　눈을 감고, 좀 쉬세요.
② 你别停，说下去。['说下去'= '계속 말하다']
　　멈추지 말고, 계속 말하세요.
③ 天气热起来了。['热起来'= '더워지기 시작하다']
　　날씨가 더워지기 시작했다.

방향보어가 파생 의미를 나타낼 때는 예문③의 '热'와 같이 서술어가 동사가 아닌 경우도 있다.

3.1.3 방향보어와 목적어의 위치: '回宿舍去了'와 '走进了宿舍'의 어순은 왜 다를까?

이 문제는 방향보어와 목적어의 어순과 관련된다. 단순방향보어와 복합방향보어의 어순이 조금 다른데, 구분해서 논의해보자.

(1) 단순방향보어와 목적어의 위치

'来/去'가 '上/下, 进/出, 回, 过, 起, 开'와 다르므로, '来/去'부터 살펴보자. 장소 목적어일 때는 방향보어 사이에 놓여 '동사+장소 목적어+来/去'로 구조화할 수 있다.

① 下周我要回上海去。
　　다음 주에 나는 上海에 돌아가려고 한다.

② 她跑上楼来了。
그녀가 뛰어서 위층으로 올라왔다.

목적어가 사람, 사물을 나타내는 일반 명사일 때는 방향보어 앞뒤에 모두 위치할 수 있다.

③ a. 他拿来了一本新书。[이미 발생]
그가 새 책 한 권을 가져왔다.
b. 他拿了一本新书来。[이미 발생]
그가 새 책 한 권을 가져왔다.
c. 拿一本新书来! [미발생]
새 책 한 권을 가져오세요!
④ a. 爸爸给他送去了一些吃的。[이미 발생]
아빠가 그에게 먹을 것을 좀 보냈다.
b. 爸爸给他送了一些吃的去。[이미 발생]
아빠가 그에게 먹을 것을 좀 보냈다.
c. 快给他送一些吃的去! [미발생]
얼른 그에게 먹을 것을 좀 보내세요!

상술한 비교를 통해, 동작이 이미 발생했다면 목적어는 방향보어 앞뒤에 모두 출현이 가능하나, 미발생 상황이라면 통상 '来/去'의 앞에 위치한다는 것을 알 수 있다.

'上/下, 进/出' 등이 단순방향보어가 될 때, 목적어는 모두 단순방향보어 뒤에 위치한다.

⑤ 他爬上树了。
그가 나무 위로 기어 올라갔다.
⑥ 他想出了一个好办法。
그가 좋은 방법을 하나 생각해냈다.

(2) 복합방향보어와 목적어의 위치

목적어가 장소 목적어일 때는 복합방향보어의 사이에 위치한다. 따라서 '동사+(방향보어₁)+장소 목적어+来/去'로 구조화할 수 있다.

① 你怎么突然跑进我们教室来了?
어떻게 갑자기 우리 교실로 뛰어들어왔나요?
② 我打算下周飞回美国去。
나는 다음 주에 (비행기로) 미국에 돌아갈 생각이다.

목적어가 비장소 목적어일 때는 아래 3개의 어순이 가능하다.
첫째, '동사+(방향보어₁)+목적어+来/去'.

③ 他掏出一封信来给我看。
그가 편지 한 통을 꺼내서 나에게 보여줬다.
④ 快搬进一张桌子来。
얼른 탁자 하나를 옮겨 오세요.

둘째, '동사+목적어+(방향보어₁)+来/去'.

⑤ 给妈妈寄点钱回去。
엄마에게 돈을 좀 보내드리세요.
⑥ 别忘了给带点好吃的回来。
맛있는 것 좀 챙겨 오는 걸 잊지 마세요.

셋째, '동사+방향보어₁+목적어'.

⑦ 他突然带回来几个孩子。
그가 갑자기 아이들 몇 명을 데려왔다.

⑧ 他扔出去几个废箱子。
그가 못 쓰는 상자 몇 개를 내다 버렸다.

위의 3개 어순은 모두 적격문이지만 사용 빈도에 차이가 있다. 吕文华(1994)는 1,141개의 방향보어 문장 중 목적어가 없는 문장이 75.8%, 목적어가 '来/去'앞에 출현한 문장이 16%, 목적어가 '来/去'의 뒤에 출현한 문장이 4.9%라고 밝혔다.

위의 예문을 통해 목적어가 보통 비한정 목적어이며, 비한정 수량 성분을 취한다는 사실을 알게 되었다. 한정 목적어라면 문두에 위치하거나 '把'구문을 사용한다.

⑨ 哥哥寄来的那封信我拿回来了。
오빠가 보내온 그 편지를 내가 가져왔다.
⑩ 他把那几个孩子带进来了。
그가 그 아이들 몇 명을 데리고 들어왔다.

3.2 상용 방향보어의 기본 용법과 기본 용법 교육

동작의 방향이 화자를 향해 이동하면, 방향보어는 '来' 또는 '……来'를 사용한다. 동작자의 방향이 화자를 이탈하여 이동하면, '去' 또는 '……去'를 사용한다.

방향보어마다 사용상의 특징이 있는데, 예를 들면 다음과 같다.

3.2.1 '来'와 '去'의 방향 의미는 어떤 차이가 있을까?

'来'와 '去'는 동사 뒤에서 사람, 사물이 이동한 방향을 표시한다. 화자 또는 서술자의 위치나 입장을 참조점으로 하여 사람/사물이 화자나 진술 대상의 방향을 향해 이동할 때는 '来'를 사용한다. 이와 반대로 화자나 진술 대상의 방향에서 멀어질 때는 '去'를 사용한다.

① 外边太冷了，你快进来。
밖이 너무 추우니까, 얼른 들어오세요.
② 外边太冷了，我们快进去。
밖이 너무 추우니까, 우리 얼른 들어갑시다.

3.2.2 '(동사+)上来'와 '(동사+)上去'의 방향 의미는 어떤 차이가 있을까?
'上来'와 '上去'는 낮은 곳에서 높은 곳으로의 이동을 나타낸다. '(동사+)上来'는 화자가 높은 곳에 위치하고, '(동사+)上去'는 화자가 낮은 곳에 위치한다.

① 快(爬)上来吧，上面风景可美了。
얼른 올라와요, 위의 풍경이 정말 아름다워요.
② 大家都到山顶了，我们也快点(爬)上去吧。
다들 산 정상에 도착했으니, 우리도 얼른 올라갑시다.

3.2.3 '(동사+)下来'와 '(동사+)下去'의 방향 의미는 어떤 차이가 있을까?
'上来/上去'와 반대로, '下来'와 '下去'는 모두 낮은 곳으로의 이동을 나타낸다. '(동사+)下来'는 화자가 낮은 곳에 위치하고, '(동사+)下去'는 화자가 높은 곳에 위치한다.

① 我们已经到山脚了，你们快点(爬)下来吧。
우리는 벌써 산 밑에 도착했으니, 너희도 얼른 내려와라.
② 他们都已经到山脚了，我们也快点(爬)下去吧。
그들이 벌써 산 밑에 도착했으니, 우리도 얼른 내려갑시다.

3.2.4 '(동사+)过来'와 '(동사+)过去'의 방향 의미는 어떤 차이가 있을까?
'(동사+)过来/过去'는 동일한 공간에서의 수평 이동을 나타낸다. '(동사+)过来'는 동작자가 화자 방향으로 이동하고, '(동사+)过去'는 동작자가 화자를 이탈하여 다른 방향으로 이동한다.

① 你过来吧, 我在办公室等你。
　 이쪽으로 오세요. 제가 사무실에서 기다릴게요.
② 你把她的东西送过去吧。
　 그녀의 물건을 가져다 주세요.

3.2.5 '(동사+)进来'와 '(동사+)进去'의 방향 의미는 어떤 차이가 있을까?
'(동사+)进来/进去'는 밖에서 안으로의 이동을 나타낸다. '(동사+)进来'는 화자가 안에 위치하고, '(동사+)进去'는 화자가 바깥에 위치한다.

① 刚7点50, 老师就(走)进来了。
　 7시 50분이 되자, 선생님께서 (걸어) 들어오셨다.
② 你快进去吧, 我得走了。
　 얼른 들어가세요, 저는 가야 합니다.

3.2.6 '(동사+)出来'와 '(동사+)出去'의 방향 의미는 어떤 차이가 있을까?
'(동사+)进来/进去'와 반대로, '(동사+)出来/出去'는 밖으로의 이동을 나타낸다. '(동사+)出来'는 화자가 밖에 위치하고, '(동사+)出去'는 화자가 안에 위치한다.

① 你出来一下, 行吗？ 你不出门, 门卫不让我进去。
　 좀 나올래요? 당신이 나오지 않으면, 경비가 나를 못 들어가게 해요.
② 快关门, 小心狗(跑)出去。
　 얼른 문을 닫아요, 개가 달려 나가니 조심하세요.

3.2.7 '(동사+)回来'와 '(동사+)回去'의 방향 의미는 어떤 차이가 있을까?
'(동사+)回来/回去'는 어떤 곳을 떠나서 원래의 장소로 돌아왔음을 나타낸다. '(동사+)回来'는 화자가 원래 장소에 위치한 반면, '(동사+)回去'는 화자가 원래 장소에 있지 않다.

① 妈妈，你快回来吧。
　　엄마, 얼른 돌아오세요.
② 你先和太太商量一下再抱回去吧。
　　우선 아내와 상의해 본 후에, (아이를) 데려가세요.

3.2.8 '동사+起来'의 방향 의미는?

'(동사+起来)'는 사람이나 신체 일부, 또는 동작의 피행위자가 낮은 곳에서 높은 곳으로 이동함을 나타낸다.

① 孩子站起来的那一刻，我们都惊呆了。
　　아이가 일어선 그 순간에, 우리는 모두 놀라서 얼어붙었다.
② 听到有人进来，爷爷坐起来了。
　　누군가 들어오는 소리를 듣고, 할아버지가 일어나 앉으셨다.

3.2.9 '起来'와 '上来': '坐起来'와 '坐上来'는 어떤 차이가 있을까?

방향보어 '起来'와 '上来'는 모두 높은 곳으로의 이동을 나타내지만, 이 둘은 차이가 있다. 아래 예문을 가지고 비교해보자.

① 把头抬起来，把胸挺起来。
　　고개를 들고, 가슴을 펴라.
② 她把孩子高高地举了起来。
　　그녀는 아이를 높게 들어 올렸다.
③ 请你把东西送上楼来。
　　물건을 위층으로 좀 올려 주세요.
④ 大家坐到台上来吧。
　　다들 무대 위로 올라와서 앉으세요.

위의 비교를 통해, 다음과 같은 사실을 발견할 수 있다.

(1) 모두 낮은 곳에서 높은 곳으로의 이동을 나타내지만, 종착점의 성격이 다르다. '동사+起来'는 이동의 종착점(높은 곳)이 다소 애매하지만, '동사+上来'에서 이동의 종착점(높은 곳)은 화자가 서 있는 위치이다.

(2) 참조점이 다르다. '동사+起来'의 참조점은 동작자의 원래 위치로, 화자의 위치와는 무관하다. 다시 말해 화자가 지면에 있거나 높은 곳에 있는 것이 모두 가능하다. 반면, '동사+上来'의 참조점은 화자의 위치이기 때문에 동작자는 반드시 낮은 곳에서 화자가 서 있는 위치로 이동해야 한다.

(3) 위치 이동의 조건이 다르다. '동사+起来'는 '举起来(들어올리다)'와 같이 신체 부위 등의 부분 이동도 가능하다. '동사+上来'는 '跑上来(뛰어올라오다)'와 같이 동작자가 반드시 낮은 쪽에서 높은 곳으로 이동함을 나타낸다.

위의 이동 조건에 따르면 "她坐起来了"는 동작자 '她'가 원래 위치에서 신체 일부가 높은 쪽으로 이동함(예: '눕거나 엎드린 상태'에서 '앉은 상태')을 나타낼 뿐, 화자의 위치와 이동 후의 동작자 위치는 판단이 불가능하다. 반면, "她坐上来了"는 화자가 반드시 높은 곳에 위치하고, 동작자 '她'가 낮은 곳에서 화자가 있는 높은 곳으로 전체 이동한 것으로 해석된다.

3.2.10 '동사+开'의 의미는?

'동사+开'는 동작을 통해 사람/사물이 이탈했음을 나타낸다.

① 大家本来围着那辆车，一听危险马上就跑开了。
다들 원래 그 차를 에워싸고 있었는데, 위험하다는 말을 듣자마자 바로 도망갔다.
② 她把孩子推开，自己扑了上去。
그녀는 아이를 밀쳐내고, 자신이 그 위로 엎어졌다.

3.2.11 방향보어의 기본 용법을 학습할 때 자주 출현하는 오류는?

(1) '来'와 '去'의 대체 오류.

① *现在太晚了，明天我再回学校来。(明天我再回学校去。) [화자가 학교에 없기 때문]
(내일 나는 다시 학교로 돌아간다.)
② *明年我还想回中国去。(明年我还想回中国来。) [화자가 발화시에 중국에 있기 때문]
(내년에 나는 또 중국으로 돌아오고 싶다.)

(2) '来'와 '去'의 첨가 오류.

① *老师，我想回去宿舍拿书，行吗？(我想回宿舍拿书。)
(나는 기숙사에 돌아가서 책을 가져오고 싶다.)
② *11点多了，他才走进来教室。(他才走进教室。)
(그는 그제서야 교실에 들어왔다)

'回/进' 등은 직접 장소 목적어를 수반할 수 있지만, '来/去'는 그럴 수 없다. '来/去'가 장소 목적어를 취한다면, 장소 목적어는 그 앞에 위치해야 한다.

(3) 복합방향보어의 어순 오류.

학습자는 자주 동사와 복합방향보어를 연이어 사용하는 오류를 범한다. 복합방향보어를 분리시키지 못해서, 다음과 같은 오류문이 출현한다.

① *明年我要回来中国。(明年我要回中国来。)
(내년에 나는 중국에 돌아올 것이다.)
② *下课后我就回去宿舍。(下课后我就回宿舍去。)
(수업을 마치고 나는 바로 숙소로 돌아간다.)

③ *他们进去电影院了。(他们进电影院去了。)
　(그들이 영화관에 들어갔다.)
④ *他们喝酒以后进去别人的家。(他们喝酒以后进别人的家去了。)
　(그들은 술을 마신 후에, 다른 사람의 집으로 들어갔다.)
⑤ *上课20分钟了，他才走进来教室。(他才走进教室来。)
　(그는 그제서야 교실로 걸어들어왔다.)
⑥ *鸽子飞上去天了。(鸽子飞上天去了。)
　(비둘기가 하늘로 날아갔다.)

상술한 오류를 피하기 위해, 교사는 구조화된 방법으로 장소 목적어가 반드시 '来/去' 앞에 위치한다는 사실을 알려준다.

동사 + { 进/出, 回, 上/下, 过 } + 장소 + 来/去

3.2.12 방향보어 기본 용법 교육에서 유의할 점은?

(1) 단계별 교육을 실시한다. 단순방향보어를 먼저, 복합방향보어를 나중에 가르친다. 기본 의미를 먼저, 파생 의미를 나중에 가르친다. 예를 들면 초급 단계에서 방향 의미를 배우고, 중급 단계에서 파생 의미를 배운다. 고급 단계에서는 표현력을 기르기 위해 '동사+목적어+来/去'와 '동사+来/去+목적어'를 비교 분석할 수 있다.

(2) 그림, 동작 등의 방법을 활용하여, 화자를 기준으로 한 '来/去'의 방향성을 이해하게 한다.

(3) '주어+동사+장소+来/去'로 구조화하여, 방향보어와 장소 목적어가 함께 출현했을 때의 어순을 강조한다.

(4) 비장소 목적어와 방향보어의 어순은 복잡하므로 초급 단계는 '비장

소 목적어+来/去'만 가르친다. 吕文华(1994)는 초급 단계에서 방향보어와 목적어를 수반하는 문장의 경우, 목적어가 '来/去' 앞에 위치하는 상황만 설명해도 충분하다고 보았다. 다시 말해 (비)장소 목적어가 모두 '来/去' 앞에 출현하는 경우이다.

(5) 비장소 목적어를 가르칠 때, 예문을 통해 목적어가 대부분 비한정성을 나타내서 비한정 수량사가 필요하다고 설명한다. 비한정 수량사가 없으면 문장은 성립할 수 없고, 후속절이 필요하게 된다.

3.3 상용 방향보어의 파생 용법과 파생 용법 교육

방향보어는 모두 파생 용법이 있는데, '起来, 下去, 下来, 过来' 등 중요한 방향보어의 파생 용법에 대해 논의해 보자.

3.3.1 '起来'의 파생 용법: '站起来', '哭起来', '捆起来'에서 '起来'는 같을까?

이 3개의 '起来'는 용법과 의미가 모두 다르다. "她站起来了"에서 '起来'는 기본 용법으로 신체(일부) 혹은 동작의 대상이 낮은 곳에서 높은 곳으로 이동함을 나타낸다.

"哭起来了"와 "捆起来了"에서 '起来'는 파생 용법으로, '起来'의 파생 용법은 아래의 몇 가지가 있다.

(1) 동사/형용사 뒤에서 동작이나 상태가 시작되어 지속, 발전하는 의미를 나타낸다. 새로운 동작의 시작을 강조하는데, 이는 '정태에서 동태로의 진입'을 의미한다.

① 他的一个笑话把大家逗得大笑起来。
그의 농담 하나가 모두를 크게 웃게 만들었다.

② 放心吧，你的身体会好起来的。
걱정하지 마, 네 몸은 좋아질 거야.

(2) 동사 뒤에 출현하여 두 개 혹은 다수의 사물이 서로 연결되거나 합쳐져 고정됨을 나타내는데, 즉 '분산에서 집중으로의 변화'를 나타낸다.

① 互联网把全球连接起来了。
인터넷이 전 세계를 연결했다.
② 这一课题光靠我们自己是不行的，应该和别的单位联合起来。
이 프로젝트는 우리 스스로에게만 기대서는 안 되고, 다른 부서와도 협력해야 한다.

상용 동사는 '联合, 捆, 集中, 收, 扎, 积累, 绑, 堆, 召集, 集合, 团结' 등이다.

(3) 동사 뒤에 위치하여 '보이는 곳에 흩어져 있는 물건을 보이지 않는 안전한 곳에 둠'을 의미한다.

① 快把礼物藏起来。
얼른 선물을 숨겨라.
② 放起来吧，别丢了。
두세요, 잃어버리지 않게.

3.3.2 '突然下雨起来'는 왜 잘못된 표현일까?

'시작'을 나타내는 '起来'는 그 앞에 형용사, 동사가 단독으로 출현한다.

① 日子总算好起来了。
형편이 마침내 나아지기 시작했다.
② 大家都高兴得唱起来。
모두 기뻐서 노래하기 시작했다.

그러나 동사가 목적어를 수반하면 문장이 조금 어려워진다.

① *刚吃完饭，他一个人就躲进房间里看书起来。
② *他以前只画国画，现在也画西洋画起来。
③ *客人还没走，她就拖地起来。
④ *两个人刚坐下，就谈起来工作了。

예문①-③은 '起来'를 한 단어로 보고, 목적어를 동사 뒤에 배치하여 발생한 오류이다. '起来'가 동사 뒤에 온다고 생각하면 예문④와 같은 오류가 발생하게 된다.

결론적으로는 '동사+목적어', '동사+起来'를 전체로 인식하여 발생한 오류인데, 이 같은 오류를 피하기 위해서는 다음과 같이 구조화된 방법으로 설명해야 한다. 예:

동사+起+목적어+来

① 刚吃完饭，他一个人就躲进房间里看起书来。
   막 밥을 다 먹고, 그는 혼자 방으로 들어가 책을 보기 시작했다.
② 两个刚坐下，就谈起工作来了。
   두 사람은 앉자마자, 업무 이야기를 하기 시작했다.

'起来' 앞에 이합사가 출현하면 이합사를 분리해야 한다. 그렇지 않으면 아래의 오류가 나타난다.

① *他刚感冒就发烧起来。(他刚感冒就发起烧来。)
   (그는 막 감기에 걸려 열이 나기 시작했다.)
② *我刚开口说话，服务员就生气起来。(……服务员就生起气来。)
   (……종업원이 화를 내기 시작했다.)

③ *大家突然唱起来歌，跳起来舞。(……跳起舞来。)
　(……춤을 추기 시작했다.)
④ *正上课他们就聊起来天。(正上课他们就聊起天来了。)
　(수업 중인데 그들이 떠들기 시작했다.)
⑤ *突然下雨起来。(突然下起雨来。)
　(갑자기 비가 오기 시작했다.)

3.3.3 '下去'의 파생 용법: '爬下去'와 '请讲下去'에서 '下去'는 같을까?

이 두 문장에서 '下去'의 용법과 의미는 다르다. 전자는 높은 곳에서 낮은 곳으로의 이동을 나타내는 기본 용법이며, 후자는 '下去'의 파생 용법이다.

'下去'의 파생 용법은 아래의 몇 가지가 있다.

(1) 동사 뒤에 쓰여 이미 진행 중인 동작이 계속됨을 나타낸다.

① 虽然汉语很难，但我还要学下去。
　비록 중국어는 어렵지만, 나는 그래도 계속 배울 것이다.
② 请你继续说下去。
　계속 말씀하세요.

(2) 형용사 뒤에서 이미 출현한 상태가 지속됨을 나타낸다.

① 看着儿子一天天瘦下去，妈妈真是吃不下饭，睡不着觉。
　아이가 하루하루 말라가는 것을 보면서 엄마는 정말로 밥도 안 넘어가고, 잠도 잘 수가 없다.

(3) 동사 뒤에 쓰여 높은 곳에서 낮은 곳 또는 상급 부서에서 하급 부서로의 이동을 나타내는데, 이때 화자는 높은 위치에 있다. 이 용법의 '下去'는 기본 의미에서 직접적으로 파생된 의미로 볼 수 있다.

① 请她尽快把任务布置下去。
   그녀에게 최대한 빨리 임무를 배정해달라고 요청하세요.
② 这些文件要尽快发下去，让各单位尽快学习并落实。
   이 문서들은 최대한 빨리 배포해서, 각 부서에서 신속하게 숙지하고 실행해야 한다.

(4) 동사 뒤에서 사물의 본체와 일부, 또는 부속 물체가 서로 분리됨을 의미한다. 이때 기준점은 본체에 있다.

① 把玻璃上的剪纸撕下去吧。
   유리 위에 붙은 종이 장식을 떼어내세요.
② 把衣服上的扣子拆下去会更好看些。
   옷의 단추를 떼어내면 좀 더 예뻐 보일 것이다.

3.3.4 "请你说话下去"와 "上课了, 他还在玩下去"는 왜 잘못된 문장일까?
파생 용법의 '下去'는 동사 뒤에 놓여 '계속'의 의미를 나타낸다.

① 有意思的还在后面，请大家继续看下去。
   재미있는 것은 뒤에 있어요, 모두 계속 보세요.
② 我们已经等了近半个小时了，还要等下去吗?
   우리는 이미 30분 정도를 기다렸는데, 아직 계속 기다려야 하나요?

그러나 사용할 때, 아래 두 가지에 유의해야 한다.
(1) '下去' 앞의 동사는 보통 목적어를 수반하지 않는데, 아래와 같이 동사 뒤에 목적어를 배치하는 오류문이 자주 출현한다.

① *请你说话下去。(请你说下去。)
   (계속 이야기하세요.)

CHAPTER 4 문장 성분

② *你会坚持学汉语下去吗？(你会坚持学下去吗？)
(계속 공부할 건가요?)
③ *我要坚持学下去汉语。(汉语我要坚持学下去。)
(중국어를 나는 계속 공부할 것이다.)

(2) '下去'를 사용할 때는 보통 진행 중인 동작이 계속해서 진행되기를 바라므로 미발생의 상황에 사용하며, 이미 발생한 상황에는 '下去'를 잘 사용하지 않는다.

① 放心吧，老师，我会坚持下去的。
걱정하지 마세요, 선생님, 저는 계속할 겁니다.
② 请你继续说下去。
계속 말씀해 보세요.
③ *已经上课了，他还在玩下去。
④ *我们劝了半天，她还是哭下去。

3.3.5 '起来'와 '下去': '聊起来'와 '聊下去'는 어떤 차이가 있을까?

'동사+起来'는 동작의 '정태에서 동태로의 진입'을 나타낸다. 즉 새로운 동작이 시작됨을 나타내는데, 핵심은 '시작'에 있다. 다음과 같이 도식화할 수 있다.

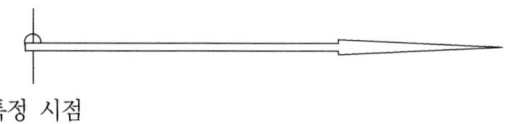

특정 시점

① 刚过五一，就热起来了。
노동절이 막 지나자, 더워지기 시작했다.
② 说着说着他哭起来了。
이야기를 하다가 그는 울기 시작했다.

'동사+下去'는 이미 진행 중인 동작이 계속됨을 나타내는데, 다음과 같이 도식화할 수 있다.

발화 시점

① 请你继续说下去。
  계속 말씀해 보세요.
② 虽然汉语很难，但我还要学下去。
  비록 중국어는 어렵지만, 나는 계속 배울 것이다.

3.3.6 '下来'의 파생 용법: '爬下来', '停下来', '脱下来'와 '坚持下来'의 '下来'는 같을까?

이 4개의 '下来'는 용법과 의미가 다르다. '爬下来'에서 '下来'는 기본 용법으로 낮은 곳으로의 이동을 나타내며, 나머지 3개의 '下来'는 파생 용법이다. '下来'의 파생 용법은 주로 아래의 몇 가지가 있다.

(1) 동사('停, 录, 写, 抄, 画, 定, 留' 등) 뒤에 쓰여 사물을 특정 형식으로 고정시킴을 의미하는데, '동사+下来'를 '고정'으로 기억할 수 있다.

① 那辆车在他的旁边突然停下来不走了。
  그 차가 그의 옆에서 갑자기 멈춰서 가질 않았다.
② 我想录下来回家听。
  나는 녹음을 해두고 집에 가서 듣고 싶다.

(2) 동사('脱, 摘, 砍, 撕, 拿, 切, 割, 拔' 등) 뒤에 쓰여 사물의 일부가 전체에서 분리되거나, 전체가 특정 장소에서 분리됨을 나타낸다. '동사+下来'는 '분리'로 기억할 수 있다.

① 快把湿衣服脱下来吧, 别感冒了。
　 얼른 젖은 옷을 벗어요, 감기 걸리지 않게요.
② 把旧挂历摘下来, 换上新的吧。
　 낡은 달력을 떼내고, 새 것으로 바꿔요.

(3) 동사 뒤에 쓰여 과거에서 현재까지 지속됨을 나타내는데, '동사+下来'를 '과거부터 현재까지 지속'으로 기억할 수 있다.

① 虽然遇到了很多困难, 但我们坚持下来了。
　 비록 많은 어려움에 부딪쳤으나, 우리는 계속해왔다.
② 这些美丽的传说就这样流传下来了。
　 이 아름다운 전설은 이렇게 전해 내려왔다.

(4) 동사 뒤에 쓰여 높은 곳에서 낮은 곳으로 또는 상급 부서에서 하급 부서로의 이동을 나타내는데, 화자는 낮은 곳에 위치해 있다. 기본 의미에서 직접적으로 파생된 의미이다.

① 吃了药后, 他的体温逐渐降下来了。
　 약을 먹은 후에, 그의 체온이 점차 떨어졌다.
② 老百姓都希望房价能降下来。
　 서민들은 모두 집값이 떨어지기를 바란다.

(5) 동사나 명사 뒤에 쓰여 일정 시간이 경과한 동작 이후에 어떤 상황이 출현했음을 나타낸다. 동사는 생략이 가능하며, 이때는 시간사를 사용한다.

① 讨论下来, 还是觉得不去好。
　 토론을 해보니, 역시 가지 않는 게 낫다고 생각한다.

③ 几个小时(讲)下来, 嗓子都冒烟了。
　　몇 시간 동안 (강의를) 하다보니, 목이 타들어갈 것 같다.

이러한 용법은 통상 단독으로 문장이 될 수 없고, 후속절이 출현해야 한다.

(6) 형용사 뒤에 위치하여 '새로운 상태로의 진입', '동태에서 정태로', '강함에서 약함으로의 이동'을 나타낸다.

① 等她心情平静下来再说吧。
　　그녀가 마음이 가라앉으면 다시 이야기하자.
② 老师拿着试卷一进教室, 我们马上都安静下来了。
　　선생님이 시험지를 들고 교실에 들어오시자, 우리는 곧 모두 조용해졌다.

그러나 '下来' 앞에 쓰이는 형용사는 일부에 국한된다. 상용 형용사에는 '平静, 安静, 暗, 镇静, 冷静, 退烧, 慢, 闲, 跌, 放松, 软' 등이 있다.

3.3.7 '下来'와 '下去': '坚持下来'와 '坚持下去'는 어떤 차이가 있을까?

'계속' 의미를 나타낼 때, '동사+下来'는 과거부터 쭉 현재까지 지속됨을 나타내고, '동사+下去'는 과거부터 현재까지 쭉 지속되어 왔으며 앞으로도 그럴 것임을 나타낸다.

① 到了终点, 她松了一口气, 自言自语道"我终于坚持下来了。"
　　결승선에 도착하자 그녀는 안도의 한숨을 쉬며 "결국 끝까지 버텨냈어"라고 혼잣말을 했다.
② 虽然我已经遍体鳞伤, 但我会坚持下去的。
　　비록 나는 이미 상처를 입었지만, 계속해나갈 것이다.

이러한 차이를 아래와 같이 도식화할 수 있다.

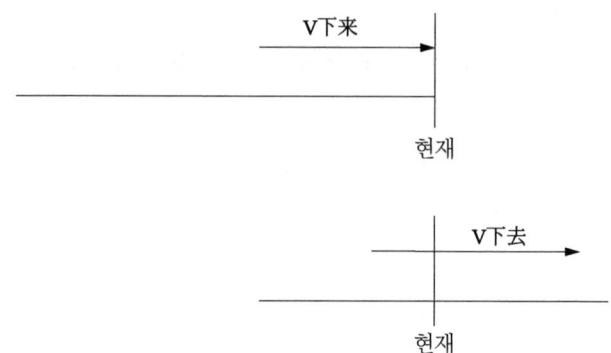

'下来/下去'는 모두 사물의 본체나 일부, 또는 부속 물체의 분리를 나타낼 수 있다. 그러나 '下来'는 기준점이 부속 물체에 있고 '下去'는 본체에 있는데, 아래와 같이 비교할 수 있다.

① 快帮我把那块窗帘扯下来, 太脏了, 我要洗一洗。
　　얼른 저 커튼을 떼어 주세요, 너무 더러워서, 제가 좀 세탁할게요.
② 已经3月份了, 快把2月的日历扯下去吧。
　　이미 3월이니, 얼른 2월 달력을 떼 내세요.

3.3.8 '下来'와 '起来': 왜 '变胖'은 '胖起来'라고 하는데 '变瘦'는 '瘦下来'라고 하지 않을까?

'胖起来'와 '瘦下来'는 모두 시작과 지속을 나타내는데, 왜 하나는 '起来'를 사용하고, 다른 하나는 '下来'를 사용할까?

이 둘은 어떠한 차이가 있을까? 몇 개의 예를 살펴보자.

① 刚到六点, 天就暗下来了, 马路两边的路灯纷纷都亮了起来。
　　6시가 되자, 날이 어두워졌고, 길 양쪽에는 가로등이 하나 둘씩 켜지기

시작했다.
② 刚进腊月, 大街小巷就热闹起来了, 只有到了夜里, 才会安静下来.
음력 12월이 막 시작되자, 거리 곳곳이 벌써 활기차졌다. 밤이 되어야만 겨우 조용해졌다.

예문을 비교해보면, '起来'와 '下来' 앞에 쓰이는 단어의 종류가 다르다. '起来' 앞의 단어는 '亮, 胖, 热闹' 등으로 플러스 방향의 확장 의미를 가진다. 반면 '下来' 앞의 단어는 '安静, 瘦, 暗' 등으로 마이너스 방향의 축소 의미를 가진다. 예:

胖　生气　发烧　快　忙　涨　紧张　硬　↑
瘦　平静　退烧　慢　闲　跌　放松　软　↓

이를 다음과 같이 도식화할 수 있다.

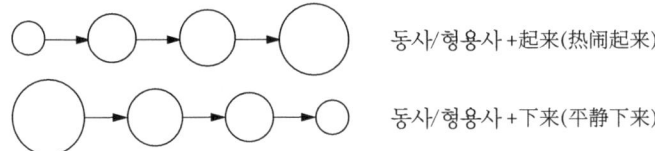

동사/형용사 + 起来(热闹起来)

동사/형용사 + 下来(平静下来)

3.3.9 '过来'의 파생 용법: '跑过来', '醒过来', '熬过来'에서 '过来'는 같을까?
이 3개의 '过来'는 용법과 의미가 모두 다르다. '过来'는 가장 기본적인 용법으로, A에서 B로의 수평적 이동을 나타낸다. 나머지 2개의 '过来'는 파생 용법이다.

'过来'의 파생 용법은 아래의 몇 가지가 있다.
(1) 동사('醒, 改, 休息, 缓, 修改, 清醒, 抢救, 救, 改造' 등) 뒤에 쓰여 비정상적인 상태에서 정상적인 상태로의 변화를 나타낸다.

① 经过抢救, 他终于醒过来了.
  응급조치를 통해서, 그는 마침내 깨어났다.
② 快点把作业里的错误改过来.
  얼른 과제의 오답을 고치세요.

(2) 동사('熬, 挺, 对付' 등) 뒤에 쓰여, 힘들게 견디며 어려움에 대처함을 나타낸다.

① 你终于熬过来了.
  당신은 결국 견뎌냈다.
② 那段艰苦的日子都能挺过来, 现在怕什么?
  그 힘든 시간을 다 견뎌낼 수 있었는데, 지금 무엇이 두렵겠나?

(3) 가능보어에 사용되어, 양 또는 대상이 많은 버거운 동작을 원만하게 완료할 수 있는지 여부를 나타낸다.

① 你来帮帮我吧, 我一个人实在忙不过来.
  나를 좀 도와줘, 나 혼자서는 정말로 바빠서 할 수가 없어.
② 一个班50个学生, 老师确实照顾不过来.
  한 반에 50명은 교사가 확실히 다 신경 써 줄 수 없다.

3.3.10 '过来'와 '过去': 왜 '醒过来', '昏过去'라고 표현할까?
다음의 예문을 살펴보자.

① 经过24小时的抢救, 她终于醒过来了.
  24시간의 응급조치를 통해서, 그녀는 마침내 깨어났다.
② 听到儿子被判刑的消息, 老人当场就昏过去了.
  아들이 형을 선고받았다는 소식을 듣고, 노인은 그 자리에서 정신을 잃었다.

상술한 대조를 통해, '동사+过来'와 '동사+过去'가 모두 정상 또는 비정상으로의 전환을 나타낸다는 것을 알 수 있다. '过来'는 비정상에서 정상으로의 전환, '过去'는 정상에서 비정상으로의 전환을 나타낸다.

비정상에서 정상으로의 과도기를 나타내는 '过来'를 다음과 같이 도식화할 수 있다.

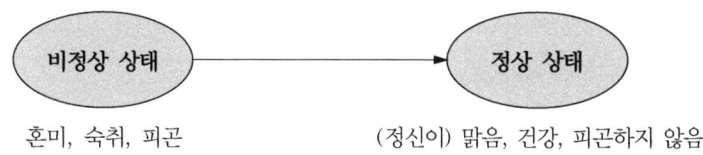

혼미, 숙취, 피곤　　　　　　　(정신이) 맑음, 건강, 피곤하지 않음

③ 医生把她抢救过来了。
　 의사가 그녀를 구해냈다.
④ 小孩子休息一下, 很快就恢复过来了。
　 아이는 좀 쉬자, 곧바로 회복했다.

정상에서 비정상으로의 과도기를 나타내는 '过去'를 다음과 같이 도식화할 수 있다.

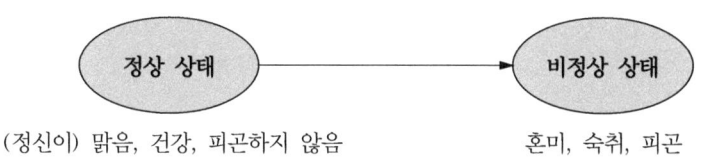

(정신이) 맑음, 건강, 피곤하지 않음　　　　　혼미, 숙취, 피곤

⑤ 因为女儿不争气, 他被气死过去好几次了, 但都被及时抢救过来了。
　 딸이 속을 썩여서, 그는 여러 번 분통이 터져 기절했지만 모두 제때 응급처치를 받아 회복했다.
⑥ 她已经昏迷过去好几天了。
　 그녀는 이미 의식을 잃은 지 며칠이나 되었다.

3.3.11 '出来'의 파생 용법: '跑出来'와 '想出来'에서 '出来'는 같을까?

'跑出来'에서 '出来'는 안에서 밖으로의 이동을 나타내는데, 이때 '화자가 바깥에 있음'이 기본 의미이다. '想出来'는 파생 용법인데, '出来'의 파생 용법으로 아래 두 가지가 있다.

(1) 동사 '解脱, 解放, 发泄' 등의 뒤에 쓰여 '안에서 밖으로의 추상적 이동'을 나타내는데, 이는 기본 용법에서 직접적으로 파생된 의미이다.

① 半年后他就从失恋的痛苦中解脱出来了。
반 년 후에 그는 실연의 고통에서 벗어났다.
② 有了洗衣机, 洗碗机等, 一下子就把女性给解放出来了。
세탁기, 식기세척기 등이 생기자, 단번에 여성들을 해방시켰다.

(2) 동사 뒤에 쓰여 '안 보이는 것에서 보이는 것'으로, '불분명한 것에서 분명한 것'으로, '무형에서 유형'으로의 변화를 나타낸다.

① 他想出来一个好点子。
그는 좋은 아이디어를 하나 생각해냈다.
② 你还是爱他的, 这一点我们都看出来了。
당신은 여전히 그를 사랑하네요, 이건 우리가 모두 알겠는데요.

3.3.12 '出去'의 파생 용법: '跑出去'와 '说出去'에서 '出去'는 같을까?

이 2개의 '出去'는 약간 다르다. 전자는 기본 용법으로 안에서 밖으로의 이동을 나타내며 화자는 안에 위치해 있다. 후자는 파생 용법인데, '出去'의 파생 용법은 아래 두 가지가 있다.

(1) 동사 뒤에 쓰여 '사물이 원 위치 또는 원 소유자에게서 이탈하여 다른 장소나 사람의 손에 들어가게 됨'을 나타낸다.

① 那套门面房还没租出去吗?
그 문 쪽 집은 아직 세가 안 나갔나요?
② 我的自行车被他借出去了。
내 자전거는 그가 빌려갔다.

(2) 동사('说, 泄露, 宣传, 宣布, 宣扬' 등) 뒤에 쓰여 '알아서는 안 되는 사람이 그 일을 알게 됨'을 나타낸다.

① 这事还没定呢，先别说出去。
이 일은 아직 정해지지 않았어요, 우선 말하지 마세요.
② 这事关重大，千万别泄漏出去。
이 일은 매우 중요하니, 절대 누설하지 마세요.

3.3.13 '想出来'와 '想起来'는 어떤 차이가 있을까?

같은 동사가 뒤에 다른 보어를 수반할 수 있는데, 그때는 의미가 달라진다. 예를 들어 '想出来'는 몰랐다가 알게 된 것으로, '어떤 생각이 없다가 생겨남'을 뜻한다.

① 他想出一个办法来。
그는 한 가지 방법을 생각해냈다.
② 无论如何我也想不出一个好名字来。
어찌되었든 나도 좋은 이름이 떠오르지 않는다.

반면 '想起来'는 '일찍이 알았지만 잊어버린 것'이다.

③ 我想起来了，我们在台湾见过面。
생각났어요, 우리가 타이완에서 만났었군요.
④ 对不起，你的名字我一时想不起来了。
죄송하지만, 당신 이름이 제가 순간 기억나지 않아요.

동일한 예로 '写下来'와 '写出来', '说出去'와 '说出来' 등이 있는데, 이렇게 같은 동사가 다른 보어를 수반하는 경우는 실제 예시를 들어 분석할 필요가 있다.

3.3.14 '报上来'와 '报上去'는 어떤 차이가 있을까?

'동사+上来'와 '동사+上去'는 모두 대상 간의 접촉을 의미한다. 그러나 '上来'의 참조점은 대상 내부에 있고, '上去'의 참조점은 외부에 있다. 비교하면 다음과 같다.

① 晚会节目单请你们快点报上来，我们办公室好排节目。
  저녁 모임 일정표는 당신들이 얼른 보고를 올려주세요, 우리 사무실에서 프로그램을 기획할 수 있도록요.
② 我们班的节目已经报上去了，办公室好像已经排好顺序了。
  우리 반의 프로그램은 (위에) 이미 보고되었고, 사무실에서는 이미 순서를 배정한 것으로 보인다.

3.3.15 '上'의 파생 용법: '爬上树'와 '合上书', '考上大学', '爱上他'에서 '上'은 같을까?

위 예에서 '上'은 용법과 의미가 다르다. '爬上树'에서 '上'은 기본 용법으로, 높은 곳으로의 이동을 나타낸다. 나머지 '上'은 모두 파생 용법인데, 아래의 몇 가지가 있다.

(1) 동사 뒤에 위치하여, 결과를 나타낸다.

① 请大家合上书。 [피행위자에 '합쳐짐' 결과 출현]
  모두 책을 덮으세요.
② 快把衣服穿上。 [피행위자에 '부착' 결과 출현]
  얼른 옷을 입으세요.

③ 他终于考上了理想的大学。['특정 목적'이나 '목표'에 도달]
그가 마침내 원하는 대학에 합격했다.

(2) 동작이 시작되어 지속됨을 나타낸다.

① 他们昨天一见面就吵上了。
그들은 어제 만나자마자 떠들기 시작했다.
② 你不是还有作业吗? 怎么又玩上了?
숙제가 또 있지 않니? 왜 또 놀고 있는 거야?

동작이 특정 사람/사물과 관계를 맺고 지속됨을 나타낼 수도 있다.

③ 人家准是看上你了。
그는 분명 네가 마음에 들었다.
④ 我真不理解, 你怎么会爱上他呢!?
나는 정말 이해가 안 돼, 어떻게 그를 사랑하게 될 수 있지!?

3.3.16 방향보어의 파생 용법을 학습할 때 자주 출현하는 오류는?

방향보어는 그 수도 많고 용법도 복잡한데, 파생 용법이 특히 그렇다. 학습자는 파생 용법을 학습하는 과정에서 다양한 오류를 범한다.
(1) 방향보어의 누락 오류.

① *这是我们的秘密, 别说, 不能让二班的同学知道。(这是我们的秘密, 别说出去……)
(이것은 우리끼리의 비밀이니 말하지 마세요……)
② *看到他的样子, 我们都大叫。(……我们都大叫起来。)
(……우리 모두 큰 소리를 질렀다.)
③ *他刚一开口, 妈妈就不由得笑。(……妈妈就不由得笑起来。)
(……엄마가 참지 못하고 웃기 시작했다.)

(2) 방향보어의 어순 오류.

① *他们一见面就聊天起来。(他们一见面就聊起天来。)
(그들은 만나자마자 수다를 떨기 시작했다.)
② *快收起来床上的衣服。(床上的衣服快<u>收起来</u>。/快把床上的衣服<u>收起来</u>。)
(얼른 침대 위의 옷을 치우세요.)
③ *我掏出来了他的照片。(他的照片我<u>掏出来</u>了。/我把他的照片<u>掏出来</u>了。)
(나는 그의 사진을 끄집어냈다.)
④ *留下来你的证件。(你的证件<u>留下来</u>。/把你的证件<u>留下来</u>。)
(신분증을 놓고 가세요.)

위의 수정문에서 알 수 있듯이, '목적어의 비한정성', '주어의 한정성' 제약으로 한정 목적어는 문두에 위치하거나, 혹은 '把'구문을 사용하여 도치시킨다.

(3) 방향보어의 대체 오류.

① *她叫什么我想不出来了。(她叫什么我想不<u>起来</u>了。)
(그녀의 이름이 무엇인지 나는 생각나지 않는다.)
② *这件事我还没决定，你别说出来。(……，你别说<u>出去</u>。)
(……, 말하지 마세요.)
③ *我看得过来，她很喜欢你。(我看得<u>出来</u>……)
(나는 알아차렸다…….)

3.3.17 방향보어 파생 용법 교육에서 유의할 점은?

(1) 파생 용법은 기본 용법에서 파생된 것이므로, 기본 용법을 먼저 복습한 다음 파생 용법과 비교하여 지도하는 것이 효과적이다.
(2) 구조와 도식을 결합하여 가르치면 학습자가 이해하고 기억하는 데

도움이 된다.

(3) 방향보어의 파생 용법에서 사용이 가능한 동사나 형용사는 모두 정해져 있다. 따라서 개별 방향보어를 학습할 때 자주 결합하는 동사/형용사를 최대한 설명하고, 구체적인 용법과 사용 범위를 소개한다.

(4) 상술한 '过来', '过去' 등과 같이, 의미와 용법이 유사한 방향보어는 비교 분석한다.

(5) '想起来'와 '想出来' 등과 같이, 같은 동사가 유사한 의미의 방향보어를 수반한다면, 비교 분석할 필요가 있다.

〈부록〉 방향보어 용법

방향보어	용법	기본 용법	파생 용법
단순 방향 보어	来	화자 방향으로 이동: 他买来了一堆水果。	—
	去	화자에게서 멀어짐: 哥哥送去了一千块钱。	—
	上	낮은 곳에서 높은 곳으로 이동: 他爬上了一棵树。	1. 동작 결과: 合上书, 穿上衣服, 考上学 2. 동작이 시작 후 지속: 聊上, 爱上
	下	높은 곳에서 낮은 곳으로 이동: 他扔下了一个苹果。	1. 공간수용: 这么多书装不下。 2. 고정: 记下他的地址, 车停下了。 3. 분리: 她拔下了一根白发。
	进	밖에서 안으로 이동: 我们搬进了一张桌子。	수용: 他听不进别人的意见。
	出	안에서 밖으로 이동: 他掏出了一块钱。	무에서 유, 불명확에서 명확으로 변화: 他想出了个好办法。
	上来	화자를 향해 아래에서 위로 이동: 看, 他们快爬上来了。	원만한 완성/완료: 老师的问题答不上来。
	上去	화자에게서 멀어져 낮은 곳에서 높은 곳으로 이동: 他在上面等你呢, 快爬上去吧。	1. 아래에서 위로 변화: 体温又升上去了。 2. 낮은 부서에서 높은 부서로 이동: 材料报上去了。 3. 접촉, 부착, 고정: 把画贴上去。

복합 방향 보어	下来	화자를 향해 높은 곳에서 낮은 곳으로 이동:
		把钥匙扔下来, 我在楼下。
			1. 고정: 他买下来了。
			2. 분리: 把画摘下来。
			3. 현재까지 지속: 他坚持下来了。
			4. 높은 곳에서 낮은 곳으로 변화:
			   文件批下来了。
			5. 강에서 약으로 상태 변화:
			   她冷静下来了。

	下去	화자를 떠나 높은 곳에서 낮은 곳을 이동: 我看着他跑下去了。	1. 이미 진행된 동작의 지속적 진행: 请你说下去。 2. 분리: 把画摘下去吧。
	进来	화자를 향해 밖에서 안으로 이동: 我们正在上课, 他跑进来了。	—
	进去	화자를 떠나 밖에서 안으로 이동: 里面正在开会, 你不能闯进去。	'움푹 파임': 她的双眼都凹进去了。

	过来	화자를 향해 평면 이동:
		他给我搬过来了一张桌子。
			1. 비정상에서 정상으로 상태 변화:
			   他醒过来了。
			2. 원래의 상태에서 새롭거나 필요한 상태로 변화: 翻译过来
			3. 어렵게 견뎌냄: 苦日子熬过来了。
			4. 동작의 양이 많은 동작을 완성:
			   我一个人忙不过来。

	过去	화자를 떠나 평면 이동: 快把椅子给奶奶送过去。	정상에서 비정상으로 상태 변화: 老人昏过去了。
	起来	신체 혹은 특정 부위가 동작을 따라 낮은 곳에서 높은 곳으로 이동: 他把手举了起来。	1. 시작 이후 지속: 他突然哭起来了。 2. 분산에서 집중으로 변화: 把大家召集起来开会。

	出来	화자를 향해 안에서 밖으로 이동:
		把狗牵出来, 外面空气好。
			1. 추상적인 것이 안에서 밖으로 이동:
			   从痛苦中解脱出来
			2. 무에서 유, 무형에서 유형:
			   写出来, 说出来

	出去	화자를 떠나 안에서 밖으로 이동:
		我刚才一开门, 它就跑出去了。
			1. 사물이 소유자를 떠남:
			   房子卖出去了。
			2. 몰라야 하는 사람이 알게 됨:
			   别说出去。

4. 가능보어와 가능보어 교육

4.1 가능보어란? 가능보어의 구조적 특징은?

결과보어와 방향보어를 수반한 술보구는 중간에 '得'나 '不'를 삽입하여 가능보어 술보구를 구성할 수 있다. '得'를 추가하면 긍정 형식, '不'를 추가하면 부정 형식이 된다. 예:

결과보어/방향보어		긍정 형식	부정 형식
看完	→	看得完	看不完
洗干净	→	洗得干净	洗不干净
拿出	→	拿得出	拿不出
走进去	→	走得进去	走不进去

실제 언어 사용에서는 가능보어의 부정 형식이 절대 다수를 차지하며, 부정 형식과 긍정 형식의 출현 비율이 약 30:1에 달한다. 비교해보면 다음과 같다(吕文华 1994).

?打扫得干净 ~ 打扫不干净   ?调查得清 ~ 调查不清
?研究得出 ~ 研究不出   ?回答得出来 ~ 回答不出来

가능보어의 긍정 형식은 의문문, 반어문에 주로 쓰이며, 긍정 평서문에서는 보통 대답 형식에만 사용된다.

① A: 中文电影你看得懂看不懂?   B: <u>看得懂</u>。
　　중국어 영화를 이해할 수 있어요 없어요?   이해할 수 있어요.
② A: 明天的会议你去得了去不了? B: <u>去得了</u>。
　　내일 회의에 갈 수 있어요 없어요?   갈 수 있어요.

가능보어는 동작을 완성할 수 있는 조건이나 능력 여부를 나타내거나, 객관적인 조건들이 그 동작을 실현시킬 수 있는지의 여부를 나타낸다. 또한 안 좋은 결과를 고려했을 때, 그 동작의 진행 가능 여부도 나타낼 수 있다.

4.2 가능보어 분류: '用不完', '用不了'는 '用不得'와 어떤 차이가 있을까?
가능보어는 구조, 의미상으로 아래의 3개 유형으로 분류할 수 있다.
(1) 동사₁+得/不+동사₂/형용사: 동작의 완성을 통해 결과를 실현할 수 있는 조건, 능력 여부를 나타낸다.

① 你坐在最后看得清楚吗?
맨 뒤에 앉으면 잘 보이나요?
② 刚到北京我什么也听不懂。
막 北京에 왔을 때 나는 아무것도 못 알아들었다.

부정 형식의 가능보어에는 '看不懂, 听不明白, 进不去, 出不来' 등이 있다. 주관/객관적인 영향으로 동작의 결과나 방향을 실현할 수 없음을 나타낸다. 이것이 가능보어의 기본 의미이며, 가능보어로만 표현할 수 있다.

③ a. 他说的是上海话, 我听不懂他说的是什么。
그가 말하는 것은 上海 방언이라서, 나는 그가 무슨 말을 하는지 못 알아듣는다.
b. ?他说的是上海话, 我不能听懂他说的是什么。

'不能……'으로 바꾸면, 중국어 언어 습관에 맞지 않는다.

④ a. 大厅里人太多太挤，我们进不去。
   로비에 사람이 너무 많고 비좁아서, 우리는 들어갈 수 없다.
   b. ?大厅里人太多太挤，我们不能进去。

b 문장은 바꿀 수는 있지만, 의미가 달라진다. '进不去'는 들어갈 조건이 안 된다는 의미이고, '不能进去'는 진입이 허가되지 않아서 들어가면 안 된다는 뜻이다.

⑤ 领导正在开紧急会议，你现在不能进去。
   사장님이 긴급하게 회의 중이라, 지금은 들어가실 수 없습니다.

가능보어는 부정형이 기본 문형으로 다른 형식으로 대체가 불가능할 뿐만 아니라, 실제 언어 사용에서도 가능보어의 부정 형식이 절대 다수를 차지하고 있다(吕文华 1994).

긍정 형식의 가능보어는 동작의 결과나 방향이 실현될 조건, 능력이 있음을 나타낸다. 앞서 긍정 형식 가능보어의 사용 빈도가 낮은 원인으로, 긍정 형식이 보통 의문문과 대화문에서 사용되거나, 완곡한 부정 또는 약한 긍정을 나타내기 때문이라고 하였다. 진짜로 실현 가능성이 높음을 나타내려면, '能'이 출현한 문장을 사용해야 한다.

⑥ a. 你听得懂听不懂这个老师的课？ —— b. 听得懂。
   이 선생님의 수업을 이해할 수 있어요 없어요? —— 이해할 수 있어요.
⑦ 这点小事，他肯定能办好。
   이런 사소한 일은, 그는 분명 잘 처리할 수 있다.

(2) 동사+得/不+了(liǎo): 동작의 실현 가능 여부를 나타낸다.

① 这种活儿你干得了吗?
　　이런 일을 당신이 할 수 있어요?
② 没有钱我们就干不了。
　　돈이 없으면 우리는 할 수가 없어요.

이때 '了'는 두 가지 의미를 나타낸다. 첫째, 동작의 결과를 실현할 능력이나 조건이 있음을 나타낸다. '了'는 '완료'의 결과 의미이다.

③ 这么大的西瓜, 谁吃得了? 我可吃不了。
　　이렇게 큰 수박을, 누가 먹을 수 있어요? 나는 못 먹겠어요.
④ 别买了, 我已经拿不了了。
　　사지 말아요, 나는 벌써 들 수가 없어요.

둘째, 어떤 동작을 실현할 수 있는 능력이나 조건 여부를 나타낸다.

⑤ 他明天要开会, 晚会就去不了了。
　　그는 내일 회의가 있어서, 저녁 모임에 갈 수 없게 되었다.
⑥ 我的笔坏了, 用不了了。
　　내 펜이 망가져서, 쓸 수 없게 되었다.

일반적인 가능보어와 마찬가지로, '동사+不/得+了'도 부정 형식을 주로 사용한다.

(3) 동사/형용사+得/不得 : 안 좋은 결과를 고려해서 어떤 동작을 실행할 수 있는지 여부를 판단할 때 사용하는데, 주로 정반의문과 부정 형식으로 출현한다. 환기, 권고, 경고에 사용되어 특정 동작을 진행할 수 없거나, 진행할 경우 안 좋은 결과를 가져올 것임을 나타낸다. 이때 '得'는 동사, 형용사 뒤에 모두 사용될 수 있으며, 허가 여부를 나타낸다.

① 这种书, 小孩子看得看不得?
   이런 책을 아이가 볼 수 있나요 없나요?
② 你可大意不得。
   당신은 정말 부주의해서는 안 된다.

상술한 (1)–(3)의 가능보어는 의미상 일부 차이가 있다. 비교해 보자.

洗得干净 ≈ 能洗干净　　洗不干净 ≈ 不能洗干净/没法洗干净
洗得了 ≈ 能洗/能洗完　　洗不了 ≈ 不能洗/没法洗/没能力洗
洗得 ≈ 可以洗　　　　　洗不得 ≈ 不可以洗

4.3 '能吃完'과 '吃得完'은 어떤 차이가 있을까?

'能+동사+결과보어'와 가능보어 긍정 형식은 공통으로 어떤 일을 완성할 수 있는 능력이나 조건이 있음을 나타내지만, 아래와 같은 차이도 있다.

(1) '能+동사+결과보어'를 사용하면 화자의 자신감이 '동사+得+……'보다 크고, 더 긍정적인 의미를 포함한다.

① a. 今天你能干完吗?　──　b. 能干完。
   오늘 다 할 수 있나요? ── 다 할 수 있어요.
② a. 今天你干得完吗?　──　b. 干得完。
   오늘 다 할 수 있나요? ── 다 할 수 있어요.
③ 这是男厕所, 女孩子不能进去。[진입 불허]
   여기는 남자 화장실이라, 여자는 들어갈 수 없다.
④ 没有钥匙, 我也进不去。[진입 조건의 미비]
   열쇠가 없어서, 나도 못 들어간다.

(2) 구조상 약간 차이가 있는데, 문장에 다른 성분이 있으면 '能+동사+결과보어'는 가능보어로 대체할 수 없다.

① a. 放心吧，我保证能教好。
   걱정하지 마세요. 저는 잘 가르칠 수 있습니다.
   b. ?放心吧，我保证教得好。
② a. 这些活儿我一个人就能干完。
   이런 일은 나 혼자서도 다 할 수 있다.
   b. ?这些活儿我一个人就干得完。

4.4 가능보어와 목적어의 어순: '睡觉不着'일까 '睡不着觉'일까?

이 문제는 가능보어와 목적어의 어순과 관련된다. 가능보어와 목적어가 동시에 출현하면, 목적어는 가능보어 뒤에 위치한다.

① 外面太吵，吵得我看不下去书。
   밖이 너무 시끄러워서, 나는 책을 계속 볼 수가 없다.
② 我听不懂上海话。
   나는 上海 방언을 못 알아듣는다.

목적어가 복잡한 한정 명사일 때는, 보통 문두에 위치한다.

③ 我们老师和那个人的对话我听不懂。
   우리 선생님과 그 사람의 대화를 나는 못 알아듣는다.
④ 那件被他弄脏的衣服我洗不干净。
   그가 더럽힌 그 옷을 나는 깨끗하게 빨 수가 없다.

이합사가 가능보어를 수반할 때의 규칙도 마찬가지이다. 다만 학습자는 이합사를 분리할 수 없는 단어로 보기 때문에, 아래의 오류가 출현하게 된다.

① *我喝了咖啡就睡觉不着。(我喝了咖啡就睡不着觉。)

(나는 커피를 마시면 잠이 오지 않는다.)
② *我们宿舍现在洗澡不了。(我们宿舍现在洗不了澡。)
(우리 기숙사는 지금 목욕을 못 한다.)
③ *他们昨天又吵架了，我觉得他们结婚不成了。(……我觉得他们结不成婚了。)
(……내 생각에 그들의 결혼은 성사되지 않을 것 같다.)
④ *黄志强家里没有钱，所以上学不了。(……所以上不了学。)
(……그래서 학교를 못 다닌다.)

이 같은 오류를 피하는 좋은 방법은, 아래와 같이 구조화된 방법을 사용하여 강화 연습을 하는 것이다. 예:

睡不着觉　　上不了学　　洗不了澡　　结不成婚

4.5 가능보어를 학습할 때 자주 출현하는 오류는?
(1) 가능보어의 첨가 오류.

① *我已经走得了了，让我出院吧。(我已经能走了……)
(나는 이미 걸을 수 있게 되었다 ……)
② *她通不过考试以后，哭了很长时间。(她没通过考试以后……)
(그녀가 시험에 합격하지 못한 후로……)

예문①과 같이 어떤 능력의 회복을 나타낼 때는 '能'을 사용하고, 가능보어는 사용하지 않는다. 예문②와 같이 가능보어는 미발생의 상황에 사용하고, 이미 발생한 상황에는 사용하지 않는다. 앞서 언급했듯이, 특정 동작의 실현 여부에 대한 가능성을 나타낼 때 '동사+得/不+了'를 사용하고, 특정 동작이 허가되지 않았음을 나타낼 때는 '不能+동사'를 사용해야 한다. ①-②는 허가되지 않은 상황을 나타내므로, 모두 가능보어를 쓸 수 없다.

③ *这种东西很危险，你带不了。(……你<u>不能</u>带。)
(……당신은 휴대하면 안 된다.)
④ *这是胜男的生日蛋糕，她还没来，我们吃不了。(……我们<u>不能</u>吃。)
(……우리는 먹으면 안 된다.)

(2) 가능보어의 어순 오류.

① *我现在很紧张，每天都睡觉不着。(……每天都睡<u>不着</u>觉。)
(……매일 잠을 못 잔다.)
② *我听老师的话不懂。(我听<u>不懂</u>老师的话。)
(나는 선생님의 말씀을 알아듣지 못한다.)

이같이 가능보어가 목적어와 함께 출현했을 때 어순 오류가 발생한다.

③ *我怎么学也不学会。(我怎么学也学<u>不</u>会。)
(나는 아무리 배워도 모르겠다.)
④ *我们劝了她很长时间，但也不劝好。(……但劝<u>不</u>好/没劝好)
(……잘 설득하지 못했다.)
⑤ *我们的生词太多，我不记住。(……我记<u>不</u>住。)
(……나는 기억이 안 난다.)

특정 동작을 실현할 능력이나 조건 여부를 나타내려면 가능보어를 사용하는데, 이때 '不'는 동사, 보어의 사이에 놓여야 하며 동사 앞에 출현할 수 없다. 객관적으로 결과가 실현되지 않았음을 나타내려면, '没+동사+결과보어'를 사용한다.

⑥ *我们最近有考试，我去不了旅游了。(……旅游我去不了/我不能去旅游了。)
(……여행을 나는 갈 수 없다 / 나는 여행을 갈 수 없다.)
⑦ *明天我妈妈来北京，我来不了上课了。(……上课我来不了了/我不能来上课了。)
(……수업에 나는 올 수 없다 / 나는 수업에 올 수 없다.)

연동구문 '来/去+동사'에서 '来/去'는 핵심 동작동사가 아니고 뒤 동작의 방향을 나타내거나, 뒤의 주요 동작을 이끌어내고 목적을 서술한다. 다시 말해, '来/去' 뒤의 동사가 문장에서 표현하고자 하는 동작의 중심이 된다. 따라서 목적 동작의 실현 여부를 강조하려면, '能(不能)+来/去+동사'를 사용해야 한다.

⑧ 你能不能去旅游? 我不能去旅游了。
여행을 갈 수 있어요 없어요? 나는 여행을 갈 수 없게 되었어요.

'来/去'의 발생 여부를 강조하려면, 목적 동작이 '来/去' 앞에 위치해야 한다.

⑨ 旅游你还去得了去不了? 旅游我去不了了。
여행을 당신은 아직 갈 수 있어요 없어요? 여행을 나는 못 가게 되었어요.

(3) 가능보어의 누락 오류.

① *老师，你写的字太小，我不看。(……我看不见。)
(……저는 안 보여요.)
② *没办法，我到处都找了，但不找到。(……但找不到。)
(……그러나 찾을 수 없었다.)

CHAPTER 4 문장 성분 81

③ *老师，作业太多了，我们不能做。(……我们做不完。)
　　(……저희는 다 못해요.)
④ *门口人太多，我不能出去。(……我出不去。)
　　(……나는 나갈 수가 없다.)

특정 결과를 실현할 조건 여부를 표현하려면 가능보어의 부정 형식을 사용하는데, 예문①—④와 같다.

4.6 가능보어 교육에서 유의할 점은?

가능보어의 오류율이 높은 원인은 교재, 교사와 관련이 있다. 가능보어 교육과 관련하여 아래의 두 가지 방안을 제안한다.

(1) 가능보어의 의미를 정확하게 설명한다.

기존에는 가능보어 교육의 중점을 구조 형식에 두고 설명하고 있으며, 의미와 용법 소개가 많지 않다. 일부 교사는 가능보어가 '(불)가능을 나타낸다'고 간단히 설명한다. 그리고 교재에서의 연습을 보면, '能'을 사용한 문장을 아래와 같이 가능보어로 고치게 하는 유형이 대부분이다. 예:

你能洗干净这块地毯吗？　　你洗得干净这块地毯吗？

또는 가능보어를 사용하여, '能'이 출현한 문장에 답하는 연습이다. 예:

你能买到这本书吗？ —— 买得到。

이 같은 교사의 설명이나 교재의 연습 방식은 학습자가 가능보어와 '能'을 동일하게 생각하도록 만든다.

언어는 경제성 원칙이 있다. 다시 말해, 필요없는 단어나 구는 존재하지 않는다. 만일 어떤 단어나 구가 다른 표현에 의해 대체된다면 그 단어/구는 존재할 당위성을 잃게 될 것이다. 가능보어가 중국어에 오래 존재했다는 사실은 가능보어와 '能'을 완전히 동일시할 수 없음을 의미한다. 따라서 가능보어의 의미를 좀 더 정확하게 소개할 필요가 있다.

(2) 수업 내용을 합리적으로 배치한다.

초급 단계에 가능보어의 기본형(동사+不+부정 형식 가능보어)을 가르친 후, 학습자가 기본형을 익혔을 때 가능보어의 긍정 형식(동사+得+결과/방향보어)을 가르친다. 다만 시간 간격을 길게 두지는 않는다.

중급 단계에 가능보어 '了(liǎo)'를 가르친다.

고급 단계에 가능보어 '得'를 가르친다.

관용어 성격의 가능보어는 수시로 가르친다. 고정 형식에는 '对不/得起, 买得/不起, 看不/得起, 合得/不来, 来不/得及, 顾不/得上, 靠得/不住, 划得/不来, 说得/不来, 犯得/不着' 등이 있다.

이러한 관용어성 가능보어의 용법은 몇 가지 공통점이 있다.

첫째, 구어체에 사용되며 긍정 형식과 부정 형식이 모두 자주 사용된다. 긍정 형식은 의문문, 대화문에서 완곡한 부정, 즉 반어법을 나타낸다.

① 为了那几个小钱, 我<u>犯得着</u>吗?
  그까짓 몇 푼 때문에, 내가 그럴 필요가 있겠어?
② 你看看, 我<u>顾得上</u>吗?
  좀 보세요, 제가 신경 쓸 처지인가요?

둘째, 일반적으로 치환이 가능한 결과/방향보어 형식이 존재하지 않는다. 예:

看得起   *看起
划不来   *划来

이러한 관용어성 가능보어는 특수 의미를 나타내기 때문에 한꺼번에 가르치지 말고, 출현할 때마다 하나씩 알려주어야 한다.

5. 정도보어와 정도보어 교육

5.1 정도보어란? 정도보어의 구조적 특징은?

정도보어는 형용사/심리동사 뒤에 출현하여 어떤 성질이나 심리 상태의 정도를 나타내는 보어이다. 정도보어는 많지 않은데, 아래의 2개 유형이 흔한 용법이다.

(1) '极了, 死了, 透了, 多了' 등은 형용사와 심리동사 뒤에 바로 위치할 수 있어서, '得'로 연결할 필요가 없다.

① 你唱得好极了。
당신은 노래를 끝내주게 잘하네요.
② 最近我倒霉透了。
요즘 나는 재수없어 죽겠다.

(2) '很, 慌, 不得了, 要命, 要死, 不行, 厉害, 够呛' 등은 '得'를 사용하여 서술어와 연결한다.

① 夏天北京热得很。
여름에 北京은 아주 덥다.
② 那个玩具, 孩子喜欢得不得了。
그 장난감은 아이가 아주 좋아한다.

정도보어는 모두 '정도가 극심함'을 강조한다.

5.2 정도보어를 수반하는 단어: "她病得很"은 왜 맞는 문장일까?

정도보어를 수반할 수 있는 단어는 형용사와 심리동사에 국한되며, 일반 동사와 상태사는 정도보어를 수반할 수 없다. 학습자는 자주 아래와 같은 오류를 범한다.

① *山西的空气污染得很。(山西的空气污染得很严重/厉害。)
  (山西의 공기오염은 매우 심각하다.)
② *她病得很, 不能来上课了。(她病得很严重/厉害……)
  (그녀의 병은 매우 위중해서……)
③ *我知道她得很。(我很了解她。)
  (나는 그녀를 아주 잘 안다.)
④ *他钻研得很。(他很喜欢钻研。)
  (그는 연구하기를 매우 좋아한다.)

따라서 교사는 다양한 예시를 들어, 학습자에게 정도의 차이가 있는 단어만 정도보어로 취할 수 있다는 사실을 이해시켜야 한다.

5.3 서술어와 정도보어 결합: "我开心得慌"은 왜 잘못된 문장일까?

정도보어마다 결합이 가능한 형용사와 심리동사가 다르다.

'……得慌': 부정적 의미의 심리나 감각동사가 앞에 오는데, 주로 단음절 단어이다. 예를 들면 '累得慌, 饿得慌, 吵得慌, 闷得慌, 憋得慌, 闹得慌, 堵得慌, 挤得慌, 想得慌, 闲得慌, 撑得慌' 등이다.

① 外边吵得慌。
  밖이 너무 시끄럽다.
② 我觉得累得慌。
  나는 너무 피곤하다고 느낀다.
③ *里面安静得慌。

④ *我觉得轻松得慌。

'……透了' : '糟糕, 糟, 坏, 倒霉, 烦' 등 부정 의미 단어가 앞에 온다.

① 最近我真是倒霉透了!
요즘 나는 정말로 재수없어 죽겠다.
② 这个人简直是坏透了。
이 사람은 정말 못됐다.

'……极了, 得很' : 앞에 출현하는 단어에 대한 제약이 많지 않아서 긍정, 부정 의미 단어가 모두 가능하다.

① 北京烤鸭好吃得很。
北京烤鸭는 아주 맛있다.
② 今天的饭难吃得很。
오늘 밥은 아주 맛없다.

'要命, 要死' : 정도가 높음을 나타내는데 통상 구어체에서 사용되며, 공식적인 장소에서는 '极了', '得很'을 사용한다.

① 您的表演精彩极了。
당신의 공연은 최고로 훌륭했어요.
② 北京的夜景美极了。
北京의 야경은 최고로 아름답다.

교사는 다양한 예시를 통해 학습자가 결합 조건을 이해하게 한다. 정도보어를 가르칠 때 정도보어를 수반할 수 있는 단어가 제한적이어서 모든 형용사와 심리동사가 정도보어를 수반할 수 없다는 점을 강조한다.

또한, 정도보어를 수반하는 단어의 사용 조건도 설명해야 한다. 예를 들어, '……得慌'의 사용 조건은 부정 의미의 단어이며 단음절이어야 한다.

6. 상태보어와 상태보어 교육

6.1 상태보어란?

상태보어는 '동사/형용사+得'의 뒤에 위치하여, 이미 발생했거나 발생 중인 동작의 양상이나 결과 상태를 설명한다.

① 他激动得<u>直流眼泪</u>。
　　그는 기뻐서 계속 눈물을 흘렸다.
② 弟弟兴奋得<u>手舞足蹈</u>。
　　남동생이 너무 신나서 손발을 흔들며 춤을 추었다.

상태보어는 동작 상태를 묘사, 평가, 판단하는 데 사용되며, 일반적으로 생략되지 않는다. 그러나 동사/형용사 뒤에서 '得'만 사용하고, 뒤에 기타 성분이 없는 경우도 있다.

③ 看把你急<u>得</u>!
　　서두르는 꼴 좀 봐!
④ 瞧你吓<u>得</u>!
　　놀란 것 좀 봐!

이 같은 문장은 상태보어가 생략된 것으로, '这个样子', '那个样子' 등을 보충할 수 있다. 대부분 구어체에서 사용된다.
상태보어는 '得'가 아니라 '个'를 사용하는 예도 있다.

⑤ 我们昨天玩了<u>个痛快</u>。
우리는 어제 아주 신나게 놀았다.
⑥ 他说<u>个没完没了</u>。
그는 쉴 새 없이 말을 한다.

6.2 어떤 단어가 상태보어가 될 수 있을까?

상태보어가 될 수 있는 단어로, 아래 몇 개 유형이 있다.

(1) 형용사(구), 형용사 중첩 형식, 상태사 등.

① 他看得<u>特别快</u>。
그는 특히나 빨리 본다.
② 他的小手冻得<u>冰凉</u>。
그의 작은 손이 차갑게 얼었다.

(2) 동사 또는 주술구.

① 她急得<u>哇哇大哭</u>。
그녀는 다급한 나머지 엉엉 울음을 터뜨렸다.
② 他气得<u>眼睛都瞪大了</u>。
그가 화가 나서 눈이 휘둥그레졌다.

(3) 고정구, 성어, 숙어.

① 他激动得<u>语无伦次</u>。
그가 흥분해서 말을 어버버했다.
② 他说得<u>天花乱坠</u>。
그는 말이 아주 청산유수였다.

6.3 "她打扫打扫得干干净净"은 왜 잘못된 문장일까?

문장에서 상태보어가 의미 중점이 되는데, 동사/형용사의 중첩 형식도 유사한 기능이 있다. 한 문장에 하나의 의미 중점만 있어야 하므로, 동사/형용사를 중첩한 후에는 상태보어를 수반할 수 없다.

① *她每天都打扮打扮得漂漂亮亮的。(她每天都打扮得漂漂亮亮的。)
  (그녀는 매일매일 예쁘게 꾸민다.)
② *她打打扫扫得干干净净。(她打扫得干干净净。)
  (그녀는 아주 깨끗하게 청소한다.)

동일한 원리로, 한 문장에 묘사성 부사어와 상태보어가 동시에 출현할 수 없다.

③ *他异常激动地说得语无伦次。(他异常激动。/他说得语无伦次。)
  (그가 이상하게 흥분했다. / 그가 말이 두서없다.)
④ *哥哥非常气得乱扔东西。(哥哥非常生气。/哥哥气得乱扔东西。)
  (형이 매우 화가 났다. / 형이 화가 나서 물건을 마구 던졌다.)

부사어도 문장에서 표현의 핵심인데, 상태보어도 그러하기 때문이다.

6.4 상태보어와 목적어의 어순: "他打球得特别棒"은 왜 잘못된 문장일까?

상태보어가 목적어 없이 동사와 함께 출현했을 때는 동사 가까이에 위치한다. 예:

동사 + 상태보어

① 他睡得特别早。
  그는 엄청 일찍 잤다.

② 他吃得像个圆球。
　　그는 많이 먹어서 공처럼 부풀었다.

　그러나 상태보어와 목적어가 동시에 출현하면 '보어와 목적어의 경쟁' 문제가 발생한다. 다시 말해 목적어가 동사와 근접하게 위치해야 하는데, 보어도 동일한 상황이다. 이 문제를 해결하기 위한 방법으로, 아래의 몇 가지가 있다.

　(1) 행위자 주어+피행위자 주어+동사+得+상태보어.

　　① 他　篮球　打　得　棒极了。
　　　그는 농구를 매우 잘한다.
　　② 我哥哥　英语　说　得　像英国人似的。
　　　우리 형은 영어를 영국인처럼 한다.

　(2) 피행위자 주어+행위자 주어+동사+得+상태보어.

　　① 篮球　他　打　得　特别棒。
　　　농구를 그는 특히 잘한다.
　　② 汉语　他　说　得　非常流利。
　　　중국어를 그는 매우 유창하게 한다.

　(3) 주어+동사+목적어+동사+得+상태보어.

　　① 他　打　篮球　打　得　特别棒。
　　　그는 농구를 매우 잘한다.
　　② 他　说　英语　说　得　非常流利。
　　　그는 영어를 매우 유창하게 한다.

세 번째 어순의 사용 빈도는 높지 않지만 상태보어의 의미지향이 행위자 주어일 때, 즉 의미상 행위자 주어를 진술할 때는 이 어순을 사용한다.

① 妈妈洗衣服洗得腰酸背疼。
   엄마는 빨래를 하느라 허리가 쑤시고 등이 아프셨다.
② 她看书看得眼冒金星。
   그녀는 책을 읽느라 힘들어서 눈에서 별이 보일 정도였다.

특정 맥락에서는 목적어를 생략할 수 있다.

③ 他从小就会骑摩托车，而且骑得很快。
   그는 어렸을 때부터 오토바이를 탈 줄 알았던 데다, 아주 빨리 몬다.
④ 他学了八年的法语，说得非常流利。
   그는 8년간 프랑스어를 배워서 말을 아주 유창하게 한다.

상태보어는 어떤 어순이든 동사와 가까이 놓여야 한다. 따라서 "打球得特别棒"은 오류문이다.

6.5 "你要学习得很认真"은 왜 잘못된 문장일까?

상태보어는 동작이 발생한 후의 습관 상태, 진행, 지속을 표현할 때 사용한다.

① 他总是走得这么快。
   그는 늘 이렇게 빨리 걷는다.
② 他把作业放在腿上，检查得非常认真。
   그는 숙제를 다리 위에 올려놓고, 아주 꼼꼼히 점검했다.
③ 他把女儿打扮得像个天使。
   그는 딸을 천사처럼 꾸며주었다.

경고, 권고, 환기에 사용되는 명령문이나 곧 발생할 동작을 나타낼 때는, 일반석으로 상태보어를 사용할 수 없다.

① *到人家那儿，你一定要工作得非常认真。
② *你明天应该起床得很早。
③ *你要学习得很认真。

이때는 상태보어 대신 부사어를 사용해야 한다.

① 认真看书!
　 열심히 책을 보세요!
② 仔细检查一遍!
　 꼼꼼히 한 번 검사해 보세요!

6.6 상태보어를 학습할 때 자주 출현하는 오류는?

(1) 상태보어의 어순 오류.

① *他说法语得很流利。(他法语说得很流利。/他说法语说得很流利。)
　 (그는 불어를 유창하게 말한다.)
② *他骑摩托车得很快。(他摩托车骑得很快。/他骑摩托车骑得很快。)
　 (그는 오토바이를 매우 빨리 몬다.)
③ *阿姨打扫房间得不干净。(阿姨打扫得不干净。/阿姨打扫房间打扫得不干净)
　 (이모는 방을 아주 깨끗하게 청소했다.)

상술한 오류는 목적어가 동사 뒤에 위치해야 한다는 인식에서 비롯된 것이다. 보어와 목적어가 동사를 두고 경쟁할 때 가장 쉬운 방법은, 목적어를 우선 고려해서 보어를 목적어의 뒤에 위치시키는 것이다. 그러나

'得'를 수반한 보어는 목적어 뒤에 위치할 수 없고, 반드시 서술어 뒤에 놓여야 한다. 목적어와 보어의 경쟁 문제가 발생했을 때의 해결 방안은 위에서 언급한 세 가지이다(위의 6.4에서 상세히 설명).

이러한 오류는 동사가 이합사인 경우가 많다.

④ *我吃饭得很晚。(我吃饭吃得很晚。/我吃得很晚。)
(나는 밥을 늦게 먹었다.)
⑤ *我跑步得很累。(我跑步跑得很累。/我跑得很累。)
(나는 달리다가 지쳤다.)
⑥ *我们聊天得很高兴。(我们聊天聊得很高兴。/我们聊得很高兴。)
(우리는 아주 즐겁게 이야기를 했다.)

(2) 부사어 대신 상태보어로 잘못 사용한 오류.

① *你一定要工作得很刻苦。(你一定要刻苦工作。)
(반드시 열심히 일해야 해요.)
② *希望你能接待他们很热情。(希望你能热情接待他们。)
(당신이 그들을 환대해 주기를 바랍니다.)
③ *老师开始点名了，你要来得很快。(你要快来。)
(얼른 와야 해요.)

앞서 분석했듯이, 동작이 발생한 후의 결과 상태를 나타낼 때 상태보어를 쓸 수 있다. 그러나 경고, 권고, 환기에 사용되는 명령문이나 발생하지 않은 동작에는 상태보어를 쓸 수 없고, 부사어를 사용해야 한다.

(3) 상태보어 대신 부사어를 사용한 오류.

① *她漂亮地打扮了。(她打扮得很漂亮。)
(그녀는 예쁘게 꾸몄다.)

② *他快快地跑，差点儿摔倒。(他跑得很快……)
   (그는 빨리 달려서……)
③ *老师很慢地说，所以我听得懂。(老师说得很慢……)
   (선생님이 천천히 말씀하셔서……)

반대로, 이미 발생한 동작의 결과를 나타낸다면 상태보어를 사용해야 하며 부사어는 출현할 수 없다.

(4) '得' 대신 '了'나 '着'를 잘못 사용한 오류.

① *我这个学期学了不太认真。(我这个学期学得不太认真。)
   (나는 이번 학기에 그다지 열심히 공부하지 않았다.)
② *那儿的空气污染了很厉害。(那儿的空气污染得很厉害。)
   (그곳의 공기 오염은 매우 심각하다.)
③ *北京变化了很快。(北京变化得很快。)
   (北京은 변화가 매우 크다.)
④ *他学习着很认真。(他学得很认真。)
   (그는 아주 열심히 공부한다.)
⑤ *他总是走着很快。(他总是走得很快。)
   (그는 늘 빨리 걷는다.)

이상의 예는 모두 '得'를 사용해야 하는 곳에 '了'나 '着'를 잘못 사용한 경우이다. 학습자는 이미 발생한 상황은 '了'만 쓸 수 있고, 진행 중인 상태에는 '着'만 사용한다고 오인하기 쉽다.

7. 수량보어와 수량보어 교육

서술어동사나 형용사의 뒤에서 지속 시간, 횟수, 수량의 차이를 나타내는 수량사를 '수량보어'라고 한다. 수량보어는 2개 유형으로 나눌 수 있다.

시량보어 예: 我学习了一年。 우리는 일 년 공부했다.
동량보어 예: 我们去过一次。 우리는 한 번 가 봤다.

7.1 시량보어와 시량보어 교육

7.1.1 시량보어 및 의미: '睡了三天了'와 '来了三天了'에서 '三天'은 같을까?

시량보어는 동사 뒤에서 동작이나 상태가 얼마나 지속되었는지를 나타낸다. 시량보어의 문법 의미는 앞의 동사에 따라 아래의 2개 유형으로 나눌 수 있다.

(1) 지속동사 뒤에 출현한다. 현재까지의 동작 지속 시간을 나타낸다.

① 她睡了三天了，还没清醒。
그녀는 3일 동안 자고도, 아직 깨지 않았다.
② 会议开了两个多小时了，还没结束。
회의가 두 시간 넘게 계속되고 있는데, 아직 끝나지 않았다.

(2) 비지속동사 뒤에 출현한다. 동작이 완료된 이후, 현재까지의 지속 시간을 나타낸다.

① 她来了三天了，还没露面。
그녀가 온 지 3일이 되었지만, 아직 얼굴을 비추지 않았다.
② 哥哥结婚已经十年了。
오빠가 결혼한 지 벌써 십 년이 되었다.

(1), (2)의 문법 의미가 맥락에 따라 결정될 수도 있다.

③ a. 那幅画都挂了半个小时了，还没挂好。[동작의 지속 시간]
   그 그림을 30분 동안 걸고 있었지만, 아직 제대로 걸리지 않았다.
   b. 那幅画挂了三天了，还没人注意。[동작 완료 이후, 상태의 지속 시간]
   그 그림을 걸어 놓은 지 3일이 되었는데, 아직 관심 갖는 사람이 없었다.
④ a. 墙上的标语写了半天了，还没写完。[동작의 지속 시간]
   벽에 표어를 반나절을 썼는데, 아직 다 쓰지 못했다.
   b. 墙上的标语写了半个月了。[동작 완료 후, 상태의 지속 시간]
   벽의 표어는 쓰인 지 보름이 되었다.

이러한 차이는 동사의 지속성과 비지속성의 차이에 따른 것이다(상권 CHAPTER 2. Ⅲ.동사에서 설명).

7.1.2 시량보어와 목적어의 어순: 왜 '看了一天书'는 맞는 표현인데 '教了一年我'는 잘못된 표현일까?

시량보어가 동사/형용사 뒤에 위치한다고 말하는데, 이는 부정확한 표현이다. 실제 문장에서 시량보어의 위치는 비교적 복잡한데, 아래 몇 개 유형이 있다.

(1) 동사/형용사＋시량보어.

① 我学三年了。
   나는 배운 지 3년 되었다.
② 他们已经休息半个小时了。
   그들이 휴식한 지 벌써 30분이 되었다.

(2) 동사＋시량보어＋명사 목적어.

① 你已经玩了40分钟游戏了。

너는 이미 40분 동안 게임을 했어.
② 昨天我看了<u>三个小时(的)</u>电视。
어제 나는 3시간 동안 TV를 보았다.

(3) 동사+대체사 목적어+시량보어.

① 我等你<u>一个小时</u>了。
나는 너를 1시간 동안 기다렸다.
② 他会爱你<u>一生一世</u>吗?
그가 당신을 한평생 사랑할까요?

시량보어와 목적어 중에서 무엇을 앞에 놓을지는 목적어의 종류에 따라 달라진다. 명사 목적어면 시량보어 뒤에 쓰여 '看一天书'와 같이 표현한다. 반면, 대체사 목적어라면 시량보어 앞에 위치해서 '教了我一年'과 같이 말한다.
목적어의 종류에 관계없이, 아래 (4)의 어순은 가능하다.
(4) 동사+목적어+중복동사+시량보어.

① 我昨天打球打了<u>两个小时</u>。
나는 어제 2시간 동안 공놀이를 했다.
② 我昨天等你等了<u>一个多小时</u>。
나는 어제 당신을 한 시간 넘게 기다렸다.

위의 예는 모두 동작의 지속 시간을 나타내는데, 동작이 끝난 후 현재까지의 경과 시간을 나타낼 경우 보어의 위치가 달라진다. 목적어가 없다면 시량보어는 동사 뒤에 위치하지만, 목적어가 있다면 시량보어가 목적어 뒤에 위치한다.

③ 奶奶走了十多年了。
   할머니께서 떠나신 지 10년이 넘었다.
④ 妈妈去上海已经半年了。
   엄마가 上海에 간 지 벌써 반년이 되었다.

위 예는 대부분 비한정 목적어이다. 한정성분이라면 보통 목적어가 될 수 없고, 문두에서 주어로 출현한다.

⑤ a. 那件衣服我试了半个小时，最后还是放弃了。
      그 옷을 나는 30분을 입어보다, 결국 포기했다.
   b. *我试了半个小时那件衣服，最后还是放弃了。
⑥ a. 你问我的那个问题我想了两天，终于想出来了。
      내게 물어본 그 문제는 내가 며칠을 생각한 끝에, 마침내 생각해냈다.
   b. *我想了两天你问我的那个问题，终于想出来了。

7.1.3 시량보어 교육에서 유의할 점은?

시량보어구를 학습할 때 자주 출현하는 오류는 목적어의 어순 오류이다.

① *我们看电影了两个小时。(我们看了两个小时电影。/我们看电影看了两个小时)
   (우리는 두 시간 동안 영화를 봤다.)
② *我做作业差不多一个小时。(我做作业做了差不多一个小时。)
   (나는 숙제를 거의 한 시간 동안 했다.)

상술한 오류가 출현하는 이유는 시량보어가 출현한 문장이 복잡하기 때문이다. 따라서 초급 단계부터 많은 내용을 가르치면 학습 효과가 떨어질 수 있다. 초급 단계의 학습 내용을 간소화하는 동시에, 아래와 같이 단계별로 교육 내용을 심화시킨다.

초급 단계: 현재까지의 동작 지속 시간을 나타내는 용법의 시량보어를 가르친다.

① 爸爸病了半年了。
   아버지가 병을 앓은 지 반년이 되었다.
② 我看了一会儿电视就睡了。
   나는 잠깐 TV를 본 뒤에 바로 잠들었다.

초급 단계는 가장 기초적이고 자주 쓰는 문법 항목과 형식을 가르친다. 목적어가 시량보어 뒤에 위치하고, 대체사 목적어는 시량보어 앞에 위치하는 점을 설명하여야 한다. 사용 빈도가 낮은 중복동사구문은 소개할 필요가 없다.

중급 단계: 동작이 완료된 이후, 현재까지의 지속 시간을 나타내는 용법의 시량보어를 가르친다.

① 我大学毕业十年了。
   나는 대학을 졸업한 지 십 년이 되었다.
② 饭菜放在桌子上半天了，也没人来吃。
   반찬이 테이블에 반나절은 놓여 있었는데, 와서 먹는 사람이 없다.

고급 단계: 동일한 의미의 여러 시량보어 구문을 구별할 수 있도록 가르친다.

① a. 我们打了三十分钟的球。   b. 我们打球打了三十分钟。
   우리는 30분간 공놀이를 했다.

예문①a, b의 시량보어 구문은 표현 기능에서 일부 차이가 있다. 우선,

a문장은 강세가 시량 성분('三十分钟')에 있고, b문장은 술목 구조('打了三十分钟')에 있다. 전사는 동작이 지속되는 시간의 길이('三十分钟')를 강조하고, b는 술목 구조의 화제('我们打球')를 강조하기 때문이다.

다음으로, a문장은 후속절이 없으면 의미가 온전하게 전달되지 않아서, 뒤에 결과 등을 나타내는 절이 출현해야 한다.

② 当了几十年的老师, 连封信也写不好。
몇십 년간 선생님을 했더니, 편지 한 통도 제대로 못 쓰겠다.
③ 我看了半小时的电视, 就睡觉了。
나는 30분간 TV를 보고나서, 바로 잠이 들었다.

7.2 동량보어와 동량보어 교육

7.2.1 동량보어란?

동량보어는 동사/형용사 뒤에서 동작이 진행된 횟수를 나타내는 보어이다.

① 我们去了三趟了, 都没见到老王。
우리가 세 번 갔지만, 그때마다 老王을 만나지 못했다.
② 我们商量了几次, 可还是没有结论。
우리가 몇 번을 상의했지만, 아직 결론을 내리지 못했다.

위의 예문을 보면, 동사와 보어 사이에 선택 제약이 있음을 알 수 있다 (상권 CHAPTER 2. Ⅸ. 양사에서 설명).

7.2.2 동량보어와 목적어의 어순: 왜 '听了两次京剧'는 맞는 표현인데 '帮了两次她'는 잘못된 표현일까?

이 문제는 목적어와 동량보어의 어순과 관련된다. 먼저, 동사가 목적어를 수반하지 않을 때는 '동사+동량보어'의 형식을 취한다.

① 她去过一回。
   그녀는 한 번 가 본 적이 있다.
② 我检查过两次。
   나는 두 번 검사해봤다.

동사가 목적어를 수반할 때, 보어의 위치는 주로 목적어의 성격에 따라 결정된다. 아래 2개 조의 예문을 비교해 보자. 예:

A조	B조
去了三趟书店。	看了她一次。
서점에 세 번 다녀왔다.	그녀를 한 번 봤다.
听过两次京剧。	帮了她两次。
경극을 두 번 들었다.	그녀를 두 번 도왔다.
上了五次汉语课。	打了他三回。
중국어 수업을 다섯 번 들었다.	그를 세 차례 때렸다.

상술한 대조를 통해, 목적어가 명사일 때 동량보어는 목적어 앞에 위치하고 대체사 목적어이면 그 목적어 뒤에 위치한다는 사실을 알 수 있다. 따라서 A조는 '동사+동량보어+명사 목적어', B조는 '동사+대체사 목적어+동량보어'로 구조화할 수 있다.

목적어가 인명, 지명일 때는 보어의 앞뒤에 모두 위치할 수 있다.

① a. 我去过两次上海。　　b. 我去过上海两次。

나는 上海에 두 번 가봤다.
② a. 我等一会儿<u>小张</u>吧。　　b. 我等<u>小张</u>一会儿吧。
나는 小张을 잠시 기다릴게.

이상은 일반적인 어순이고, 아래와 같이 예외도 존재한다. 먼저, 동작의 횟수를 나열하거나 후속절이 출현할 때는, 명사 목적어도 동량보어 뒤에 위치할 수 있다.

③ 上学期我们参观<u>学校</u>三次，参观<u>企业</u>五次。
지난 학기 우리는 학교를 3번, 기업을 5번 참관했다.
④ 我曾去过<u>琉璃厂</u>一次，但什么也没买。
나는 예전에 琉璃厂에 한 번 갔었는데, 아무것도 사지 않았다.

또 목적어가 확정적인 대상일 경우 목적어의 비한정성, 주어의 한정성 제약으로 문두에 위치하게 된다.

⑤ <u>那个地方</u>我去过若干次了，没发现什么好玩的。
그 곳을 나는 몇 번 갔었는데, 흥미로운 것을 발견할 수 없었다.
⑥ <u>那种音乐</u>我只听过一回。
그런 음악을 나는 한 번밖에 안 들어봤다.

7.2.3 동량보어를 학습할 때 자주 출현하는 오류는?
(1) 동량보어의 첨가 오류.

① *上课的时候你不要说话一下。(……上课的时候你不要说话。)
(……수업할 때 말하지 마세요.)
② *老师说，考试的时候我们不要聊天一下。(……不要聊天。)
(……떠들지 마세요.)

③ *我看看一下你的书好吗?(我看看你的书……/我看一下你的书好吗?)
   (내가 네 책 좀 볼 수 있을까?)
④ *我只尝尝了一下，真受不了。(我只尝了一下……/我只尝了尝……)
   (나는 살짝 맛만 봤는데……)

　행위의 금지를 나타낼 때는 예문①, ②와 같이 동사 뒤에 동량보어를 사용할 수 없다. 동사 중첩도 지속 시간이 짧음을 나타내므로 예문③, ④와 같이 동량보어가 필요하지 않다.
　(2) 동량보어의 어순 오류.

① *到北京后我看过京剧好几次了。(到北京后我看过好几次京剧了。)
   (北京에 도착한 후에 나는 경극을 몇 번 보았다.)
② *我学太极拳三次了。(我学过三次太极拳了。)
   (나는 태극권을 세 차례 배웠다.)
③ *我去过五道口一次吃饭。(我去五道口吃过一次饭。)
   (나는 五道口에 가서 한 번 밥을 먹은 적 있다.)
④ *我们上网过一次聊天。(我们上网聊过一次天。)
   (우리는 인터넷에서 한 번 이야기를 나눴었다.)

　예문③과 ④는 연동구문으로, 동량보어가 두 번째 동사 뒤에 위치해야 한다. 만일 이합사면 동량보어는 이합사의 사이에 위치한다.
　(3) 동량보어의 대체 오류.

① *这本书我看了三趟了，真有意思。(这本书我看了三遍了……)
   (이 책을 나는 세 번 봤다……)
② *老师又表扬了她一顿。(老师又表扬了她一番。)
   (선생님은 그녀를 또 한 번 칭찬하셨다.)

동사와 동량사 사이에는 선택 제약이 있다. 예를 들어 '趟'은 '걷다류' 동사인 '去, 跑, 来, 飞' 등과 함께 쓰인다. '顿'은 '打, 骂, 批评, 训, 吃' 등의 동사와 함께 쓰인다.

8. 전치사구 보어와 전치사구 보어 교육

8.1 전치사구 보어란?

전치사구 보어는 동사/형용사 뒤에 전치사 '于, 自, 到, 向'으로 구성된 전치사구가 보어가 되는 것을 말한다. 전치사구 보어는 보통 문어체에 출현하고, 구어체에서의 사용 빈도는 높지 않다. 전치사구 보어는 시간, 장소, 방향, 원인, 대상, 출처 등을 나타낼 수 있다. 예를 들어, '由'로 구성된 전치사구 보어는 장소, 시간, 대상, 근원, 원인, 비교 등을 나타낼 수 있다. '向'으로 구성된 전치사구 보어는 방향을 나타낼 수 있다. '自'로 구성한 전치사구는 출처를 나타낸다.

① 毛泽东生于湖南。[장소]
　　毛泽东은 湖南에서 태어났다.
② 鲁迅生于1881年。[시간]
　　鲁迅은 1881년에 태어났다.
③ 他一生献身于革命事业。[대상]
　　그는 일생을 혁명 사업에 바쳤다.
④ 她一直苦于找不到合适的地方。[원인]
　　그녀는 계속 적당한 곳을 찾지 못했다.
⑤ 次品率高于合格率。[비교]
　　제품의 불량률이 통과율보다 높다.
⑥ 他住在天津。[장소]
　　그는 天津에 산다.
⑦ 这列火车开往广州。[방향]

이 열차는 广州로 간다.

⑧ 我看到晚上十一点钟。[시간]
나는 밤 11시까지 봤다.

⑨ 药品终于送到了灾区。[장소]
약품을 마침내 재난 구역으로 보냈다.

⑩ 看着它们自由自在地飞向蓝天，我心里有种说不出的喜悦。[방향]
그들이 자유롭게 파란 하늘로 날아가는 것을 보면서, 나는 속으로 말할 수 없는 기쁨을 느꼈다.

8.2 '走向胜利'는 어떻게 가르칠까?

다음의 예를 보자.

走向胜利	忠于人民	开往上海
승리를 향해 나아가다	인민에게 충성하다	上海로 향하다

위와 같이 동사의 보어가 전치사구인 경우에, 동사와 전치사가 밀접하게 결합한다. 따라서 교육적 효과를 높이기 위해 '동사+전치사(走向, 忠于, 开往)'를 하나의 동사로 처리하여 술목구로 가르친다.

IV. 관형어

1. 관형어 및 중심어와의 관계
    1.1 관형어는 명사 앞의 수식 성분일까?
    1.2 어떤 단어가 관형어가 될 수 있을까?
    1.3 관형어와 중심어의 관계: 관형어의 의미 유형은?
    1.4 관형어의 분류: 한정성 관형어와 묘사성 관형어란?
2. 관형어의 위치
3. 관형어와 '的'의 사용
4. 다중 관형어의 순서
    4.1 다중 관형어란? 다중 관형어는 몇 개의 유형으로 나누어질까?
    4.2 다중 관형어의 순서: '一件我的衣服'일까 '我的一件衣服'일까?
    4.3 '县, 省, 市的领导'는 왜 잘못된 표현일까?
    4.4 "我参观了一个中国有历史意义的地方"은 왜 잘못된 문장일까?
    4.5 "我的新的朋友的妈妈来了"는 왜 잘못된 문장일까?
5. 관형어를 학습할 때 자주 출현하는 오류는?
    5.1 관형어의 어순 오류
    5.2 '的'의 누락 오류
    5.3 '的'의 첨가 오류
6. 관형어 교육

1. 관형어 및 중심어와의 관계

1.1 관형어는 명사 앞의 수식 성분일까?

주어와 목적어는 보통 단어가 아닌 체언성 구로 출현한다. 관형어는 체언성 구 중에서도 수식어로 형용사, 명사, 대체사 또는 구가 출현하며,

중심어 앞에서 한정 서술하는 성분이다.

"관형어는 명사 앞의 수식 성분이다"라는 표현은 정확한 말일까? 위에서 언급했듯이, 명사는 관형어의 한정 수식을 받는다.

① 我们学校的规定很严格。
　우리 학교의 규정은 엄격하다.

그러나 명사 외에, 동사, 형용사도 관형어의 한정 수식을 받을 수 있다.

② 她的到来让我们团里活力倍增。
　그녀의 도착으로 우리 팀은 활력이 배가 되었다.
③ 我的痛苦你无论如何是无法真正理解的。
　나의 고통을 너는 어쨌든 진정으로 이해할 수는 없다.

5.4운동 이후 서양 언어의 영향으로 인칭대체사도 관형어의 수식을 받기 시작했지만, 관형어 뒤에 '的'를 써야 한다.

④ 他气冲冲地走了，留下气冲冲的我。
　그는 화가 난 채 떠났고, 화가 난 나를 남겨두었다.

인칭대체사가 관형어의 수식 한정을 받는 것은 서구화된 표현으로, 문어체에서만 보이며 구어체에서의 사용 비율은 낮다. 그러므로 "관형어는 명사 앞의 수식 성분이다"라고 단언하기는 어렵다.

1.2 어떤 단어가 관형어가 될 수 있을까?
명사, 형용사, 상태사, 구별사, 대체사가 보통 관형어로 출현한다.

① 衣服的款式是最重要的。[명사]
　옷의 디자인이 가장 중요하다.
② 文章中提出了很多新颖的观点。[형용사]
　글에서 많은 새로운 관점을 제시했다.
③ 热乎乎的烤白薯很诱人。[상태사]
　뜨끈뜨끈한 군고구마가 인기가 많다.
④ 她买了一条金项链。[구별사]
　그녀가 금목걸이를 하나 샀다.
⑤ 她是什么样的性格？[대체사]
　그녀는 어떤 성격입니까?

의성어도 관형어가 될 수 있다.

⑥ 刚走进大厅我就听到她哈哈的笑声。
　막 로비에 들어서자마자 나는 그녀의 하하 웃음소리를 들었다.

동사도 관형어가 될 수 있다.

⑦ 调查报告还没写好。
　조사 보고서를 아직 다 쓰지 못했다.

구는 기본적으로 모두 관형어가 될 수 있다.

① 她是一位聪明美丽的姑娘。[형용사 병렬구]
　그녀는 똑똑하고 아름다운 여성이다.
② 学生宿舍的电灯坏了。[관형어-중심어 수식구]
　학생 기숙사의 전등이 고장났다.
③ 研究语法的学者往往都很严谨。[술목구]
　문법을 연구하는 학자는 보통은 정말 꼼꼼하다.

④ 她穿了一件洗得发白了的衬衫。[술보구]
그녀가 하얗게 세탁한 셔츠를 입었다.
⑤ 生活水平高的国家也应该意识到自己的责任。[주술구]
생활 수준이 높은 국가도 자신의 책임을 인지해야 한다.
⑥ 临出国前妈妈给她买了十双鞋，就担心她不会自己刷鞋。[수량구]
출국 전에 엄마는 그녀에게 신발 열 켤레를 사주었는데, 그녀가 스스로 신발을 닦지 못할까 걱정했기 때문이다.
⑦ 关于房改的问题我们会尽快解决的。[전치사 목적어구]
부동산 개혁에 관한 문제를 우리는 최대한 빨리 해결할 것이다.

1.3 관형어와 중심어의 관계: 관형어의 의미 유형은?

관형어와 중심어는 한정과 비한정, 묘사와 묘사되는 관계이다. 그러나 관형어가 나타내는 문법 의미는 꽤 복잡한데, 주로 아래 몇 가지가 있다.

첫째, 수량을 나타낸다.

① 我们订了两份外卖。
우리는 배달 2건을 주문했다.
② 很多学生都不愿意。
많은 학생이 모두 원치 않는다.

둘째, 재질을 나타낸다.

③ 在马来西亚有不少木头房子，很漂亮。
말레이시아에는 목조 주택이 많은데, 매우 아름답다.

셋째, 범위를 나타낸다.

④ 全国人民永远怀念您。
전 국민이 당신을 영원히 그리워할 겁니다.

넷째, 시간을 나타낸다.

⑤ 以前的上海可不是这个样子。
과거의 上海는 이런 모습이 아니었다.

다섯째, 장소를 나타낸다.

⑥ 外边的空气比较新鲜，我们去外边谈吧。
바깥 공기가 쾌적하니, 우리 밖에 나가서 이야기합시다.

여섯째, 소유를 나타낸다.

⑦ 客人的要求一点也不过分啊!
손님의 요구가 조금도 지나치지 않습니다!

일곱째, 속성을 나타낸다.

⑧ 幸福的生活才刚刚开始。
행복한 생활이 이제 막 시작되었다.

여덟째, 용도를 나타낸다.

⑨ 洗衣服的水还可以拖地啊!
옷을 세탁한 물로 바닥도 닦을 수 있어요!

아홉째, 사물의 상태를 나타낸다.

⑩ <u>乱哄哄的</u>楼道里站满了看热闹的人。
정신없는 복도에는 구경나온 사람들로 가득했다.

1.4 관형어의 분류: 한정성 관형어와 묘사성 관형어란?

관형어와 중심어의 의미 관계는 다양한데, 크게 한정성 관형어와 묘사성 관형어가 있다. '한정성 관형어'는 위의 첫 번째에서 여덟 번째 유형을 말하며, 기능은 다르지만 모두 뒤의 중심어가 나타내는 사물의 외부 연결을 설명한다. 따라서 사물의 분류나 범위 한정에 중점을 둔다.

'묘사성 관형어'는 위의 아홉 번째 유형으로 묘사 기능, 즉 묘사를 통해 사람/사물이 지닌 특징을 강조한다. 대부분 형용사성 단어로 사람/사물의 성질, 상태나 특징 등을 설명한다.

2. 관형어의 위치

모든 관형어는 중심어 앞에 위치해야 한다.

① 她是<u>一个非常漂亮的女</u>孩子。
그녀는 매우 예쁜 여자아이다.
② <u>学校</u>周围有很多饭店。
학교 주변에는 음식점이 많다.

교사는 '관형어+중심어'의 구조화 방법을 통해 가르칠 수 있다.

3. 관형어와 '的'의 사용

여기서는 주로 관형어 뒤에 구조조사 '的'를 사용할 것인가의 문제를 다룰 것이다. '的'는 관형어 표지이나 관형어와 중심어 사이에 '的'를 써야 하는 경우, 쓸 수 없는 경우가 있고 일부는 둘 다 가능하다. 이로 인해 학습자에게서 아래와 같은 오류문이 발견되곤 한다.

① *这是我新买书，你看吗?
② *我们是好的朋友。
③ *他是我最好朋友。
④ *这三本的书我全看了。

관형어 뒤에 출현하는 '的'의 사용에 규칙이 있을까? 상황별로 아래에서 소개하겠다.

(1) 반드시 '的'를 사용하는 경우.

일부 관형어와 중심어 사이에는 '的'를 사용하지 않으면 문장이 성립하지 않는다.

첫째, 주술구가 명사의 관형어가 될 때.

① a. 那个老师问的问题都不难。
　　　그 선생님이 질문한 문제는 모두 어렵지 않았다.
　　b. *那个老师问问题都不难。

둘째, 연동구, 겸어구가 명사의 관형어가 될 때.

② a. 进来参观的客人都很吃惊。
　　　참관하러 들어온 손님들은 모두 놀랐다.
　　b. *进来参观客人都很吃惊。
③ a. 让他发言的时刻到了。
　　　그에게 발언을 시킬 때가 되었다.
　　b. *让他发言时刻到了。

셋째, 전치사구가 명사의 관형어가 될 때.

④ a. 关于中国历史的文章很多。
   중국 역사에 관한 글이 많다.
   b. *关于中国历史文章很多。

넷째, 형용사구 또는 형용사 중첩 형식이 관형어가 될 때.

⑤ a. 他是个非常认真的学生。
   그는 매우 성실한 학생이다.
   b. *他是个非常认真学生。
⑥ a. 她留着一条长长的辫子。
   그녀는 긴 머리를 땋은 채였다.
   b. *她留着一条长长鞭子。

다섯째, 상태사가 관형어가 될 때.

⑦ a. 那是一双冰凉的双手。
   그것은 차가운 두 손이었다.
   b. *那是一双冰凉双手。

여섯째, 지시대체사 '这样', '那样'이 관형어가 될 때.

⑧ 这样的学生无论如何都不能再留了。
   이런 학생은 어쨌든 더 이상 머물게 둘 수 없다.

(2) '的'를 사용하면 안 되는 경우.
일부 관형어와 중심어 사이에는 '的'를 쓸 수 없다. 대부분 수량사, '지시사+양사'가 명사의 관형어가 되는 경우이다.

① a. 来了<u>三个人</u>。
　　 세 명이 왔다.
　 b. *来了三个的人。
② a. <u>这本书</u>不错。
　　 이 책은 좋다.
　 b. *这本的书不错。

(3) 두 가지 모두 가능한 경우.

　반드시 '的'를 사용하거나 그렇지 않은 경우를 제외하면, 대부분 둘 다 사용이 가능하다. '的'의 사용 여부가 문장 성립에는 영향을 주지 않고 강조되는 초점만 달라져서, '的'를 사용하면 앞 단어에 대한 수식성, 소유성, 묘사성이 강화된다. 주로 아래 몇 가지 경우이다.

　단음절 형용사가 관형어일 때 '的'를 쓰지 않지만, 강조를 나타낼 때는 쓸 수 있다.

① a. 这是一本<u>新</u>书。
　　 이것은 새 책이다.
　 b. <u>新的</u>书送人，<u>旧的</u>书留下。
　　 새 책은 선물하고, 오래된 책은 남겨두어라.
② a. <u>红</u>花配绿叶。
　　 붉은 꽃과 어울리는 푸른 잎.
　 b. <u>红的</u>花好看。
　　 붉은 꽃이 예쁘다.

　이음절 형용사가 관형어가 될 때 '的'를 사용하지만, 일부 상용 형용사는 '的'의 사용이 자유롭다.

③ 她终于穿上了漂亮的婚纱。
　　그녀는 마침내 아름다운 웨딩드레스를 입게 되었다.
④ 幸福(的)生活才刚刚开始。
　　행복한 생활이 이제 막 시작되었다.

명사가 관형어가 될 때는 '的'의 사용 여부에 따라 의미가 달라질 수 있다. 비교해보자.

牛脾气	牛的脾气
황소고집	소의 성질
日本朋友	日本的朋友
일본인 친구	일본에 사는 친구
十斤西瓜	十斤的西瓜
수박 10근	10근짜리 수박

관형어가 인칭대체사이고 중심어가 친족 호칭이나 단체 기관을 나타내는 단어일 때('爸爸, 妈妈, 姐姐, 哥哥, 同学, 朋友' / '学校, 工厂, 单位, 国家' 등), 중간에 '的'를 삽입할 수는 있지만 보통 잘 쓰지 않는다. 중심어가 친족 호칭을 나타내지 않고 사물을 뜻하는 단어라면, '的'는 생략될 수 없다.

⑤ a. 这是我的朋友。　　　　b. 这是我朋友。
　　이 사람은 내 친구이다.
⑥ a. 这是我的书。　　　　　b. *这是我书。
　　이것은 내 책이다.
⑦ a. 他们的单位已经放假了。　b. 他们单位已经放假了。
　　그들 회사는 벌써 휴가이다.
⑧ a. 他的行李比我的重。　　　b. *他行李比我重。
　　그의 짐은 내 것보다 무겁다.

4. 다중 관형어의 순서

4.1 다중 관형어란? 다중 관형어는 몇 개의 유형으로 나누어질까?

수식구에 2개 혹은 그 이상의 관형어가 포함될 수 있다.

① <u>一双</u> <u>崭新的</u> <u>耐克牌</u> 运动鞋摆在他的桌子上.
　　새 나이키 운동화 한 켤레가 그의 책상 위에 놓여 있다.

이 관형어들은 모두 중심어와 '수식-피수식' 관계가 있으나, 관형어들 간에는 '수식-피수식' 관계가 없다. 이러한 관형어를 '다중 관형어'라고 한다.

```
干净    明亮的   房间         运动员的   健康   状况
깨끗하고 밝은     방           운동선수의  건강   상태
___1___(_)___   ___2___      ___1___   ___2_____
  3      4                              3     4
```

1—2 '관형어-중심어' 수식 관계　　1—2 '관형어-중심어' 수식 관계
3—4 병렬 관계　　　　　　　　　　3—4 '관형어-중심어' 수식 관계

'中国运动员的水平(중국 운동선수의 수준)'은 복잡해 보이지만 관형어는 1개이다. 관형어인 '中国运动员'만 다시 분석하면 '관형어-중심어' 수식구가 된다.

```
中国    运动员的   水平
___1___(_)___    __2__
  3      4
```

1—2 '관형어-중심어' 수식 관계
3—4 '관형어-중심어' 수식 관계

다중 관형어에는 3개 유형이 있다.

첫째, 병렬 관계의 다중 관형어. 이 관형어 사이에는 차등이 없으며, 병렬적으로 하나의 중심어를 수식한다.

① <u>老师和学生</u>的健康都很重要。
   교사와 학생의 건강은 모두 중요하다.
② 他们进行了<u>紧张而激烈</u>的比赛。
   그들은 긴장되고 격렬한 시합을 치렀다.

둘째, 점층 관계의 다중 관형어. 관형어들이 수식 관계에 있지 않고, 순차적으로 뒤의 중심어를 수식한다.

③ 我需要<u>新</u>的<u>汉语</u>课本。
   나는 새 중국어 교재가 필요하다.

셋째, 교차 관계의 다중 관형어. 병렬 관계 또는 점층 관계를 포함하는 다중 관형어이다.

④ 我想念<u>办公室</u>那张<u>既淡雅又舒适</u>的沙发。
   나는 사무실의 그 우아하면서도 편안한 소파가 그립다.

4.2 다중 관형어의 순서: '一件我的衣服'일까 '我的一件衣服'일까?

중심어 앞에 관형어가 여러 개 있으면 배열의 문제가 발생한다. 다중 관형어의 순서는 비교적 복잡한 문제이다. 가장 기본적인 규칙은 한정성 관형어가 묘사성 관형어 앞에 놓이는 것이다.

① a. 姐姐的那条漂亮长裙非常贵。[소유(한정성)+지시사+양사+성질/상태(묘사성)]
   언니의 그 예쁜 롱스커트는 매우 비싸다.
   b. *漂亮的姐姐的那条长裙非常贵。[*성질/상태(묘사성)+소유]
② a. 那所校园里的高大的树木都是他亲手培育的。[장소(한정성)+성질/상태]
   그 캠퍼스의 큰 나무는 모두 그가 직접 키운 것이다.
   b. *高大的那所校园里的树木都是他亲手培育的。[*성질/상태(묘사성)+장소]

상술한 기본 규칙 외에 아래 몇 가지 세부 규칙이 있다.
첫째, 관형어에서 소유를 나타내는 단어는 맨 앞에 출현한다.

① 她的那条红裙子。
   그녀의 그 붉은 치마.

둘째, '的'를 수반한 관형어는 그렇지 않은 관형어 앞에 놓인다.

② 漂亮的丝绸衬衫。
   아름다운 실크 셔츠.

셋째, 모두 한정성 관형어일 때, 중심어에서 먼 곳에서부터 가까운 순서는 다음과 같다: 소유+장소/시간+지시대체사/수량구

③ 我在南京的那位同学明天要来北京。[소유+장소+지시사+양사]
   南京에 있는 내 그 친구가 내일 北京에 올 예정이다.

이상은 다중 관형어 순서에 대한 대략적인 설명이다. 구체적인 언어 사용에서는, 화자의 언어 표현에 따른 다양한 조건 때문에 훨씬 복잡할 수 있다.

4.3 '县、省、市的领导'는 왜 잘못된 표현일까?

병렬 관계의 다중 관형어들은 차등 구분이 없어서 이론상으로는 어순에 제약이 없어야 한다.

① a. 美国和英国的先进技术　　b. 英国和美国的先进技术
　　　미국과 영국의 선진기술　　　　영국과 미국의 선진기술
② a. 又大又圆的苹果　　　　　b. 又圆又大的苹果
　　　크고 둥근 사과　　　　　　　　둥글고 큰 사과

그러나 실제로 병렬 관계의 다중 관형어는 관습, 인식 패턴, 화용 등의 요소로 인해 임의로 배열될 수 없다.

③ 我们一定要处理好<u>国家，集体与个人</u>的关系。[큰 범위에서 작은 범위로]
　　우리는 반드시 국가, 집단과 개인과의 관계를 잘 처리해야 한다.
④ <u>省、市、县</u>的领导都到了。[높은 단위에서 낮은 단위로]
　　省, 市, 县의 지도자들이 모두 왔다.
⑤ <u>男女</u>青年谈恋爱是天经地义的事情。[남자에서 여자로]
　　남녀 청년들의 연애는 아주 자연스러운 것이다.
⑥ <u>亲人，朋友和邻居</u>的意见她都听不进去。[가까운 관계에서 먼 관계로]
　　친척, 친구와 이웃의 의견을 그녀는 모두 새겨듣지 않았다.
⑦ <u>教学科研</u>工作都不能放松。[주된 것에서 부차적인 것으로]
　　교육과 연구 업무를 모두 소홀히 할 수 없다.
⑧ 你要做出一份<u>调查研究</u>计划。[시간적 선후]
　　당신은 조사 연구 계획서를 한 부 만들어야 한다.

4.4 "我参观了一个中国有历史意义的地方"은 왜 잘못된 문장일까?

점층 관계의 다중 관형어의 순서는 일정한 배열 규칙을 따라야 하는데, 대략 다음과 같다.

(1) '的'를 수반한 관형어는 그렇지 않은 관형어의 앞에 온다.

① a. 红色的旧毛衣　　　　b. *旧红色的毛衣
　　　붉은색의 낡은 스웨터
② a. 站在门口的小姑娘　　b. *小站在门口的姑娘
　　　입구에 서 있는 어린 소녀

그러나 두 가지 예외가 있다.

첫째, 수량구와 지시사 양사구가 관형어일 때 '的'를 수반하지 않았지만, '的'를 수반한 관형어 뒤나 앞에는 위치할 수 있다. 즉 아래의 두 가지 표현이 모두 가능하다.

① a. 刚买的一件衣服　　　b. 一件刚买的衣服
　　　방금 산 옷 한 벌
② a. 站在门口的那位姑娘　b. 那位站在门口的姑娘
　　　입구에 서 있는 저 소녀

둘째, 소유 관형어가 '的'를 수반하지 않을 때는 앞에 놓여야 한다.

③ a. 她最大的女儿　　　　b. *最大的她女儿
　　　그녀의 큰딸

"我参观了一个中国有历史意义的地方"의 오류문은 두 번째 규칙을 어겼으므로 다음과 같이 고쳐야 한다.

④ 我参观了<u>中国</u>一个有历史意义的地方。
　　나는 중국의 역사적 의미가 있는 장소를 둘러보았다.

4.5 "我的新的朋友的妈妈来了"는 왜 잘못된 문장일까?

모든 다중 관형어 뒤에 '的'를 사용하면, 문장이 길어지고 듣기에도 어색하다.

① *我的姐姐的新的包丢了。(我姐姐的新包丢了。)
　　(우리 누나의 새 가방을 잃어버렸다.)
② *我的朋友的最小的儿子参军了。(我朋友最小的儿子参军了。)
　　(내 친구의 막내아들이 입대했다.)

표현의 간결성을 위해, '的'를 수반하지 않아도 된다면 그러한 형식을 선택해야 한다.

③ *我的新的同屋叫张明。(我的新同屋叫张明。)
　　(나의 새 룸메이트는 张明이라고 한다.)

5. 관형어를 학습할 때 자주 출현하는 오류는?

학습자가 관형어를 학습할 때 범하는 오류는, 부사어나 보어에 비해 적은 편이다. 주로 아래 세 가지가 있다.

5.1 관형어의 어순 오류

① *我买了一本书毛泽东写的。(我买了一本<u>毛泽东写的</u>书。)
　　(나는 毛泽东이 쓴 책 한 권을 샀다.)

② *明天这儿要举行一个会议关于环境保护的。(举行一个关于环境保护的会议。)
(환경 보호에 관한 회의를 개최하다.)
③ *歌迷的周杰伦都来了。(周杰伦的歌迷都来了。)
(周杰伦의 팬들이 모두 왔다.)
④ *她是一个女孩很聪明很善良。(她是一个很聪明很善良的女孩。)
(그녀는 똑똑하고 착한 여자이다.)
⑤ *画在墙上是一张风景画。(墙上的画是一张风景画。)
(벽의 그림은 풍경화이다.)
⑥ *南边的教学楼是车库。(教学楼的南边是车库。)
(강의동의 남쪽은 주차장이다.)

이상은 관형어가 중심어 뒤에 놓인 오류이다. 다중 관형어의 어순 오류도 많은 편이다.

① *那家工厂生产了塑料的优质的很多产品。(那家工厂生产了很多优质的塑料产品。)
(그 공장은 많은 우수한 플라스틱 제품을 생산하였다.)
② *我很喜欢精美的那本我的汉语词典。(我很喜欢我那本精美的汉语词典。)
(나는 그 정교한 중국어 사전을 좋아한다.)
③ *一辆刚买来的我的自行车被偷走了。(我刚买来的一辆自行车被偷走了。)
(내가 막 사 온 자전거를 도난당했다.)

5.2 '的'의 누락 오류

일부 어구는 관형어일 때 뒤에 반드시 '的'를 붙여야 한다.

① *这样学生能学好。(这样的学生能学好。)
(이런 학생이 잘 배울 수 있다.)

② *她是我们班最好学生。(她是我们班最好的学生。)
　 (그녀는 우리 반에서 가장 뛰어난 학생이다.)
③ *高中时候她很漂亮。(高中时候的她很漂亮。)
　 (고등학교 때 그녀는 매우 예뻤다.)

5.3 '的'의 첨가 오류

일부 어구는 관형어일 때, '的'를 쓸 수 없다. 예를 들어 '这种, 那种, 很多' 등이다. 그러나 학습자는 이들 뒤에도 '的'를 사용한다.

① *这种的运动项目太激烈了。(这种运动项目太激烈了。)
　 (이런 운동 종목은 너무 격렬하다.)
② *我有很多的朋友。(我有很多朋友。)
　 (나는 친구가 많다.)
③ *上课的时她总是说话。(上课时她总是说话。)
　 (수업할 때 그녀는 항상 떠든다.)

6. 관형어 교육

학습자의 관형어 오류는 위의 세 가지로 나타나는데 그 중 '的'의 누락, 첨가 오류는 구조화하는 방법으로 해결할 수 있다. 예를 들어 '这种/那种+명사, 很多+명사, 동사+时', '这样/那样+的+명사, 동사구/명사구+的+명사, 동사+的+时候' 등이다.

가장 어려운 것은 다중 관형어의 순서이다. 일부 교재는 초급 단계에 이 내용을 수록한다. 그러나 다중 관형어문이 출현할 가능성이 작고 다양한 실례를 활용해야 하므로 중급 단계에서 가르쳐야 한다. 중급 단계는 문장 수정 연습을 수록할 수도 있다. 예:

这是一张照片。이것은 사진이다.

这是黑白照片。 이것은 흑백사진이다.
这是姐姐拍的照片。 이것은 누나가 찍은 사진이다.
→ <u>这是我姐姐拍的一张黑白照片。</u> 이것은 내 누나가 찍은 흑백사진이다.

학습자가 밑줄 친 부분처럼 고쳐 쓰도록 연습시킬 수 있다.

V. 부사어

1. 부사어 및 유형
   1.1 부사어란? 어떤 단어가 부사어가 될 수 있을까?
   1.2 부사어는 어떤 단어를 수식할 수 있을까?
   1.3 부사어와 중심어의 관계: 부사어의 의미 유형은?
   1.4 부사어의 분류: '묘사성 부사어'와 '한정성 부사어'란?
   1.5 부사어와 관형어의 구별: '充分de准备'에서 '充分'은 관형어일까 부사어일까?
2. 부사어와 '地'의 사용
3. 부사어의 위치와 다중 부사어의 순서
   3.1 부사어의 위치: "我到北京六点", "我学习汉语在首师大"는 왜 잘못된 문장일까?
   3.2 부사어와 주어: 부사어와 주어는 어떤 위치 관계가 있을까?
   3.3 다중 부사어: '已经昨天看过了'일까 '昨天已经看过了'일까?
   3.4 다중 부사어의 순서: "对个人对国家有利", "我们在咖啡馆明天见面"은 왜 잘못된 문장일까?
4. 부사어를 학습할 때 자주 출현하는 오류는?
   4.1 부사어의 어순 오류
   4.2 '地'의 누락 오류
   4.3 '地'의 첨가 오류
5. 부사어와 보어의 구별
6. 부사어 교육

1. 부사어 및 유형

1.1 부사어란? 어떤 단어가 부사어가 될 수 있을까?

부사어는 용언성 수식구 중에서도 수식 성분에 해당한다.

① 听了经理的话，大家都特别高兴。
   사장의 말을 듣고, 모두 아주 기뻐했다.
② 我今年不参加。
   나는 올해는 참가하지 않는다.

다양한 성분이 부사어가 될 수 있는데, 예를 들면 다음과 같다.
(1) 부사는 모두 부사어가 될 수 있다.

① 我们刚来到上海。
   우리는 막 上海에 왔다.
② 你的作业得重新做。
   네 과제는 다시 해야 한다.

그러나 부사어가 되는 품사는 부사에 국한되지 않는다.
(2) 형용사성 단어도 부사가 될 수 있다.

① 请快离开。
   얼른 떠나세요.
② 他非常生气地敲了下桌子。
   그는 매우 화가 나 책상을 쳤다.

(3) 상태사, 형용사의 중첩 형식도 부사어가 될 수 있다.

① 他傻乎乎地站在那儿一动不动。
   그는 바보같이 그곳에 앉아 꼼짝하지 않았다.
② 他舒舒服服地躺在沙滩上看书。
   그는 편안하게 모래사장에 누워 책을 보았다.

(4) 의성어도 종종 부사어가 된다.

① 窗外的小鸟叽叽喳喳叫个不停。
창밖의 아기 새가 짹짹거리며 계속 울었다.

(5) 시간, 장소를 나타내는 명사도 부사어가 될 수 있다.

① 明天见!
내일 봅시다!
② 屋里坐!
안으로 들어오세요!

(6) 전치사구도 부사어가 될 수 있다.

① 他对客人很热情。
그는 손님들에게 매우 친절하다.
② 我们按小时付费。
우리는 시간당 비용을 지급한다.

(7) 동작/시간량을 나타내는 수량구도 부사어가 될 수 있으나, 수사는 대부분 '一'이다.

① 他一口吞下一个包子。
그는 한입에 만두 하나를 삼켰다.
② 他们两年盖好了一座大楼。
그들은 2년간 큰 건물 한 동을 다 지었다.

(8) 동사 '有'가 포함된 일부 술목구도 부사어가 될 수 있지만, '地'를

수반해야 한다.

① 本学期我们有计划地开展了如下几项活动。
이번 학기 우리는 계획적으로 아래 몇 가지 행사를 추진했다.

(9) 구어체에서도 일반명사가 부사어가 되는 현상이 있다.

① 我们手机联系吧。
우리 휴대폰으로 연락합시다.
② 他们正在网络聊天。
우리는 현재 온라인으로 채팅 중이다.

이렇게 명사가 부사어로 쓰이는 경우는 모두 동작에 사용되는 도구를 나타내어, 이들 명사 앞에 '用'이나 '通过' 등의 전치사를 추가할 수 있다. 예를 들어 '手机联系'도 '用手机联系'로, '网络聊天'도 '通过网络聊天'으로 바꿔쓸 수 있다(상권 CHAPTER 2. Ⅱ. 명사 참고).

1.2 부사어는 어떤 단어를 수식할 수 있을까?

부사어의 수식을 받는 단어는 매우 많은데 대략 다음과 같다.

(1) 부사어는 주로 동사성 단어를 수식하는 데 쓰인다.

① 他刚毕业就结婚了。[1개 동사 수식]
그는 막 졸업하고 결혼했다.
② 她高兴地对我说。[부사어-중심어구 수식]
그녀가 기쁘게 내게 말했다.
③ 他很有意见。[술목구 수식]
그는 매우 불만이 있다.

④ 孩子开心地跳了起来。[술보구 수식]
　　아이가 신나서 펄쩍 뛰었다.

(2) 부사어는 형용사성 단어를 수식한다.

① 班长最漂亮。[1개 형용사 수식]
　　반장이 제일 예쁘다.
② 爸爸已经气得直跺脚了。[술보구 수식]
　　아버지는 이미 화가 나 발을 구를 정도였다.

(3) 부사어의 상태사 수식은 드물지만, 문학 작품에서 가끔 출현한다.

① 她的脸也红红的。
　　그녀의 얼굴도 불그스름하다.

(4) 명사를 수식할 수 있지만, 이것도 중국어 문법의 특징으로 구어체에서 많이 출현한다.

① 几年不见，都大姑娘了！
　　몇 년 동안 못 봤더니, 이제는 다 큰 소녀가 되었구나!
② 你才傻瓜！
　　너야말로 바보야!

명사를 수식하는 부사어는 모두 부사이다.
(5) 부사어는 또 수량사를 수식할 수 있다.

① 你那时才三岁。
　　너는 그때 겨우 세 살이었다.

② 她等了足足五个小时。
   그녀는 족히 5시간을 기다렸다.

수량사를 수식하는 부사어도 보통 부사이다.
(6) 부사어는 전체 문장을 수식할 수도 있다.

① 刚好, 我去的时候, 他们都在邻居家聊天。
   마침, 내가 갔을 때, 그들은 모두 이웃집에서 이야기 중이었다.
② 关于这个问题, 大家可以畅所欲言。
   이 문제에 관해서는, 모두 거리낌 없이 말할 수 있습니다.

1.3 부사어와 중심어의 관계: 부사어의 의미 유형은?

위에서 소개한 것과 같이 부사어가 될 수 있는 단어는 다양하다. 부사어의 문법 의미도 다양한데, 시간, 범위, 목적 등의 측면에서 중심어를 한정, 묘사할 수 있다. 부사어의 문법 의미는 아래 몇 개 유형이 있다.

(1) **시간, 빈도:** 上午开门 以前住北京 常常去
(2) **장소, 방향:** 在教室上课 屋里坐
(3) **대상:** 为群众着想 替孩子考虑 对他很热情
(4) **목적, 근거:** 为健康干杯 为了学费打工 按照法律办事
(5) **수량:** 一把抓住她 多次自杀 少去酒吧
(6) **범위:** 都来 一律取消 只喝红酒
(7) **반복:** 再说一遍 又哭了 重新调查
(8) **정도:** 非常喜欢 特别高兴 有点儿难过 更加聪慧
(9) **긍정, 부정:** 一定来 当然好玩儿 必定成功 不努力 没吃午饭 别动
(10) **비교, 비유:** 比她高 跟北京一样冷 像花儿一样漂亮
(11) **어기:** 竟然答应了 偏偏遇上大雪 居然停电

(12) 추측: 大概没来 未必如此 可能不行

(13) 양태, 방식: 慢慢走 彻底消失 笑嘻嘻地说

1.4 부사어의 분류: '묘사성 부사어'와 '한정성 부사어'란?

부사를 학습할 때 쉽게 범하는 오류가 부사어의 위치, '地'의 사용과 다중 부사어의 순서 등이다. 이 문제들은 부사어의 분류가 정확해야 설명이 쉬워지므로 먼저 부사어의 분류를 보자.

부사어는 기능에 따라, 크게 2개 유형으로 나눌 수 있다.

(1) 묘사성 부사어. 묘사성 부사어는 의미상으로 행위자에 대한 묘사와 동작에 대한 묘사로 나눌 수 있다.

행위자를 묘사하는 부사어는 주로 행위자가 동작 행위를 할 때의 표정, 태도 및 심리활동을 나타낸다. 주로 아래 단어들이 해당된다.

첫째, 형용사.

① 他兴奋地跑出去了。
그는 흥분해서 달려 나갔다.
② 她非常幸福地笑了笑。
그녀는 매우 행복하게 웃었다.

둘째, 상태사.

③ 班长美滋滋地拿出了成绩单。
반장이 득의양양하게 성적표를 꺼냈다.
④ 他大大方方地站到了台上。
그가 스스럼없이 단상 위에 섰다.

셋째, 동사성 성분.

⑤ 他怀疑地看着自己的老婆。
그는 의심쩍게 자기 부인을 바라보았다.
⑥ 他很有把握地说包在他身上了。
그는 아주 자신있게 자신이 맡겠다고 말했다.

넷째, 고정구.

⑦ 我们兴高采烈地玩了一天。
우리는 흥겹게 하루 종일 놀았다.

다섯째, 부사.

⑧ 他私自决定把这批货降价处理。
그가 혼자서 이 물품들을 떨이로 처리하기로 결정했다.

여섯째, 주술구.

⑨ 他脸色阴沉地批评了我们一顿。
그가 안색이 어두워진 채로 우리를 한차례 혼냈다.

동작을 묘사하는 부사어는 동작의 방식 등을 설명하는데, 주로 아래 단어들이 담당한다.

첫째, 형용사성 성분.

① 我想彻底了结。
나는 완전히 끝내고 싶다.
② 他仔细地检查了一遍。
그가 자세히 한 번 검사했다.

둘째, 의성어.

③ 雨哗哗地下了一整天。
비가 주룩주룩 하루 종일 내렸다.

셋째, 동사성 성분.

④ 她来回逛了几遍，也没看见那种款式。
그녀가 오며 가며 몇 번 둘러봤지만, 그런 디자인은 보지 못했다.

넷째, 수량구.

⑤ 她一把抓住了那个让她吃不下饭睡不着觉的孩子。
그녀는 자신을 밥도 못 먹고 잠도 못 자게 만든 그 아이를 덥석 잡았다.

다섯째, 명사성 성분.

⑥ 她大声地喊: "快走!"
그녀가 큰 소리로 외쳤다. "얼른 가!"

여섯째, 고정구.

⑦ 他滔滔不绝地讲了一个上午。
그가 장황하게 오전 내내 말했다.

일곱째, 양태부사.

⑧ 她断然回绝了他的要求。
그녀가 과감하게 그의 요구를 거절했다.

행위자와 동작을 묘사하는 부사어를 구별하는 일은 매우 중요한데, '地'의 사용 여부에도 영향을 줄 뿐 아니라 다중 부사어의 순서와도 관계가 있기 때문이다.

(2) 한정성 부사어. 한정성 부사어는 주로 시간, 장소, 범위, 대상, 목적 등의 측면에서 문장이나 서술어 성분을 한정하는 것으로, 묘사 기능이 없다. 한정성 부사어는 아래 몇 개 유형이 있다.

첫째, 시간. 주로 시간사, 부사와 전치사구이다. 예: 今天, 已经, 终于, 在……, 自……起.

둘째, 어기. 주로 부사이다. 예: 明明, 果然, 根本, 干脆, 显然, 毕竟, 居然.

셋째, 목적, 근거, 관련, 협력. 주로 전치사구이다. 예: 为……, 按……, 据……, 关于……, 和…….

넷째, 장소, 방향. 주로 장소사와 전치사이다. 예: ……上, 在……, 朝, 向, 往.

다섯째, 대상. 주로 전치사구이다. 예: 对……, 给……, 跟……, 为……, 替……, 同…….

여섯째, 부정, 정도, 반복, 범위. 주로 부사이다. 예: 不, 没, 很, 非常, 又, 再, 都.

1.5 부사어와 관형어의 구별: '充分de准备'에서 '充分'은 관형어일까 부사어일까?

관형어와 부사어는 모두 중심어 앞에서 수식 한정, 묘사하는 성분이다. 이들을 어떻게 구별할 수 있을까?

관형어와 부사어를 구분하려면 중심어, 수식어와 전체 수식 구조의 성격을 모두 고려하여 판단해야 한다.

(1) 중심어로 보면, 체언성 중심어 앞의 수식어는 보통 관형어이고 용언성 중심어(동사/형용사) 앞의 수식어는 부사어이다. 비교하면 아래와 같다.

A조	B조
他穿了<u>一件黑</u>大衣。	我们应该<u>认真</u>学习。
그는 검은 외투 한 벌을 입었다.	우리는 열심히 공부해야 한다.
她是<u>一个大大方方的</u>女孩。	那儿简<u>直</u>漂亮极了。
그녀는 시원시원한 여성이다.	그곳은 정말이지 너무 예쁘다.

위 A조의 중심어는 모두 명사이므로, 앞의 수식어는 모두 관형어이다. B조의 중심어는 모두 동사나 형용사로, 앞의 수식어는 모두 부사어이다.

(2) 수식어 성분으로 보면, 아래 A조와 같이 인칭대체사/명사가 소유 관계를 나타내는 수식어일 때는 중심어가 모두 관형어이다. 그러나 아래 B조와 같이 부사가 수식어가 될 때는 중심어가 모두 부사어이다.

A조	B조
<u>我</u>的词典借给小王了。	八点了，<u>才</u>三个学生。
내 사전은 小王에게 빌려 주었다.	8시인데 겨우 학생 세 명이다.
<u>张舒雅</u>的帮助使他度过了难关。	他<u>忽然</u>明白了。
张舒雅의 도움으로	그는 갑자기 이해했다.
그는 어려움을 극복했다.	

(3) 일부 경우에는 앞의 수식어나 뒤의 중심어만 보고는 관형어와 부사어를 구분할 수 없다. 예를 들어 '善意de批评, 周密de计划'에서 '善意'와 '周密'는 관형어일까 부사어일까? 이때는 구 전체의 성격과 문법 기능을

살펴봐야 한다. 구 전체가 문장에서 주어나 목적어로 쓰여 체언성을 띠면 수식어는 관형어이다. 그러나 서술어나 보어로 쓰여 용언성을 띠면 수식어는 부사어이다.

① 你应该虚心接受善意的批评。
　　당신은 겸허하게 선의의 비판을 받아들여야 한다.
② 周密的计划和有效的执行是迈向成功的阶梯。
　　세밀한 계획과 효과적인 집행은 성공으로 향하는 계단이다.
③ 大家都要做好充分的心理准备。
　　여러분은 모두 충분히 마음의 준비를 해야 합니다.

위의 밑줄 친 수식구에서 중심어 '批评, 计划, 准备'는 동사지만, 전체 구는 문장에서 주어 또는 목적어로 체언성이다. 따라서 예문①—③의 수식어는 관형어이며 부사어가 아니다.

④ 老人善意地批评了她几句。
　　노인이 그녀에게 선의로 몇 마디 비판을 했다.
⑤ 我们应该周密地计划一下这次的行程。
　　우리는 꼼꼼하게 이번 여정을 계획해야 한다.
⑥ 你们要充分地准备好应聘材料。
　　너희는 채용 응시 자료를 제대로 준비해야 한다.

위의 예는 중심어 '批评, 计划, 准备'가 동사이지만 구 전체가 문장의 서술어가 되는 서술어성 구조이며, 그 앞의 수식어는 모두 부사어이다.
결론적으로, 관형어와 부사어는 대략 아래와 같이 정의할 수 있다.
"체언성 구에서 수식어는 관형어이다."
"용언성 구에서 수식어는 부사어이다."

2. 부사어와 '地'의 사용

구조조사 '地'는 부사어 표지이나 부사어 뒤에 반드시 '地'를 써야 할 때도 있고, 그렇지 않을 때도 있다. 부사어와 중심어 사이에 '地'를 추가하는 문제는 매우 유동적인 것처럼 보인다. 따라서 학습자가 어려움을 느끼고 오류가 발생하게 된다.

① *她病了，老师亲自地给她做饭。

아래에서 상황별로 살펴보자.
부사의 성격으로 보면,
(1) 한정성 부사어 뒤에는 보통 '地'를 쓰지 않는다.

① 我已经习惯了这儿的生活。[시간]
  나는 이미 이곳의 생활에 적응했다.
② 我们对这本书都很感兴趣。[대상, 범위, 정도]
  우리는 이 책에 대해 모두 관심이 많다.
③ *周末我常常地去爷爷家。
④ *她的确地学过法语。

이음절 정도부사 뒤에는 보통 '地'를 쓰지 않지만, 강조 수식할 때는 사용이 가능하다.

⑤ 今天爸爸格外地高兴。
  오늘 아빠가 유난히 기뻐하셨다.

(2) 행위자를 묘사하는 부사어 뒤에는 '地'를 써야 한다.

① 她吃惊地问: "真的是你吗?"
그녀가 놀라며 물었다. "정말 당신인가요?"
② 他骄傲地看着自己的孩子。
그가 자랑스럽게 자신의 아이를 바라보았다.

그러나 단음절 형용사가 부사어가 될 때는 보통 '地'를 쓰지 않는다.

③ 你别傻站着。
멀뚱히 서있지 말아요.

(3) 동작, 변화를 묘사하는 부사어는 '地'의 사용 여부가 복잡한데, 일반적으로는 쓰지 않지만 묘사를 강조할 때는 쓸 수 있다.

① 妈妈把信仔细(地)看了一遍。
엄마가 편지를 자세히 한 번 읽어보셨다.

부사어가 되는 단어로 보면,
(1) 단음절 형용사 뒤에는 보통 '地'가 출현하지 않는다.

① 快走几步, 行吗?
얼른 몇 걸음만 갈 수 있나요?

이음절 형용사가 부사어가 될 때 '地'의 사용 여부는 자유로운 편으로, 일반적으로는 쓰지 않지만 강조할 때는 쓸 수 있다. 이미 발생한 동작을 나타낸다면, 보통은 '地'를 써야 한다.

② 你再仔细看一遍!
다시 한번 자세히 보세요!

③ 你再认真地找一遍!
다시 한번 제대로 찾아보세요!
④ 他把文件仔细地看了一遍。
그는 문서를 한 번 자세히 보았다.
⑤ 他又认真地找了一遍。
그는 또 한 번 제대로 찾아보았다.

다음절 형용사, 형용사 중첩 형식, 상태사가 부사어가 될 때는 '地'를 써야 한다.

⑥ 她手舞足蹈地向我们讲述了自己的光辉历程。
그녀는 기뻐서 우리에게 자신의 영광의 역사를 이야기 해주었다.
⑦ 孩子孤零零地待在家里，怪可怜的。
아이가 외롭게 집에 있으니, 정말 불쌍하다.

(2) 부사가 부사어일 때는 보통 '地'를 쓰지 않지만, 이음절 부사가 문두에 오면 '地'를 써야 한다.

① 她渐渐明白了父母的苦心。
그녀는 점차 부모의 고심을 이해하였다.
② 渐渐地，她变了。
점차, 그녀는 변했다.

(3) 수량구가 부사어가 될 때 보통 '地'를 쓰지 않지만, 수량구 중첩 형식이 부사어가 될 때는 '地'를 쓸 수도 있고 그렇지 않을 때도 있다.

① 一下子来了好几百人。
갑자기 몇백 명이 왔다.

② 书要一本一本地看，饭要一口一口地吃。
　　책은 한 권씩 봐야 하고, 밥은 한 입씩 먹어야 한다.

(4) 단음절 의성어가 부사어가 될 때 보통 '地'를 사용하는 반면, 다음절 의성어는 '地'의 사용이 자유롭다.

① 杯子砰地掉在地上。
　　잔이 쿵 하고 땅에 떨어졌다.
② 有短信来了，手机滴滴(地)响。
　　문자가 와서, 휴대폰이 지잉 울렸다.

(5) 구가 부사어가 될 때는 '地'를 사용한다.

① 政府打算有计划地发展西部经济。
　　정부는 계획적으로 서부 경제를 발전시킬 예정이다.
② 我们非常激动地向冠军表示祝贺。
　　우리는 매우 기쁘게 우승자에게 축하를 전합니다.

그러나 '很少, 很难, 不难, 很容易, 不容易' 등의 뒤에는 '地'를 사용할 수 없다.

③ 我很少见到那种情况。
　　나는 그런 상황을 거의 못 봤다.
④ 春天人们很容易感冒。
　　봄에 사람들은 감기에 걸리기 쉽다.

3. 부사어의 위치와 다중 부사어의 순서

3.1 부사어의 위치: "我到北京六点", "我学习汉语在首师大"는 왜 잘못된 문장일까?

모든 부사어는 중심어 앞(주어 앞 포함)에 출현해야 한다.

① 我<u>六点</u>起床。
  나는 6시에 일어난다.
② 我<u>在首师大</u>学习汉语。
  나는 首师大(수도사범대)에서 중국어를 공부한다.
③ 你<u>别</u>这么说。
  그렇게 말하지 마세요.

학습자는 부사어를 중심어 뒤에 놓는 오류를 범한다.

④ *我起床<u>六点</u>。
⑤ *我学习汉语<u>在首师大</u>。
⑥ *你别说<u>这么</u>。

특수한 경우에, 부사어가 중심어 뒤에 놓일 수도 있다.

⑦ 我不喜欢他们的为人，<u>真的</u>。
  나는 그의 사람됨이 싫다, 정말로.
⑧ 她来找过你，<u>刚才</u>。
  그녀가 널 찾아왔어, 방금.

이런 현상은 구어체에 출현하지만, 매우 드물다.

3.2 부사어와 주어: 부사어와 주어는 어떤 위치 관계가 있을까?

부사어는 동사, 형용사의 앞에 출현한다. 구체적으로 말하면 주어 앞과 뒤의 2개 위치이다. 대부분 부사어는 주어 뒤에만 출현하지만 일부 부사어는 주어 앞에만 출현할 수 있으며, 앞뒤에 모두 출현할 수도 있다. 부사어의 위치를 결정하는 요소는 주로 부사어가 되는 단어의 기능과 품사이다. 아래에서 나누어 설명해보자.

(1) 주어 앞에만 출현 가능한 부사어는 주로 '关于, 至于'로 이루어진 전치사구이다.

① 我只知道要出去, 至于去哪儿, 我可不知道。
나는 나가는 것만 알지, 어디 갈지는, 나는 모른다.
② 关于考试, 我们还没有作出安排。
시험에 대해, 우리는 아직 계획을 하지 않았다.

(2) 주어 뒤에만 출현 가능한 부사어는 아래 몇 가지가 있다.
첫째, 어기부사와 일부 시간부사를 제외한 부사.

① 我们已经明白怎么回事了。
우리는 이미 어떻게 된 일인지 이해했다.
② 十年不见, 我简直认不出你了。
10년간 안 봤더니, 나는 정말로 너를 몰라봤다.

둘째, '把, 被, 叫, 给, 替, 为, 往, 离' 등의 전치사 구조.

③ 那孩子被车撞倒了。
그 아이가 차에 치였다.
④ 我替你买了一份礼物。
내가 당신을 위해 선물을 하나 샀어요.

⑤ 我们往左拐。
   우리는 왼쪽으로 턴합시다.

셋째, 시간명사와 장소명사.

⑥ 我们屋里谈。
   우리 집 안에서 이야기해요.
⑦ 大家春节见!
   모두 설날에 만나요!

(3) 주어 앞이나 뒤에 모두 출현할 수 있는 부사는 아래 몇 개 유형이 있다.

첫째, 시간/어기 부사로 '忽然, 原先, 起初, 马上, 一时/的确, 确实, 幸亏, 难道' 등이다.

① a. 忽然她停住了脚步。
     갑자기 그녀가 발걸음을 멈추었다.
   b. 她忽然停住了脚步。
     그녀가 갑자기 발걸음을 멈추었다.
② a. 难道你们都没有意见吗?
     설마 여러분은 모두 의견이 없나요?
   b. 你们难道都没有意见吗?
     여러분은 설마 모두 의견이 없나요?

둘째, 대부분 수사- 전치사 구조이다.

③ a. 不到六点, 大家就到齐了。
     6시가 안 되어 모두 도착했다.

b. 大家<u>不到六点</u>就到齐了。
　　　　모두 6시가 안 되어 도착했다.
④ a. <u>在树下</u>，大家一边乘凉一边聊天。
　　　나무 아래에서, 사람들이 바람을 쐬며 이야기했다.
　　　b. 大家<u>在树下</u>一边乘凉一边聊天。
　　　　사람들이 나무 아래에서 바람을 쐬며 이야기했다.

이 부사들은 주로 한정성을 지니며 주어 뒤에 출현한다. 주어 앞에 출현한다면 보통 다음의 이유 때문이다.
　첫째, 부사어 강조.

① <u>突然</u>，房间里一片寂静。
　　갑자기, 방 안이 고요해졌다.
② <u>在家里</u>，我根本没有时间看书。
　　집에서 나는 책을 볼 시간이 아예 없다.

둘째, 하나 이상의 절을 수식할 때.

③ <u>大学毕业后</u>，她留在了北京，找到了一份好工作，结了婚，生了孩子。
　　대학 졸업 후, 그녀는 北京에 남아, 좋은 직장을 구하고, 결혼하고, 아이를 낳았다.
④ <u>在乡下</u>，孩子可以上山摘果子，可以下河捉鱼。
　　시골에서, 아이는 산에 올라 열매를 따고, 강에서 고기를 잡을 수 있었다.

셋째, 선행절에 이어 연결 기능을 할 때.

⑤ <u>那天他很晚才睡</u>。<u>第二天</u>他起晚了。
　　그날 그는 늦게서야 잠이 들었다. 이튿날 그는 늦게 일어났다.

⑥ 学生每天上午上四节课。<u>除了上课以外</u>，他们有时也会参加社会实践活动。
학생들은 매일 오전 4교시의 수업을 듣는다. 수업 외에, 그들은 가끔 사회 실천 활동에 참여하기도 했다.

넷째, 부사어 구조가 복잡하거나 음절이 많을 때는 주어 앞에 놓인다.

⑦ <u>对每一个来寻求帮助的人</u>，我们都要热情接待。
도움을 요청하는 모든 이들에게, 우리는 모두 친절하게 대해야 한다.

다섯째, 각기 다른 시간이나 조건에서 발생한 일을 비교, 나열할 때.

⑧ <u>在工作上</u>，他是一丝不苟，可<u>在生活上</u>他真的是个马大哈。
일에 있어, 그는 조금도 빈틈이 없지만, 생활에 있어 그는 정말 덜렁댄다.

3.3 다중 부사어: '已经昨天看过了'일까 '昨天已经看过了'일까?

이것은 다중부사어의 앞뒤 순서 문제와 관련된다. 그렇다면 무엇이 다중부사어일까? 다중부사어에는 어떤 유형이 있을까?

다중부사어는 하나의 중심어 앞에 2개 혹은 그 이상의 부사어가 출현하는 것을 말한다. 예를 들어, '正在努力学习'는 '正在'와 '努力'의 2개 부사어를 포함한다.

正在　　努力　　工作
　1　　　2
　　　　　3　　　4

1—2 '부사어 – 중심어' 수식 관계
3—4 '부사어 – 중심어' 수식 관계

그러나 '很努力地工作'는 부사어가 '很努力' 1개만 출현하기 때문에 다중 부사어구가 아니다.

다중 부사어는 병렬 관계, 점층 관계와 교차 관계의 3개 유형으로 나눌 수 있다.

첫째, 병렬 관계의 다중 부사어: 부사어간에 차등이 없고 똑같이 중심어를 수식하며, 앞뒤 순서가 자유롭다. '地'를 써야 할 때 보통 가장 마지막 부사어 뒤에 사용한다.

① 他们认真仔细地检查着自己的作业。
그들은 진지하고 꼼꼼하게 자신들의 과제를 검토하고 있다.

둘째, 점층 관계의 다중 부사어. 여러 개의 부사어가 서로 수식하는 것이 아니라, 일정한 순서대로 뒤의 중심어를 수식한다. 각 부사어는 의미상으로 모두 수식 관계이다.

② 这孩子从来不乱扔东西。
이 아이는 지금껏 물건을 함부로 버리지 않았다.

셋째, 교차 관계의 다중 부사어. 병렬 관계도 포함하고, 점층 관계도 포함하는 다중 부사어를 말한다.

③ 这个制度对国家对个人都很有好处。
이 제도는 국가와 개인에게 모두 좋은 점이 많다.

3.4 다중 부사어의 순서: "对个人对国家有利", "我们在咖啡馆明天见面"은 왜 잘못된 문장일까?

이론적으로 보면 병렬 관계의 다중 부사어 간에는 차등이 없어 순서가

자유로워야 한다. 그러나 관습, 논리 관계 등의 이유로 일부 다중 부사어
는 반드시 일정한 순서로 배치해야 한다.

① <u>对个人对学校对国家</u>都有利 [작은 것에서 큰 것으로]
   개인, 학교와 국가에 모두 이익이다.
② <u>对国家对学校对个人</u>都有好处 [큰 것에서 작은 것으로]
   국가, 학교와 개인에게 모두 도움이 된다.

다중 부사어의 순서를 학습할 때 가장 틀리기 쉬운 것은 점층 관계의
다중 부사어이다. 그래서 오류 비율이 훨씬 높다.

① *主席一进来，大家都就站起来了。(……大家<u>就都</u>站起来了。)
   (……바로 모두 일어섰다.)
② *妈妈嘱咐我要一定注意身体。(妈妈嘱咐我<u>一定要</u>注意安全。)
   (어머니가 반드시 안전에 주의하라고 말씀하셨다.)
③ *我们在公园常常看书。(我们<u>常常在公园</u>看书。)
   (우리는 종종 공원에서 책을 본다.)
④ *那个人朝我们马上走来。(那个人<u>马上朝我们</u>走来。)
   (그 사람이 곧바로 우리를 향해 걸어왔다.)
⑤ *我对妈妈很高兴地说："我们北京见。"(我<u>很高兴地对妈妈</u>说……)
   (나는 기뻐서 엄마에게 말하길……)

卢福波(1996), 刘月华等(2001), 陆庆和(2006)에 따라, 주어 뒤에 오는
점층 관계의 다중 부사어 순서 규칙을 아래와 같이 정리할 수 있다.

① 시간 부사어
② 어기, 접속을 나타내는 부사어
③ 행위자를 묘사하는 부사어

④ 목적, 근거, 원인, 협력, 방식 등을 나타내는 부사어
⑤ 빈도, 범위 등을 나타내는 부사어
⑥ 장소, 공간, 방향, 경로를 나타내는 부사어(보통 전치사 구조)
⑦ 대상을 나타내는 부사어(보통 전치사 구조)
⑧ 동작을 묘사하는 부사어

선형적으로 배열하면 다음과 같다.

　　①　　　②　　　　③　　　　　　④
시간――어기/접속――행위자 묘사――목적/근거/관계/협력
　　　　⑤　　　　　⑥　　　　　⑦　　　⑧
――빈도,범위――장소/공간/방향/노선――대상――동작 묘사. 예:

她 刚才 气呼呼地 把那个孩子 狠狠地 批评了一顿。
　　①　　③　　　　　⑦　　　⑧
그녀는 방금 화가 나서 그 아이를 매섭게 혼냈다.
他们 刚才 都 在教室里 认真地 讨论着。
　　　①　⑤　　⑥　　　　⑧
그들은 방금 모두 교실에서 진지하게 토론 중이었다.
她 兴奋地 从信箱里 把信 拿出来。
　　③　　　⑥　　　⑦
그녀는 흥분해서 우체통에서 편지를 꺼냈다.

다중 부사어의 어순은 유동적일 수 있다. 예를 들어, 장소를 나타내는 '在……', '从……'과 시간 부사가 서로 앞뒤로 위치할 수 있다.

① a. 他在国内已经结婚了。
　　　그는 국내에서 이미 결혼했다.

b. 她<u>已经在国内</u>结婚。
　　　　그녀는 이미 국내에서 결혼했다.
　② a. 听了这话，奶奶<u>从床上忽然</u>坐了起来。
　　　　그 말을 듣고 할머니는 침대에서 갑자기 일어나 앉으셨다.
　　　b. 听了这话，奶奶<u>忽然从床上</u>坐了起来。
　　　　그 말을 듣고 할머니는 갑자기 침대에서 일어나 앉으셨다.

그밖에 몇 가지 유의할 점은 다음과 같다.
(1) 한 문장에서 시간 부사어가 동시에 여러 개 출현하면, 그 순서는 '시간명사+전치사구+부사' 순이다.

　① 她<u>昨天从下午四点一直</u>睡到天亮。
　　　그녀는 어제 오후 4시부터 줄곧 날이 밝을 때까지 잤다.
　② 我<u>昨天已经</u>说过了。
　　　내가 어제 이미 말했다.

(2) 한 문장에 동작을 묘사하는 부사어가 두 개 출현하면 음절 수가 많은 단어가 앞에, 적은 단어가 뒤에 온다.

　① 他<u>一件一件地重新</u>检查了一遍。
　　　그는 한 건 한 건 다시 한번 검사했다.

(3) 부정, 반복, 정도를 나타내는 부사의 순서는 문장 구조와 관련이 있다. 이 유형의 부사어는 의미상으로 중심어와 직접 관계가 없을 수도 있는데, 만일 중심어를 수식한다면 그에 가깝게 위치한다.

　① 演播室里<u>一直十分</u>热闹。
　　　방송 스튜디오 안은 늘 매우 활기차다.

만일 구를 수식하면, 그 앞에 놓인다.

② 他又一夜没睡。
그는 또 밤새 자지 못했다.

(4) 범위를 나타내는 부사 '都, 全' 등은 총괄하는 성분 뒤에 놓아야 한다.

① 我们都非常喜欢他。
우리는 모두 그를 매우 좋아한다.
② 他们全举手投降了。
그들은 모두 손을 들어 투항했다.

(5) 시간, 지점을 나타내는 부사의 순서는 큰 것에서 작은 것, 전체에서 부분의 순으로 나열한다.

① 我星期六下午四点在公园门口等你。
내가 토요일 오후 4시에 공원 입구에서 기다릴게.

(6) 어기부사는 보통 다른 부사보다 앞쪽에 놓인다.

① 他竟然半夜从窗户上爬出来了。
그가 정말 야밤에 창문으로 도망쳐 나왔다니.
② 你到底已经买了没有?
도대체 이미 샀어요? 안 샀어요?
③ 他当然也不想就此罢休, 可有什么办法呢?
그도 물론 이렇게 관두고 싶지 않았지만, 무슨 방법이 있겠어요?

(7) 부사 '也'는 보통 '都, 不, 没' 앞에 놓인다.

① 我走，他们也都跟着走了。
   내가 가니, 그들도 모두 따라서 갔다.
② 你不去，我们也不去了。
   네가 안 가면, 우리도 안 갈 것이다.
③ 他们没有上当受骗，我们也没相信那个人。
   그들은 속지 않았지만, 우리도 그 사람을 믿지 않았다.

4. 부사어를 학습할 때 자주 출현하는 오류는?

학습자가 부사어를 사용할 때 가장 빈번하게 발생하는 오류로는, 아래 몇 가지 유형이 있다.

4.1 부사어의 어순 오류
첫째, 시간/장소부사의 어순 오류.

① *曾经他帮助过我。(他曾经帮助过我。)
   (그는 일찍이 나를 도와준 적 있다.)
② *常常老师帮助我们。(老师常常帮助我们。)
   (선생님은 자주 우리를 도와주신다.)
③ *到处北京都是自行车。(北京到处都是自行车。)
   (北京은 사방이 모두 자전거이다.)

이 오류들은 한국어를 모국어로 하는 학습자에게서 출현한다. 한국어에서 시간/장소부사의 위치는 자유로운 편으로 문두, 문장 중간이나 문미에 모두 출현할 수 있다.

둘째, 부정부사의 어순 오류.

① *我不想他会来。(我想他不会来。)
(나는 그가 오지 않을 것으로 생각한다.)
② *我们从大门没有出发。(我们没有从大门出发。)
(우리는 대문에서 출발하지 않았다.)

부정부사 '不', '没有'는 부정하는 단어 앞에 놓아야 한다. 예를 들어 "我想他不会来"에서 '不'의 부정은 '会来'이지 '想'을 부정하는 것이 아니므로, 목적어가 되는 절 앞에 놓아야 한다. "我们没有从大门出发"에서 '没有'가 부정하는 것은 '从大门'이지 '出发'를 부정하는 것이 아니므로, '从大门' 앞에 놓아야 한다.

셋째, 다중 부사어의 어순 오류.

다중 부사어의 순서는 복잡하고 유동적이어서 다양한 오류가 발생한다.

① *我每天吃早饭在食堂。(我每天在食堂吃早饭。)
(우리는 매일 식당에서 아침을 먹는다.)
② *他们从上海昨天刚赶来。(他们昨天刚从上海赶来。)
(그들은 어제 막 上海에서 서둘러 왔다.)

시간, 장소 부사어가 함께 출현할 때 장소 부사어는 동사(구)와 시간 부사어 사이에 위치해야 한다.

① *我看到他们向公园兴高采烈地跑去刚才。(他们刚才兴高采烈地向公园跑去。)
(그들은 방금 신나게 공원으로 뛰어갔다.)
② *姐姐对儿子激动地忽然说: 太好了!(姐姐忽然激动地对儿子说: 太好了!)
(언니가 갑자기 감격스러워하며 아들에게 말했다. "너무 잘됐다!")

이 오류는 행위자를 묘사하는 부사어와 동작을 묘사하는 부사어의 위치를 제대로 파악하지 못해 발생한 것이다. 행위자를 묘사하는 부사어가 동작을 묘사하는 부사어 앞쪽에 놓여야 한다.

4.2 '地'의 누락 오류

① *他高高兴兴跑出去了。(他高高兴兴地跑出来。)
   (그가 기쁘게 달려 나왔다.)
② *她非常激动告诉我……(她非常激动地告诉我……)
   (그녀가 매우 감격스러워하며 나에게 알려주길……)
③ *班长兴奋说"我们班赢了!"(班长兴奋地说……)
   (반장이 흥분해서 말하길……)

앞에서 분석한 것처럼 일부 부사어는 뒤에 반드시 '地'를 붙여야 하며, 특히 행위자를 묘사하는 부사어와 다음절 부사어 뒤에는 '地'를 써야 하지만 학습자는 이 점을 자주 놓치게 된다.

4.3 '地'의 첨가 오류

① *我觉得游泳很难地学会。(我觉得游泳很难学会。)
   (내 생각에 수영은 배우기 정말 어렵다.)
② *他考试的时候很少地出错。(他考试的时候很少出错。)
   (그는 시험 볼 때 거의 실수를 하지 않는다.)

'地'를 쓸 수 없는 부사어는 '很少, 很容易, 很难' 등이 있는데, 학습자는 이때도 '地'를 사용하는 오류를 범한다.

5. 부사어와 보어의 구별

　동일한 단어가 부사어가 될 때와 보어가 될 때 표현하는 의미는 어떻게 다를까? 학습자가 어려움을 느끼는 것은 주로 형용사와 장소사이다. 예를 들어 설명하면 다음과 같다.
　(1) 일부 형용사가 부사가 될 때는 행위자가 어떤 동작을 하는 상황을 묘사하고, 보어가 될 때는 동작 이후 행위자의 상황을 묘사하여 그 상황과 동작 사이에 인과 관계가 존재한다.

① a. 他激动地说
　　　그가 기뻐서 말하길
　b. 他说得很激动。
　　　그가 매우 기쁘게 말했다.
② a. 奶奶伤心地讲完了她的童年。
　　　할머니는 가슴 아프게 그녀의 유년 시절을 이야기했다.
　b. 奶奶讲得很伤心。
　　　할머니는 매우 가슴 아프게 말씀하셨다.

　부사어일 때 이 동작은 발생하지 않을 수도, 발생한 것일 수도 있지만, 보어일 때는 이미 발생한 동작에 대한 평가나 기술이 된다. 유의할 부분은 이렇게 상태보어를 수반한 동작은 이미 발생한 것이며, 발생하지 않았다면 보어 형식으로 나타내지 않는다(청유문은 제외).
　또 형용사가 부사어가 될 때 문장 전체의 의미 중점은 동사에 놓이는 반면, 보어의 의미 중점은 보어 자체에 있다.

③ 孩子们响亮地回答: "可以!"
　아이들이 우렁차게 대답했다. "좋아요!"

④ 孩子们回答得很响亮。
　　아이들의 대답이 매우 우렁차다.

일부 단음절 형용사가 부사어가 될 때는 청유, 명령, 제안 등을 나타내고, 보어가 될 때는 반드시 '一点儿'을 붙여야 하며 의미도 다르다. 직접 보어가 되면, 어떤 기준을 초과하여 적합하지 않음을 나타낸다. 예:

快走!	走快点儿!	走快了。
얼른 가세요!	빨리 걸으세요!	걷는 게 빠르다.
多吃点儿!	?吃多点儿!	吃多了。
많이 드세요!		많이 먹었습니다.

물론 다수의 형용사는 동시에 같은 동사의 부사어와 보어가 될 수 없다.

⑤ 他睡眼惺忪地看着我。
　　그가 졸린 눈으로 나를 바라보았다.
⑥ *他看得睡眼惺忪。

(2) 장소구(예: '在+명사') 부사어일 때는 동작이 진행되는 장소를 나타내며, 행위자가 그 장소에 있거나 없을 수도 있음을 나타낸다.

① 他在墙上画画。
　　그가 벽에 그림을 그린다。
② 她在心里记着这件事。
　　그녀는 마음속으로 이 일을 기억하고 있다.

따라서 동작이 진행되고 난 후의 장소이지 동작이 진행된 장소가 아니라면, 보어로만 출현할 수 있고 부사어는 될 수 없다.

③ a. 孩子把书包扔在了床上。
　　아이가 책가방을 침대에 던졌다.
　b. *孩子在床上扔书包。

마찬가지로 동작이 진행된 장소이고, 진행된 이후의 장소가 아니라면 부사어만 될 수 있고 보어로는 사용할 수 없다.

④ a. 他在心里暗暗地想。
　　그는 마음속으로 조용히 생각했다.
　b. *他暗暗地想在心里。

결론적으로, 보어가 나타내는 상태와 동작 사이에는 인과 관계가 있지만, 부사어와 동작 사이에는 이 같은 인과 관계가 없다.

6. 부사어 교육

부사어를 가르칠 때 아래 몇 가지에 유의해야 한다.
(1) 구조화하여 부사어의 위치를 강조한다. 예를 들어 '주어+시간+무엇을 하는지', '주어+어디에서+무엇을 하는지', '주어+시간+어디에서+무엇을 하는지' 등이다.
(2) 단계별 교육을 통해 다중 부사어의 순서를 습득시킨다. 먼저 하나의 시간 부사어부터 시작해서 장소 부사어, 범위 부사어 등까지 확장한다. 중급 단계에서는 집중적으로 다중 부사어의 순서를 연습한다. 앞에서 말한 것처럼 다중 부사어의 순서는 어려운 문법 항목이어서 오류 비율이 높지만, 현행 교재는 대부분 중요한 문법 항목으로 여기지 않는다. 따라서 중급 단계에서는 몇 가지 포인트를 가지고 다중 부사어의 순서를 집중적으로 가르쳐야 한다. 대화 확장 연습을 통해 다중 부사어의 순서를 익힐

수 있다. 다중 부사어의 구조가 복잡하기 때문에 학습자가 기억하기 어려울 수 있으므로, 확실히 설명한 후에 대화 확장 연습을 해야 한다. 예:

老师: 颜温助, 周末你要去哪儿?
교사: 颜温助, 주말에 어디 가요?
学生: 我去天安门。[周末我要去天安门。]
학생: 저희 천안문에 갑니다. [주말에 나는 天安门에 간다.]
老师: 你和谁一起去?
교사: 누구랑 가나요?
学生: 我和吴善荣一起去[天安门]。
학생: 저와 오선영이 [天安门에] 함께 갑니다.
老师: 你们怎么去?
교사: 어떻게 갈 거예요?
学生: 我和他一起打的去[天安门]。
학생: 저는 그와 함께 [天安门에] 택시를 타고 갑니다.
老师: 你们几点去?
교사: 몇 시에 갈 거예요?
学生: 我们早上八点去[天安门]。
학생: 저희는 아침 8시에 [天安门에] 갑니다.

불필요하거나, 실제 같지 않은 느낌을 줄이기 위해서 [ ] 안의 내용은 말하지 않아도 된다. 그러면 학습자에게 말할 기회를 더 줄 수 있고, 실제 대화에도 가깝게 된다. 또 수정 연습을 통해 추가로 연습할 수도 있다. 예:

他去广州了。
그는 广州에 갔다.
他昨天上午去的。
그는 어제 오후에 갔다.

他坐火车去的。

그는 기차를 타고 갔다.

他和经理一起去的。

그는 사장과 함께 갔다.

→ 他昨天上午和经理一起坐火车去广州了。

그는 어제 오전 사장과 함께 기차를 타고 广州에 갔다.

밑줄 친 곳이 학습자가 다시 써야 하는 문장이다.

VI. 삽입어

> 1. 삽입어란? 삽입어의 기능은?
> 2. 상용 삽입어는 어떤 유형이 있을까?

1. 삽입어란? 삽입어의 기능은?

앞서 이야기한 6개의 문장 성분 외에 삽입어가 있다. 삽입어는 문장에서 특수한 성분이다. "삽입어는 문장 성분이 아니며 문장의 다른 성분과도 구조 관계가 발생하지 않는다. 문장에서의 위치도 자유로워, 문두나 문미 또는 서술어 앞에 위치한다. 표현 기능으로 봤을 때 삽입어는 전체 문장에서 빼놓을 수 없는 의미 표현 성분이다(邢红兵 2005)."

삽입어는 통사 구조상으로는 필요하지 않으나 담화, 의미 표현에서 특수한 기능을 하는데, 주로 의미 표현과 담화 연결 기능이다.

2. 상용 삽입어는 어떤 유형이 있을까?

선행연구에서 삽입어에 대한 여러 분류가 있지만, 여기에서는 의미 기능에 따라 삽입어를 7개 유형으로 분류할 것이다(刘月华 2004).

(1) 화자의 주관적 관점, 생각, 의견, 태도 등을 나타냄. 주로 '我看, 说实在的, 说实话, 不瞒你说, 依我看, 依我之见' 등이 있다.

① 这个人，我看，不行。
　　이 사람, 내가 보니, 안 되겠어요.
② 说实在的，我不太喜欢这种做事风格。
　　사실대로 말하면, 나는 이런 일 처리 방식을 그다지 좋아하지 않는다.

(2) 상황에 대한 추측, 예상을 나타냄. 상용 표현으로 '看起来, 看来, 看样子, 说不定, 少说' 등이 있다.

① 看起来，一场战争又要爆发了。
　　보아하니, 전쟁이 또 터질 것 같다.
② 说不定，过一个晚上他就会同意的。
　　어쩌면, 하룻밤이 지나면 그가 동의할 수도 있다.

(3) 예상치 못함을 나타냄. '谁知道, 谁曾想, 不料, 哪想到' 등이 있다.

① 到那儿一看，谁知道竟是个骗子。
　　그곳에 가서 보니, 사기꾼인 걸 누가 알았겠어요.
② 本来我还觉得特别贵，谁曾想半年后几乎翻番。
　　원래 나는 매우 비싸다고 생각했는데, 누가 반 년 후에 거의 배가 오를 거라고 생각했겠어요.

(4) 상대방의 주의를 끄는 환기를 나타냄. '你看, 你听, 你想, 你想想, 请看, 你说' 등이 있다.

① 你听，这叫什么话啊!
　　들어봐요, 이게 무슨 말인가요!
② 你想想，是谁一直在默默地支持你?
　　생각해봐요, 누가 당신을 묵묵하게 응원하고 있는지를요.

(5) 정보의 출처를 나타냄. '据说, 听说, 传说, 相传, 据报道, 据调查, 据······V, 说是' 등이 있다.

① <u>据说</u>, 她三天前已经回国了。
　 듣자 하니, 그녀는 3일 전에 벌써 귀국했다.
② <u>据调查</u>, 现在有9成人不看好下半年的楼市。
　 조사에 따르면, 현재 90%의 사람들이 하반기 부동산 시장에 비관적이다.

(6) 나열, 보충 설명을 나타냄. '例如, 比如, 也就是说, 换言之, 换句话说, 即, 具体地说, 或者说' 등이 있다.

① 汉语中有不少字母外来词, <u>比如</u>"WTO, UFO"等。
　 중국어에는 많은 로마자 외래어가 있다. 예를 들어 'WTO, UFO' 등이다.
② 何谓失眠? <u>换句话说</u>失眠有几种形式?
　 불면증이란? 바꿔 말하면 불면증은 몇 가지 증상이 있을까?

(7) 종합을 나타냄. 위에서 말한 내용을 종합하여 간단하게 정리하는 것으로 '总之, 总而言之, 总的说来' 등이 있다.

① <u>总之</u>, 我们都是因热爱文艺才背井离乡的。
　 정리하면, 우리는 모두 문학 예술을 사랑해서 고향을 등지고 떠난 것이다.

CHAPTER 5
문장의 구조 유형과 기능 유형

┃주요 내용┃

이 장은 문장의 구조 유형과 문장 종류의 기본 상황, 각종 문장의 구조 유형(동사서술어문, 형용사서술어문, 명사서술어문, 주술서술어문), 기능 유형(의문문, 명령문, 감탄문)의 특징 및 중국어 교육에서 직면할 수 있는 문제와 해결 방법을 소개한다.

I. 문장의 구조 유형과 기능 유형 개요

1. 문장의 구조 유형이란? 구조 유형은 몇 개의 유형으로 나누어질까?
2. 문장의 기능 유형이란? 기능 유형은 몇 개의 유형으로 나누어질까?

1. 문장의 구조 유형이란? 구조 유형은 몇 개의 유형으로 나누어질까?

문장은 서로 다른 기준에 따라 분류할 수 있는데, 문장의 구조적 특성에 따라 분류한 것을 문장의 구조 유형이라고 한다. 문장의 구조 유형은 아래 도식과 같다.

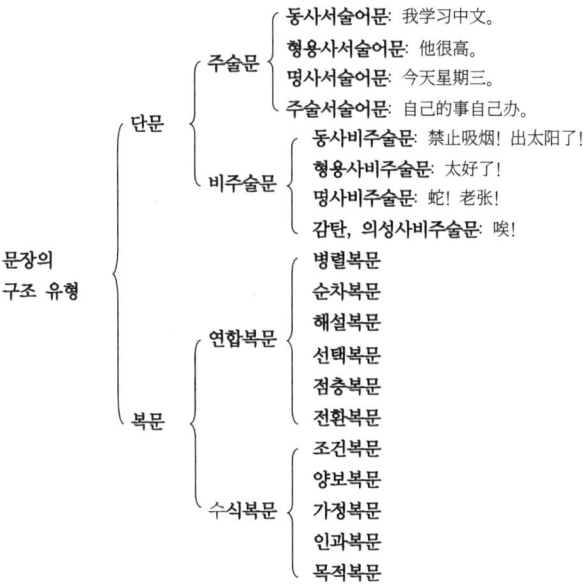

2. 문장의 기능 유형이란? 기능 유형은 몇 개의 유형으로 나누어질까?

말을 하는 목적은 소통이나 감정 교류를 위한 것이다. 문장의 형태나 소통 기능에 따라 문장을 분류하는데, 이를 '기능 유형'이라고 한다. 기능 유형에는 두 가지 분류법이 있다. 첫째로 형태에 따라 4개 유형으로 나누는데 평서문, 의문문, 감탄문, 명령문이 있다. 둘째는 내용에 따라 서술문, 묘사문, 판단문으로 나눈다(王了一 1953). 기능 유형은 주로 전자의 관점에서 분류하는 것을 말한다.

문장의 기능 유형
(문장의 서법 유형)
- **평서문**: 他是我的好朋友。
- **의문문**: 你是我们的汉语老师吗?
- **명령문**: 快走吧!
- **감탄문**: 多聪明的孩子啊!

이 4개 기능 유형은 각각 특징이 있는데, 중국어 교육에서 어려운 문장은 의문문과 감탄문이다. 여기서는 실용적 관점에서 문제가 많은 부분은 자세히 논하고, 적은 부분은 간략하게 다룰 것이다.

이상 살펴본 바와 같이 문장의 구조 유형과 기능 유형은 서로 다른 기준에 따라 문장을 분류한 것이다. 동일한 문장도 다른 관점이나 기준에 따라 각기 다른 유형으로 분류될 수 있다. 예를 들어 "你去上课吗?"는 형태 관점에서 보면 의문문이다. 그러나 구조 관점에서는 단문이자 주술문이며, 동사서술어문이다.

II. 단문

> 1. 기본 개념
>   1.1 단문이란? 복문이란?
>   1.2 주술문이란? 비주술문이란?
> 2. 명사서술어문
>   2.1 명사서술어문이란? 모든 명사는 서술어가 될 수 있을까?
>   2.2 주어가 명사인 명사서술어문은 어떤 특징이 있을까?
>   2.3 주어가 주술구인 명사서술어문은 어떤 특징이 있을까?
> 3. 동사서술어문
>   3.1 동사서술어문이란? 동사서술어문은 몇 개의 유형으로 나누어질까?
>   3.2 동사서술어문을 학습할 때 자주 출현하는 오류는?
> 4. 형용사서술어문
>   4.1 형용사서술어문이란?
>   4.2 형용사서술어문을 학습할 때 자주 출현하는 오류는?
> 5. 주술서술어문
>   5.1 주술서술어문이란? 주술서술어문은 몇 개의 유형으로 나누어질까?
>   5.2 주술서술어문은 오류가 적은데 학습자가 제대로 파악하였다고 말할 수 있을까?

1. 기본 개념

1.1 단문이란? 복문이란?

문장은 구조적으로 단문과 복문의 2개 유형으로 나눌 수 있다. '단문'이란 하나의 주술구나 서술어만을 포함한 문장을 말한다. '복문'이란 두 개 이상의, 의미상 관련되지만 구조상 서로 포함되지 않는 단문으로 이루어진 문장을 말한다. '서로 포함되지 않는다'는 것은 하나의 절이 다른 절의 구성 성분이 아님을 뜻한다. 예를 들어 "我一直希望, 你能早点到北京"은 복문이 아니라 단문이다. "你能早点到北京"은 주술 구조지만 그 전체가 '希望'의 목적어가 되기 때문이다.

1.2 주술문이란? 비주술문이란?

구조에 따라 단문은 주술문과 비주술문으로 나눌 수 있다.

'주술문'은 주어, 서술어의 두 부분으로 이루어진 단문이다. 서술어의 유형에 따라 명사서술어문, 동사서술어문, 형용사서술어문, 주술서술어문의 4개로 나눌 수 있다. 주술문의 주어와 서술어는 특정한 맥락에서 생략이 가능하다.

① A: 你去哪儿了?
　　　너 어디 갔어?
　B: ( )去上海了。 [주어가 없지만 주술문으로, 주어 '我' 보충 가능]
　　　( ) 上海에 갔어.
② A: 这是谁给你的礼物?
　　　이건 누가 너에게 준 선물이야?
　B: 妈妈( )。 [서술어가 없지만 주술문으로, 서술어 '给的' 보충 가능]
　　　엄마( ).

'비주술문'은 주어, 서술어의 두 부분으로 구성되지 않은 단문이다. 비주술문은 생략된 것이 아니기 때문에, 확실하게 주어, 서술어를 보충할 수 없다. 따라서 비주술문은 생략된 문장이 아니라 완전한 문장이다. 주술구 이외의 구나 단어에 억양을 붙여 이루어진 문장으로, 예를 들면 "禁止吸烟!", "下雨了!", "蛇!" 등이 있다.

2. 명사서술어문

2.1 명사서술어문이란? 모든 명사는 서술어가 될 수 있을까?

'명사서술어문'이란 서술어가 명사(구)로 이루어진 문장을 가리킨다. 그런데 모든 명사가 명사서술어문의 서술어가 될 수 있는 것은 아니다. 교사가 이 점을 유의하지 않으면, 학습자는 모든 명사가 서술어로 쓰인다고 오해하여 아래의 오류가 출현할 수 있다.

① *昨天很好的天气。(昨天的天气<u>很</u>好。)
　　(어제 날씨가 좋았다.)
② *北京很大的城市。(北京<u>是</u>很大的城市。)
　　(北京은 큰 도시이다.)

교사는 명사서술어문에서 서술어를 담당하는 명사에 특별한 제약이 있다고 알려주어야 한다. 주어에 따른 서술어의 제약 조건이 있는데, 아래에서는 주어가 명사, 주술구가 되는 2개의 유형에 대해 살펴볼 것이다.

2.2 주어가 명사인 명사서술어문은 어떤 특징이 있을까?

주어가 명사인 명사서술어문의 특징은 주어, 서술어가 모두 체언성 성분이라는 점이다. 주어는 특정한 사물을 나타내며, 서술어는 주어가 나타내는 사물에 관한 판단, 설명, 묘사를 한다. 문장의 구조 유형은 특정한 제약이 있는데, 주어와 서술어 간에 선택 관계가 존재한다는 것이다.

(1) 주어가 일반 시간명사이고, 서술어가 날짜, 절기, 날씨 등을 나타내는 시간명사이다. 혹은 주어와 서술어가 모두 장소명사이다.

① <u>今天星期三</u>。
　　오늘은 수요일이다.

② 明天晴天。
　　내일은 맑은 날이다.
③ 门前一条小河。
　　문 앞에 작은 강이 하나 있다.

(2) 주어가 인명이나 대체사이다. 이때 서술어는 이름, 직책, 성격, 본관, 직장 등을 나타낸다.

① 张芳已经教授了。
　　张芳은 이미 교수이다.
② 王军上海人吧?
　　王军은 上海 사람이지?

위의 명사서술어문은 아래 두 가지 사항에 유의해야 한다. 첫째, 일반명사가 직접 서술어로 쓰이는 경우 의미, 통사적으로 특별한 제약이 있는데, 나열할 때만 쓰일 수 있다.

① 林妙婵班长, 文清副班长。
　　林妙婵은 반장이고, 文清은 부반장이다.

둘째, 명사성 서술어가 신분, 직책, 학력, 직함 등을 나타낼 때는 그 앞에 '都, 已经, 才, 刚' 등의 시간 부사어가 위치하거나 문미에 어기조사 '了'가 위치해야 한다. 이렇게 부사나 어기사 '了'를 사용하면 화자의 인식과 태도를 강조할 수 있다.

② 陈新都师长了。
　　陈新이 벌써 사단장이 되었다.

③ 你看人家，刚毕业两年就教授了。
저 사람 좀 봐, 졸업한 지 2년 만에 교수가 되었어.

(3) 서술어가 주어를 설명해주는 단어이다.

① 郑州河南的省会。
郑州는 河南의 성도이다.
② 他经济学博士，这种课应该没有问题。
그는 경제학 박사라서, 이런 수업은 아마 문제 없을 것이다.

(4) 서술어가 묘사 성격의 '형용사+명사' 결합이다.

① 她大眼睛黄头发。
그녀는 큰 눈에 노랑머리이다.
② 现在的前门一派繁荣景象。
지금 前门은 온통 번영하고 풍요로운 모습이다.

(5) 서술어가 수량사구이다.

① 他35岁了。
그는 35세이다.
② 这个学期一共18周。
이번 학기는 총 18주이다.

(6) 서술어가 '的'자구이다.

① 他从上海来的。
그는 上海에서 왔다.

② 这辆自行车新买的。
   이 자진거는 새로 산 것이다.

(7) 서술어가 명사(구)의 병렬로 이루어진 것이다.

① 他女朋友高高的个子, 长长的头发, 大大的眼睛, 标致之极。
   그의 여자 친구는 커다란 키, 긴 머리, 큰 눈으로, 아름다운 용모의 극치이다.
② 马克俄罗斯人, 23岁, 语言学研究生。
   마크는 러시아인, 23세, 언어학 전공 대학원생이다.

2.3 주어가 주술구인 명사서술어문은 어떤 특징이 있을까?

서술어가 시량사로 이루어진 수량구이며, 그 앞에 '已经, 都, 才, 快, 刚' 등의 시간 부사어가 위치한다.

① 他当医生已经30多年了。
   그는 의사가 된 지 이미 30여 년이 되었다.
② 院长出差才4天。
   원장이 출장을 간 지 겨우 4일밖에 안 되었다.

주어가 장소어구이면 서술어는 장소, 거리를 표시하는 수량구를 포함한다.

③ 北京到天津才200公里。
   北京에서 天津까지는 겨우 200킬로미터이다.

3. 동사서술어문

3.1 동사서술어문이란? 동사서술어문은 몇 개의 유형으로 나누어질까?

'동사서술어문'이란 서술어가 동사(구)로 이루어진 문장을 말한다. 주로 사람이나 사물의 동작, 행위, 심리, 발전의 변화 등을 서술하는 데 사용된다. 동사서술어문의 구조 유형은 매우 복잡한데 서술어가 단일 동사일 수도 있고, 동사성 구일 수도 있다. 서술어 역할을 하는 동사성 구의 구조에 따라, 동사서술어문을 다음의 몇 개 유형으로 나눌 수 있다.

(1) 단일 자동사가 서술어일 때.
예: 明天他休息。 내일 그는 쉰다.

(2) 단일 타동사가 서술어일 때.
예: 他的文章发表了。 그의 글이 발표되었다.

(3) '동사+명사성 목적어' 구조가 서술어일 때.
예: 我买了这本书。 나는 이 책을 샀다.

(4) '동사+동사성 목적어' 구조가 서술어일 때.
예: 我这个朋友喜欢打网球。 내 이 친구는 테니스 치는 것을 좋아한다.

(5) 이중목적어 구조가 서술어일 때.
예: 我送他一本词典。 나는 그에게 사전 한 권을 선물하였다.

(6) '부사어+동사+명사 목적어'가 서술어일 때.
예: 我不喜欢这本书。 나는 이 책을 좋아하지 않는다.

(7) '동사+보어'가 서술어일 때.
예: 我做完了。 나는 다 했다.

(8) '부사어+동사+보어'가 서술어일 때.
예: 他已经说完了。 그는 이미 말을 끝냈다.

(9) 연동구가 서술어일 때.

예: 我去看看小王。 나는 小王을 보러 간다.

(10) 겸어구가 서술어일 때.

예: 他请我吃饭。 그가 나에게 밥을 산다.

3.2 동사서술어문을 학습할 때 자주 출현하는 오류는?

학습자가 동사서술어문을 학습하는 과정에서 다음과 같은 몇 가지 오류가 출현한다.

(1) 형용사 대신 동사를 잘못 사용한 오류.

① *我们很快就干净了教室。(我们很快就扫干净了教室。)
(우리는 곧바로 교실을 깨끗이 청소했다.)
② *等你好身体后再去吧。(等你养好身体后再去吧。)
(네가 몸조리를 다 하면 가자.)
③ *我干净了房间，你再进来。(我打扫好房间，你再进来。)
(내가 방을 다 청소한 후에, 들어와.)
④ *他坏了我的笔。(他弄坏了我的笔。)
(그가 내 펜을 망가뜨렸다.)
⑤ *休息了一个月，他终于健康了身体。(他终于恢复了健康。)
(그는 마침내 건강을 회복했다.)

(2) 자동사 대신 타동사를 잘못 사용한 오류.

① *我迟到了听力课，所以不知道这件事。(听力课我迟到了，所以不知道这件事。)
(듣기 수업에 나는 늦어서, 이 일을 몰랐다.)
② *我很担心不及格这次考试。(我很担心这次考试不及格。)
(나는 이번 시험에 불합격할까봐 걱정된다.)
③ *他很满意现在的生活。(他对现在的生活很满意。)
(그는 지금의 생활에 대해 만족한다.)

④ *我爸爸很感兴趣中国历史。(我爸爸对中国历史很感兴趣。)
(우리 아버지는 중국 역사에 대해 관심이 많으시다.)

(3) 목적어를 동사 앞에 잘못 배치한 어순 오류.

① *我们应该环境保护。(我们应该保护环境。)
(우리는 환경을 보호해야 합니다.)
② *他从来不纪律遵守。(他从来不遵守纪律。)
(그녀는 규율을 준수한 적이 없다.)
③ *你快点饭吃吧。(你快点吃饭吧。)
(얼른 밥 먹어요.)

목적어는 일반적으로 동사 뒤에 위치해야 한다. 그런데 한국 학습자는 모국어의 부정적 전이로 인하여, 목적어를 동사 앞에 배치하는 경우가 많다. 그러므로 학습자의 모국어 상황에 따라 차별화된 연습이 필요하다.

(4) 목적어를 수반하는 동사인데, 목적어를 누락한 오류.

① A: 你姓张吗?
    당신은 성이 张입니까?
  B: *姓(张)。

동일한 동사서술어문인데 왜 "我们老师姓王"은 반드시 목적어를 수반해야 하고, "他买书了"는 그러지 않아도 될까? '姓, 叫, 等于, 属于' 등과 같은 일부 동사는 반드시 목적어를 수반하여야 한다. 그렇지 않으면 문장이 성립하지 않는다. 그러나 다른 동사는 문장에 출현할 때 목적어 수반 여부와 관계없이 문장이 성립한다. 따라서 반드시 목적어를 수반해야 하는 동사에 특히 유의해야 한다. 교사는 'A等于B', 'A属于B'와 같이 구조화된 형식을 사용하여 학습자의 기억을 강화하는 것이 가장 좋다.

(5) 정도부사의 수식을 받지 못하는 동사 앞에 정도부사를 잘못 첨가한 오류.

① *他的汉语最近很进步了。(他的汉语最近进步很大。)
 (그의 중국어가 최근에 크게 향상되었다.)
② *中国人的生活水平非常提高。(中国人的生活水平提高了很多。)
 (중국인의 생활수준이 많이 향상되었다.)
③ *现在中国的出生率很降低了。(现在中国的出生率降低了很多。)
 (현재 중국의 출산율은 많이 낮아졌다.)

정도부사의 수식을 받을 수 있는 동사는 심리동사와 능원동사에 국한되며, 다른 동사는 정도부사의 수식을 받을 수 없다. 심리동사는 '很+심리동사(很喜欢, 很习惯)' 등과 같이 구조화된 방법을 사용하여 학습자에게 심리동사가 정도부사의 수식을 받을 수 있음을 알려주어야 한다.

(6) 용언성 목적어를 취하는 동사 대신 체언성 목적어를 취하는 동사를 잘못 사용한 오류.

① *我小的时候不能觉得妈妈的爱。(我小的时候感觉不到妈妈的爱。)
 (내가 어렸을 때는 엄마의 사랑을 느끼지 못했다.)
② *高中的时候，我就开始汉语了。(高中的时候，我就开始学汉语了。)
 (고등학교 때 나는 중국어를 배우기 시작했다.)

예문①에서 '觉得'는 용언성 목적어를 취하는 동사이다. 즉 형용사 목적어/절로 이루어진 목적어만 수반할 수 있다. '妈妈的爱'는 명사성 성분이므로 명사성 목적어를 수반할 수 있는 '感觉不到'로 교체해야 한다. 예문②의 '开始'도 용언성 목적어를 취하는 동사이다. 명사 '汉语'에 동사 '学'를 추가하면, 목적어로 취할 수 있다. 이렇게 용언성 목적어를 취하는 동사를 가르칠 때는, 학습자에게 '觉得+형용사/절', '开始+동사+(목적어)'와 같이 구조화된 형식을 알려주면 오류가 발생할 확률이 훨씬 줄어들 수 있다.

동사서술어문의 오류는 형식과 종류가 다양한데, 이는 학습자가 서술어가 될 수 있는 동사, 형용사를 제대로 파악하지 못해서이다. 그래서 서술어가 될 수 있는 동사와 형용사를 가르칠 때 문장에서 서술어로서의 특징을 함께 알려주고, 혼동하기 쉬운 유의어 용법도 가르쳐주어야 한다.

4. 형용사서술어문

4.1 형용사서술어문이란?

'형용사서술어문'이란 형용사(구)가 서술어 역할을 하는 문장을 말한다.

① 现在北京非常<u>现代</u>。
   현재 北京은 매우 현대적이다.
② 我姐姐<u>能干</u>极了。
   우리 누나는 아주 유능하다.
③ 哥哥<u>高</u>, 弟弟<u>矮</u>。
   형은 크고, 동생은 작다.
④ 哪本书<u>好</u>? —— 这本<u>好</u>。
   어떤 책이 좋습니까? —— 이 책이 좋습니다.

위 예문과 같이 단일 형용사가 서술어가 되려면 제약이 있는데, 일반적으로 앞에 부사어나 뒤에 보어가 출현해야 한다. 또는 대구 형식(비교 의미를 가짐)이나 문답 형식에 제한된다.

4.2 형용사서술어문을 학습할 때 자주 출현하는 오류는?

학습자가 형용사서술어문을 학습하는 과정에서, 다음과 같은 몇 가지 오류가 발생한다.

(1) 형용사 앞에 '是'를 잘못 첨가한 오류.

① *上个星期我们去杭州了，杭州是很漂亮。(……杭州很漂亮。)
(……杭州는 매우 아름답다.)
② *他哥哥是高。(他哥哥很高。)
(그의 형은 키가 크다.)
③ *这本词典是贵极了。(这本词典贵极了。)
(이 사전은 몹시 비싸다.)
④ *虽然是年轻，但他很有能力。(虽然很年轻……)
(비록 젊지만……)

형용사는 직접 서술어가 될 수 있어, '是'가 출현할 필요가 없다.
(2) 서술어형용사 앞에 정도부사를 누락한 오류.

① *最近我奶奶身体好。(最近我奶奶身体很好。)
(요즘 우리 할머니는 건강하시다.)
② *她男朋友聪明。(她男朋友很聪明。)
(그녀의 남자 친구는 매우 똑똑하다.)

형용사를 서술어로 쓸 때, 보통 앞에 '很'과 같은 정도부사를 사용해야 문장이 성립한다. 이때 '很'은 강세가 위치하지 않는다. 정도의 높음을 표현하지 않고, 문장 성립의 조건으로 사용되기 때문이다. '很'을 사용하지 않으면, 문장 의미가 완성되지 않은 느낌을 준다. 형용사가 단독으로 서술어로 쓰일 때, '很'을 사용하지 않으면 비교 의미를 나타내기 때문이다. 예를 들어 "他聪明"은 '他(그)'보다 똑똑하지 않은 사람이 있다는 것을 전제한다. 반면 한국어, 영어와 일본어에서는 형용사 앞에 정도부사 '很'을 배치할 필요가 없다. 그리하여 학습자는 형용사서술어문을 사용할 때 자주 '很'을 누락한다.

(3) 의문 형식의 형용사서술어문에서, 형용사를 문두에 잘못 배치한 어순 오류.

① *漂亮他的女朋友吗?(他的女朋友漂亮吗?)
 (그의 여자 친구는 예쁩니까?)
② *是好他的成绩吗?(他的成绩好吗?)
 (그의 성적은 좋습니까?)

형용사서술어문으로 구성된 의문문은 어순이 바뀌지 않으며, 정도부사 '很'을 붙일 필요가 없다.
(4) 과거의 상태를 나타낼 때, 형용사 뒤에 '了'를 잘못 첨가한 오류.

① *他去年非常胖了。(他去年非常胖。)
 (그는 작년에 매우 뚱뚱했다.)
② *昨天的生词很多了。(昨天的生词很多。)
 (어제 새 단어가 매우 많았다.)

과거의 상태를 나타낼 때 형용사서술어문의 끝에 '了'를 붙이지 않는다. '了'가 출현하면 과거 상태가 아닌 변화 의미를 나타낸다.

③ 他高了。
 그는 키가 컸다.

(5) 형용사 중첩 형식이 서술어가 될 때, 문장 끝에 '的'를 누락한 오류.

① *她男朋友的个子高高, 眼睛大大。(她男朋友的个子高高的, 眼睛大大的。)
 (그녀의 남자 친구는 키가 크고, 눈이 커다랗다.)

② *我们的教室干干净净。(我们的教室干干净净<u>的</u>。)
(우리 교실은 매우 깨끗하다.)

5. 주술서술어문

5.1 주술서술어문이란? 주술서술어문은 몇 개의 유형으로 나누어질까?

'주술서술어문'은 주술구가 서술어인 문장을 말한다. '대주어+(소주어+소서술어)'의 구조로 이루어진다.

① 我奶奶<u>身体很好</u>。
   우리 할머니는 몸이 건강하시다.
② 他儿子<u>学习非常棒</u>。
   그의 아들은 공부를 아주 잘한다.

주술서술어문은 여러 유형이 있다. 전체 문장의 주어를 '대주어'라고 부르고, 서술어가 되는 주술구의 주어와 서술어를 각각 '소주어'와 '소서술어'라고 부른다. 따라서 주술서술어문의 구조는 '대주어+(소주어+소서술어)'이다. 이들의 관계에 따라 아래의 몇 개 유형으로 나눌 수 있다.

(1) 대주어와 소주어에 의미상 종속 관계가 있다. 소주어가 대주어에 종속되며, 소서술어는 보통 형용사성 단어이다.

① <u>她性格很好</u>。
   그녀는 성격이 매우 좋다.
② <u>那孩子眼睛大大的</u>。
   그 아이는 눈이 아주 크다.

이 같은 주술서술어문은 사물의 어떤 성질을 설명함으로써, 그에 대해 추가로 묘사 서술한다.

(2) 서술어를 담당하는 주술 구조는, 대주어의 능력이나 기술을 표현한다.

① 小王英语说得很流利。
  小王은 영어를 유창하게 말한다.
② 她篮球打得特别棒。
  그녀는 농구를 아주 잘합니다.

(3) 대주어와 소주어 간에 '피행위자 – 행위자' 관계가 있으며, 소서술어는 주로 동사성 단어이다.

① 这本书我看完了。
  이 책을 나는 다 읽었다.
② 礼物我们已经买来了。
  선물은 우리가 이미 사 왔다.

일반 주술목 문장에 비해, 이러한 어순은 피행위자를 더욱 강조하여 서술할 수 있다.

(4) 소주어가 수량사이고, 소서술어에 수량사가 포함되어 있거나 그 자체가 수량사이다.

① 他一瓶酒喝了半个月。
  그는 술 한 병을 보름 동안 마셨다.
② 苹果十块钱三斤。
  사과는 3근에 10위안이다.

위의 주술서술어문은 주로 대주어의 능력, 가치를 강조 설명한다.
(5) 소주어가 대주어를 중복으로 지시한다.

① 那群人里个子最高的小伙子, 他是中国人。
　그 사람들 중에서 키가 가장 큰 젊은 사람, 그가 중국인이다.
② 祖国, 这不是一个普通的词儿。
　조국, 이것은 평범한 단어가 아니다.

예문①의 소주어 '他'는 "那群人里个子最高的小伙子"를, 예문②의 소주어 '这'는 대주어 '祖国'를 가리킨다. 이 같은 주술서술어문은 대주어를 강조한다.

5.2 주술서술어문은 오류가 적은데 학습자가 제대로 파악하였다고 말할 수 있을까?

학습자가 주술서술어문을 학습할 때 구조, 의미상으로 문제가 발생하지 않기에, 중간언어 말뭉치에서 주술서술어문 관련 오류를 발견하기 어렵다. 그렇다고 주술서술어문을 학습하는 데 어려움이 없다는 의미는 아니다. 학습자는 "他头疼, 肚子疼(그는 머리가 아프고, 배가 아프다)"과 같이 간단한 주술서술어문을 제외하면 다른 상황에서 사용을 회피하며, 특히 2개 이상의 주술서술어문을 사용해서 어떤 대상을 각기 다른 측면에서 묘사 서술하려고 하지 않기 때문이다. 그러나 해당 용법은 주술서술어문에서 흔하게 사용된다. 张旺熹(1993)는 이 용법의 주술서술어문이 전체의 57.8%를 차지한다고 하였다. 이러한 사실은 학습자가 실제로는 해당 문장의 구조 유형을 잘 파악하지 못하고 있음을 보여주며, 중국어 교육의 범위가 단문에 머물러 있음을 시사한다.

중국어 교재에서 많이 등장하는 유형은 단문 형태의 주술서술어문이다. 그러나 张旺熹(1993)는 말뭉치 연구 결과에 근거하여, 단문 형태는 실제로 사용되는 주술서술어문의 2.1%에 불과하다고 지적했다. 또 주술서술어문에서 일반적으로 1개 주술 구조가 서술어가 되는 것이 아니라, 2개,

3개 또는 그 이상이 서술어 역할을 한다고 언급했다. 여러 개의 주술 구조가 다양한 관점에서 앞의 대주어를 묘사 설명하는데, 즉 대주어는 문장 전체의 주어이고, 여러 개의 주술서술어 구조가 해당 주제를 나누어 설명하는 것이다.

① 现在的中关村再也不是以前的"中官村"了，这里<u>经济发达</u>，<u>交通便利</u>，<u>环境优美</u>，所以吸引了很多国内外的投资者。
현재 中关村은 더 이상 예전의 '中关村'이 아니다. 이곳은 경제가 발전했고, 교통이 편리하며 환경이 좋아서 국내외 투자자들을 많이 끌어들였다.
② 她<u>个子高高的</u>，<u>眼睛大大的</u>，<u>身材非常标致</u>。
그녀는 키가 크고, 눈이 크며, 몸매가 매우 좋다.

이러한 상황을 고려했을 때, 학습자가 주술서술어문의 기본 구조를 익힌 후에 위와 같은 구조 유형을 문단으로 확장하여 가르칠 것을 제안한다. 张旺熹(1993)는 교육 방법도 제시하였는데, 인용하면 다음과 같다.

주술서술어문의 기본 구조 형식과 의미 모델을 직관적으로 보여준다. 구체적인 방법은 다음과 같다. 첫 번째 단계는 사진(北京)을 보여주며 주제(北京)를 이끌어낸다. 두 번째 단계는 사진에 대한 질문을 통해 각각 나누어 답변할 것을 유도한다(예: 北京에 사람이 많아요? 도로가 넓어요? 버스가 붐벼요? 물건이 비싸요? 北京을 좋아해요?). 세 번째 단계로 그 답변을 문단으로 구성하게 한다(예: 北京은 사람이 많고, 도로가 넓으며, 버스는 매우 붐비고, 물건은 매우 싸다. 나는 北京을 매우 좋아한다). 또 다른 예로 특정인의 사진을 꺼내서 머리카락, 눈, 키, 몸매 등에 대해 질문하고, 답변 내용을 몇 개의 주술서술어문으로 덧붙여 구성하게 한다. 그렇게 하면 여러 개의 답변 내용이 모인 주술서술어문 단락을 구성할 수 있다.

III. 문장의 기능 유형

1. 문장의 기능 유형 개요
2. 의문문
   2.1 의문문은 몇 개의 유형으로 나누어질까?
   2.2 의문문은 유형별로 어떤 특징이 있을까?
      2.2.1 시비의문문이란?
      2.2.2 특지의문문이란?
      2.2.3 '특지의문사 +呢': "你怎么走"와 "你怎么走呢"는 어떤 차이가 있을까?
      2.2.4 정반의문문이란?
      2.2.5 선택의문문이란?
      2.2.6 반어문이란?
      2.2.7 '呢'를 사용한 생략의문문이란?
   2.3 의문문을 학습할 때 자주 출현하는 오류는?
3. 명령문
   3.1 명령문이란? 명령문은 몇 개의 유형으로 나누어질까?
   3.2 명령문의 구조적 특징: 왜 '请看'은 맞는 표현인데 "请看见"은 잘못된 표현일까?
   3.3 왜 "认真点儿!", "谦虚点儿!"은 맞는 문장인데 "漂亮点儿!", "骄傲点儿!"은 잘못된 문장일까?
   3.4 명령문은 동사/형용사에 대해서 어떤 제약 조건이 있을까?
   3.5 긍정명령문과 부정명령문은 왜 비대칭일까?
4. 감탄문
   4.1 감탄문이란?
   4.2 '太', '真', '好', '可'의 문법적 차이: "她是一个真好的老师!"는 왜 잘못된 문장일까?
   4.3 '太', '真', '好', '可' 감탄문의 용법 차이: "太冷了!"와 "可冷了!"는 같을까?

1. 문장의 기능 유형 개요

모든 언어에서 문장은 무한하게 생성되지만 기능에 따라 4개 유형으로 분류할 수 있는데, 중국어도 예외는 아니다.

첫째, 평서문: 사실을 진술하는 데 사용되며, 긍정적일 수도 부정적일 수도 있다. 문장 끝에 '。'를 쓴다.

① 北京是中国的首都。
  北京은 중국의 수도이다.
② 我不打算去上海。
  나는 上海에 갈 생각이 없다.

둘째, 의문문: 질문할 때 사용하는 문장이 의문문인데, 문장 끝에 '?'를 쓴다.

① 这是你的书包吗?
  이것은 당신의 책가방입니까?
② 你什么时候出发?
  당신은 언제 출발합니까?

셋째, 명령문: 명령, 요청을 나타내는 문장인데, 문장 끝에 '!'를 사용할 수 있고, '。'를 사용할 수도 있다.

① 快走!
  빨리 가!
② 你们谈吧。
  너희끼리 이야기해.

넷째, 감탄문: 강렬하고 짙은 감정을 표현하는 데 사용하는 문장으로, 문장 끝에 '!'를 쓴다.

① 太好了!
　　너무 좋다!
② 多么感人啊!
　　너무나 감동적이다!

2. 의문문

2.1 의문문은 몇 개 유형으로 나누어질까?

다양한 측면에서 의문문을 분류할 수 있는데, 질문 정보의 유무에 따라 의문문을 3개 유형으로 나눌 수 있다.

> **정보를 몰라서 질문**: 질문자가 궁금한 것이 있어, 새로운 정보를 얻기 위해 상대방의 답변을 기대한다.
> 예: 你明天有时间吗? 내일 시간 있어요?
> **정보를 반신반의하며 질문**: 질문자는 이미 대략적인 생각은 있지만 확신할 수는 없다. 질문의 목적은 상대방이 증명해 주기를 기대하는 데 있다. 즉, 추측의문문에 해당한다.
> 예: 他是小张的哥哥吧? 그는 小张의 오빠지?
> **정보를 확신하며 질문**: 질문자는 이미 확신이 있으나 표현 효과를 극대화하기 위해 질문하는 것일 뿐, 상대방의 대답을 기대하지는 않는다. 즉, 반어문에 해당한다.
> 예: 你何必去呢? 너는 뭐 하러 가게?

이론 문법서에서는 구조 형식에 따라 의문문을 아래 4개 유형으로 분류한다.

$$\left\{\begin{array}{l}\text{시비의문문}\\ \text{특지의문문}\\ \text{정반의문문}\\ \text{선택의문문}\end{array}\right.$$

　중국어 교육의 실용성을 고려하면, 이론문법처럼 의문문의 4개 유형만 설명해서는 교육적 요구를 충족시킬 수 없다. 중국어 교재가 구어화되고 실용성이 높아지면서, 교재에 등장하는 의문문의 유형도 다양해지고 있기 때문이다. 22만 자(字)에 달하는 말뭉치에서 1,015개의 의문문을 집계한 결과, 각 유형의 의문문 출현 빈도는 다음과 같다(黄南松 1992).

① 특지의문문　　　　　　　370개　　36.3%
② 시비의문문　　　　　　　251개　　25.0%
③ 특지의문문+呢　　　　　125개　　12.0%
④ 의문어기 의문문　　　　　104개　　10.0%
⑤ 정반의문문　　　　　　　 31개　　 3.0%
⑥ 선택의문문　　　　　　　 24개　　 2.4%
⑦ '是不是' 의문문　　　　　 18개　　 1.7%
⑧ '呢'를 사용한 생략의문문　13개　　 1.2%

　위의 통계를 보면 '특지의문문+呢?'와 '의문어기 의문문'의 사용 빈도가 높은 편이지만, 현행 교재에서는 이 두 유형의 의문문을 제시하지 않는다. 구조 형식의 특징에 따라 교재에 출현하는 의문문을 제시하고 대략 설명할 필요가 있다. 특히 '의문대체사+呢' 의문문의 사용 빈도는 정반의문문이나 선택의문문보다도 높은 편이므로, 의문문의 기본 형식으로 교재에 수록되어야 한다.
　중국어 교재에서 의문문은 주로 형식적인 측면을 다룬다. 의문어기사 '吗'는 평서문 끝에서 의문문을 구성하고, 의문대체사 '谁, 什么, 哪儿' 등은 질문하는 자리에 쓰여 의문문을 구성한다고 설명한다. 의문문의 의미와 화용적 기능은 거의 다루지 않는다. 실제 언어 사용을 보면, 의문문마다 표현 기능과 사용 맥락이 다르며, 각기 다른 뉘앙스와 감정을 나타낸다. "这是谁的?"는 대답을 기대하며 묻는 문장이지만, "这是谁的呢?"는 추궁하는 뉘앙스로 질문자의 당혹스러운 감정이 포함되어 있다. 따라서 직관력이 부족한 학습자에게는 교사가 의문문의 구조 형식뿐 아니라, 의문문의 다양한 표현 기능을 설명할 필요가 있다. 아래에서는 주로 吕文华(1994)에 기반하여, 몇 개 유형의 의문문을 선택하여 기능을 소개하고자 한다.

2.2 의문문은 유형별로 어떤 특징이 있을까?

2.2.1 시비의문문이란?

시비의문문은 '是'/'不是'로 질문해서, 문장이 묻는 사건에 대해 청자에게 긍정/부정의 대답을 요구하는 형식이다.

① 明天你去长城吗? —— 去。/不去。
  내일 만리장성에 가나요? —— 가요. / 안 가요.
② 你是北京人吗? —— 我是北京人。/我不是北京人。
  北京 사람인가요? —— 나는 北京 사람이에요. /
  　　　　　　　　　　나는 北京사람이 아니에요.
③ 你爸爸退休了吗? —— 对，他退休了。/不，他还没退休。
  아버지는 퇴직하셨나요? —— 네, 퇴직하셨어요. /
  　　　　　　　　　　　　아니요, 아직 퇴직하지 않으셨어요.

시비의문문은 문장 끝에 의문어기사 '吗'를 쓰는 것이 일반적이나, 학습자는 모국어의 영향으로 '吗'를 누락하는 경우가 많다.

① ?这个本子不太好，可以换别的本子?
② ?你去成都?

시비의문문에는 몇 가지 특수 유형이 있다.
첫째, 의문 억양의 의문문: 의문 기능이 약하고, 앞 문장에서 얻은 정보에 대한 놀라움, 의심 등을 나타낸다. 질문자는 앞 문장이나 맥락에서 얻은 정보에 근거한 추측을 청자에게 입증 받기를 기대한다. 즉, 앞 문장의 내용을 반복하여 의혹, 불신, 불만 등의 감정을 표현한다.

① 接孩子去? [맥락에서 정보를 얻음]
아이 데리러 가세요?
② A: 昨天她和丈夫又吵了一架。
어제 그녀가 남편과 또 한바탕 말다툼을 했다네요.
B: 什么，又吵了? [앞 문장에서 정보를 얻음]
뭐, 또 싸웠대요?

이 유형은 주로 구어체에서 출현하며, 문장 끝에 뚜렷한 상승조가 있을 때는 '吗'를 붙이지 않아도 된다. '吗'를 수반하지 않을 때는 상승조를, '吗'가 출현하면 상승조와 하강조 모두 사용이 가능하다.
둘째, '好吗, 行吗, 可以吗' 등의 의문문: 질문자가 이미 자신의 견해를 가지고 있는 상태에서, 의문문의 형태로 상대방의 의견을 구하는 데 사용한다. 다시 말해 상의, 부탁의 말투이다.

① 你们明天去，<u>好吗</u>?
너희들은 내일 가면, 어때?
② 我们明天再谈，<u>行吗</u>?
우리 내일 다시 이야기해도, 될까?

③ 我今天先用你的, 可以吗?
오늘 네 것을 먼저 쓸게, 괜찮아?

셋째, '吧'를 이용한 추측의문문: 질문자가 특정한 상황에 대해 추측은 하지만 확신할 수 없는 상태이다. 그래서 자신의 추측을 가지고 탐색적 질문을 함으로써, 확증을 구하는 데 사용한다. 질문자는 대답에 대해 이미 뚜렷한 편향성을 지닌다. 따라서 '추측의문문'이라고도 한다.

① 你是从韩国来的吧?
한국에서 왔지요?
② 他刚才来过了吧?
그가 방금 왔었지요?

2.2.2 특지의문문이란?

특지의문문은 의문대체사 '谁, 什么, 哪儿, 怎么, 多少, 几' 등으로 구성된 의문문을 말한다. 주로 사건의 시간, 장소, 성격, 방식, 원인 등을 묻는다. 질문자는 청자에게 궁금한 정보에 대한 답변을 기대하지만, 그에 대한 편향된 견해는 갖고 있지 않다.

① 你明天去机场接谁? —— 接我妈妈。
내일 공항에 누구를 마중 가나요? —— 엄마 데리러요.
② 你哥哥去哪儿出差了? —— 上海。
네 형은 어디로 출장을 갔니? —— 上海요.
③ 你打算怎么去广州? —— 我想坐火车去。
广州에 어떻게 갈 계획이에요? —— 저는 기차를 타고 가고 싶어요.

'几, 多少, 多'로 구성된 의문문도 특지의문문이라고 할 수 있지만, 용법이 특이하다. '几, 多少, 多'는 단독으로 의문문이 될 수 없으며, 명량사,

동량사, 형용사 등을 수반해야 한다.

'几'와 '多少'는 의문을 표현할 때 공통점과 차이점이 있다. 동작의 양을 질문할 때는 모두 뒤에 동량사를 수반해야 한다(陆俭明 1990).

① a. 你一共去了几次?　　b. *你一共去了几?
　　총 몇 번 갔어요?
② a. 你一共去了多少次?　b. *你一共去了多少?
　　총 얼마나 갔어요?

사물의 양을 질문할 때는 달라진다. '多少'는 뒤에 명량사를 수반해도 되고, 수반하지 않아도 된다. 그러나 '几' 뒤에는 반드시 명량사가 출현해야 한다.

① a. 你买了多少斤苹果?　b. 你买了多少苹果?
　　사과를 몇 근 샀어요?　사과를 얼마나 샀어요?
② a. 你买了几斤苹果?　　b. *你买了几苹果?
　　사과를 몇 근 샀어요?

또 '几'는 보통 '10' 이하의 수를, '多少'는 '10' 이상의 수를 질문한다. 그러나 날짜, 층수 등과 같이 서수를 물을 때는 '10'의 초과 여부와 관계없이 '几'를 쓰는 것이 일반적이다.

① 一星期有几天?
　　일주일은 며칠이 있습니까?
② 中国人有多少人口?
　　중국인은 인구가 얼마나 됩니까?
③ 你坐几路车回去? —— 269路。
　　몇 번 버스를 타고 돌아가나요? —— 269번이요.

그 외에 '几'는 모든 자릿수 앞에 위치할 수 있으나, '多少'는 만/억 단위 앞에만 쓰일 수 있다.

① a. 你们公司有<u>几百</u>人?　　　　b. *你们公司有<u>多少百</u>人?
　　너희 회사에 몇백 명이 있니?
② a. 你们学校有<u>几千</u>老师?　　　b. *你们学校有<u>多少千</u>老师?
　　너희 학교에 몇천 명의 선생님이 계시니?
③ a. 这部小说有<u>几万</u>字?　　　　b. 这部小说有<u>多少万</u>字?
　　이 소설은 몇만 자(字)인가요?
④ a. 华北地区总共有<u>几亿</u>人?　　b. 华北地区总共有<u>多少亿</u>人?
　　华北지역은 총 몇억 명이 있나요?

'多+형용사'도 의문을 나타낸다.

① 从北京到海南有<u>多远</u>?
　　北京에서 海南까지 얼마나 먼가요?
② 这孩子<u>多大</u>了?
　　이 아이는 몇 살인가요?

아이에게 나이를 물을 때는 '几岁了'나 '多大'를 쓴다. 그러나 성인에게 나이를 물을 때는 보통 '多大'를 쓰고, '几岁了'는 쓰지 않는다.

① [아이에게] 你<u>几岁了</u>?/你<u>多大</u>了?
　　몇 살이니? / 나이가 어떻게 되니?
② a. [선생님께] 您<u>多大</u>了?
　　　연세가 어떻게 되세요?
　　b. ?[선생님께] 你<u>几岁了</u>?

위 예문으로 볼 때 '多'를 사용하면 정도를 묻는 것으로, 그 뒤에는 보통 플러스 형용사가 온다. 예를 들면 두께를 물을 때는 '多厚', 폭을 물을 때는 '多宽', 높이를 물을 때는 '多高', 길이를 물을 때는 '多长' 등으로 표현한다. 이것은 우리가 '두께, 너비, 깊이, 높이, 길이'라고 하지, '얇기, 좁기, 얕기, 낮기, 짧기'라고 말하지 않는 것과 같은 이치이다. 단, 화자가 이미 어느 정도 짐작하는 상황이 아니라 구체적인 숫자만 묻고자 하는 경우에는, 마이너스 형용사를 사용할 수 있다.

① a. 你先生<u>多高</u>?
   남편이 키가 얼마나 되나요?
   b. 你说她先生很矮, 到底有<u>多矮</u>?
   그녀 남편이 키가 작다고 하셨는데, 도대체 얼마나 작은 건가요?
② a. 你新买的房子<u>多大</u>?
   새로 산 집은 얼마나 큰가요?
   b. 听说那个画家的房子小得不可思议, 到底有<u>多小</u>?
   그 화가의 집이 상상할 수 없을 정도로 작다고 들었는데, 도대체 얼마나 작은 건가요?

이러한 의문문에 답할 때는, 숫자만 말하고 형용사를 반복할 필요는 없다.

③ A: 从北京到洛阳有<u>多远</u>?
   北京에서 洛阳까지 얼마나 먼가요?
   B: 大概800多公里。
   대략 800여 킬로미터입니다.

2.2.3 '특지의문사 +呢': "你怎么走"와 "你怎么走呢"는 어떤 차이가 있을까?

특지의문사에 '呢'를 추가하여 의문문을 구성할 수도 있다. 이러한 형식

CHAPTER 5 문장의 구조 유형과 기능 유형 193

에는 의문대체사로 의문을 표시하는 것 외에 당혹스러움의 뉘앙스가 담겨 있다.

① 你也不能去，到底谁能去呢?
　　너도 갈 수 없다면, 도대체 누가 갈 수 있겠어?
② 什么时候去合适呢?
　　언제 가면 적당할까요?
③ 怎么说好呢?
　　어떻게 말하면 좋지?

2.2.4 정반의문문이란?

서술어의 긍정, 부정 형식을 병렬로 나열하여 구성한 의문문이 정반의문문이다. 질문자는 상대방에게 긍정, 부정 중에서 선택을 요구한다. 시비의문문보다 정반의문문의 의문 기능이 더 강해서, 질문자가 답을 얻어야 하는 다급함을 표현하는 데 많이 쓰인다. '동사/형용사+不+동사/형용사' 또는 '동사/형용사+没+동사/형용사'로 구조화할 수 있다.

① 把孩子送到奶奶那儿去，你同意不同意?
　　아이를 할머니 있는 곳에 보내는 것에, 동의해요 안 해요?
② 你的房间大不大?
　　네 방은 크니 안 크니?

동작의 완성된 상황을 질문할 때, 동사서술어문의 정반의문문은 2개 유형이 있다.

첫째, '了' 뒤에 '没有'를 수반하는 유형.

① 你给他打电话了没有?
　　그에게 전화를 했어요 안 했어요?

둘째, 동사의 긍정, 부정 형식을 나열하고, '了'는 수반하지 않는 유형.

② 你吃没吃饭?
　밥 먹었니 안 먹었니?

2.2.5 선택의문문이란?

접속사 '还是'를 사용하여 선택 항목을 제공함으로써, 상대방이 선택하도록 구성한 의문문이다. 질문자는 일반적으로 대답에 대한 편향적 의견을 나타내지 않는다. 'A还是B?'로 구조화할 수 있다.

① 你喜欢这本还是那本?
　이 책이 좋아 아니면 저 책이 좋아?
② 你想坐火车去还是坐飞机去?
　기차로 가고 싶어 아니면 비행기로 가고 싶어?

2.2.6 반어문이란?

의문 형태를 사용하여 강한 긍정이나 부정 의미를 나타낼 수 있는데, 이러한 의문문을 '반어문'이라고 한다. 반어문을 사용할 때 화자는 사실 질문의 의도가 없으며, 화청자 모두 답을 알고 있다. 부정으로 표현된 반어문은 긍정의 뜻을 강조하고, 반대로 긍정으로 표현된 반어문은 부정의 뜻을 강조한다. 의문문의 종류에 따라 반어문을 2개 유형으로 나눌 수 있다.

첫째, 의문사를 수반한 반어문.

① 这种事情他怎么能不知道? [그는 당연히 알고 있음]
　이런 일을 그가 어떻게 모를 수 있어?
② 好学生谁不喜欢? [누구나 좋아함]
　뛰어난 학생을 누가 싫어하겠어?

③ A: 这次的考题挺难的。
　　 이번 시험 문제는 정말 어렵다.
　B: 难什么呀! 我半小时就交卷了。[어렵지 않음]
　　 뭐가 어려워! 나는 30분 만에 시험지를 냈어.
④ A: 你干什么呢?
　　 뭐 하는 거야?
　B: 睡觉呢。
　　 자고 있어.
　A: 睡什么觉啊? 这么好的天儿。[불만 표시, 잠을 자면 안 됨]
　　 무슨 잠을 자? 이렇게 좋은 날씨에.

둘째, '不是……吗?'를 사용한 반어문. 강한 긍정을 나타내는데, 강조하는 내용을 '不是……吗?'의 중간에 배치한다.

⑤ 你不是韩国人吗? 怎么会不知道金泽洙呢? [한국인이니까, 金泽洙를 알고 있을 것임]
　 너는 한국인이 아니야? 어떻게 金泽洙를 모를 수 있어?
⑥ 我不是已经告诉你了吗? [나는 이미 너에게 말했음]
　 내가 이미 네게 알려주지 않았니?

그 외에 반어문을 나타내는 상용 형식은 다음과 같다.

难道……吗? 什么都管我，**难道**你是我妈妈**吗**?
　　　　　　 내 일에 뭐든지 참견하는데, 네가 우리 엄마야?
何必……呢? 这么近，我们**何必**打车**呢**?
　　　　　　 이렇게 가까운데, 우리가 굳이 택시를 탈 필요가 있어?

이러한 반어문은, "*她住院了你还不知道, 难道你不是他的好朋友呢?"와 같은 오류가 발생하지 않도록 고정 형식으로 가르치는 것이 좋다.

2.2.7 '呢'를 사용한 생략의문문이란?

특정한 맥락에서 명사, 대체사, 동사나 구 뒤에 어기조사 '呢'를 추가하여 의문문을 구성할 수 있다. 묻는 내용은 맥락에 따라 결정되는데, 특정 성분이 생략되어 있어 '생략의문문'이라고도 한다. 생략의문문은 일상생활에서 사용 빈도가 매우 높다.

① 爸爸, 妈妈呢? ['在哪儿?' 생략됨]
아빠, 엄마는요?
② 我们都不去了, 你呢? ["你去吗?" 생략됨]
우리는 다 안 갈 거야, 너는?
③ 我去广州, 你呢? ["你去哪儿?" 생략됨]
나는 广州에 갈 거야, 너는?
④ 我们都骑自行车去, 你呢? ["你怎么去?" 생략됨]
우리 모두 자전거를 타고 갈 건데, 너는?

앞뒤 맥락이 없이 개시문으로 쓰일 때는 "你的书呢?"와 같이 항상 장소를 묻는 형태이다.

2.3 의문문을 학습할 때 자주 출현하는 오류는?

학습자가 의문문을 학습하는 과정에서 다음의 몇 가지 오류가 자주 출현한다.

(1) 의문어기사의 대체 오류.

의문어기사에는 '吗, 呢, 吧' 등이 있다. 학습자는 의문문을 학습할 때 의문어기사를 혼동하여, 오류가 출현한다.

① *这是谁的书吧?(这是谁的书?/这是谁的书呢?)
(이것은 누구의 책입니까? / 이것은 누구의 책인가요?)

② *你在那儿干什么吗?(你在那儿干什么?/你在那儿干什么呢?)
(거기서 뭐 하는 겁니까? / 거기서 뭐 하는 건가요?)

의문어기사는 문장 끝에 쓰여 의문의 어조를 나타낸다. '吗, 呢, 吧'의 용법은 각기 달라 의문 기능이 분배되어 있다. '吗'는 시비의문문, 즉 '是/不是'에 대한 답변을 요구할 때 사용된다. '呢'는 특지의문문, 선택의문문, 정반의문문에 사용되어 추궁의 뉘앙스를 갖는다. '吧'는 의문 기능이 약하고, 의심과 믿음 사이의 추측의 정도를 나타낸다. 비교하면 다음과 같다.

③ 他去参加跑步比赛了吗? [시비의문문]
그가 달리기 시합에 참가하러 갔습니까?
④ 明天我们去哪儿呢? [특지의문문]
내일 우리는 어디로 가나요?
⑤ 他大概去买东西了吧? [추측의문문]
그는 아마 장 보러 갔겠지?

(2) 의문어기사 '吗'의 첨가 오류.

특지의문문, 정반의문문, 선택의문문은 의문어기사 '吗'를 사용하지 않는다. 그러나 학습자는 의문을 나타낼 때 무조건 '吗'를 쓸 때가 많다. 특히 특지의문문에 '吗'를 붙이는 오류가 가장 보편적이다.

① *你是哪国人吗? (특지의문문: 你是哪国人?)
(당신은 어느 나라 사람입니까?)
② *你昨天去哪儿了吗? (특지의문문: 你昨天去哪儿了?)
(어제 어디 갔었나요?)
③ *你什么时候去吗? (특지의문문: 你什么时候去?)
(언제 가나요?)
④ *谁是你的同屋吗? (특지의문문: 谁是你的同屋?)

(누가 당신 룸메이트입니까?)
⑤ *哪一个是你的行李吗? (특지의문문: 哪一个是你的行李?)
(어느 것이 당신의 짐입니까?)
⑥ *你明天去不去长城吗? (정반의문문: 你明天去不去长城?)
(내일 만리장성에 가요 안 가요?)
⑦ *你是不是泰国班的学生吗? (정반의문문: 你是不是泰国班的学生?)
(당신은 태국 반의 학생인가요 아닌가요?)
⑧ *你去上海还是广州吗? (선택의문문: 你去上海还是广州?)
(上海에 가니 广州에 가니?)
⑨ *你喜欢京剧还是杂技吗? (선택의문문: 你喜欢京剧还是杂技?)
(경극을 좋아하니 서커스를 좋아하니?)

교사는 학습자에게 이 같은 점을 짚어주고, 오류를 교정해야 한다. 다만 서술어동사가 '知道, 想, 有' 등일 때는, 의문대체사와 '吗'가 동시에 출현하여 이중의문문을 구성한다.

⑩ 你知道谁有这本书吗?
누가 이 책을 가지고 있는지 아세요?
⑪ 你有什么困难吗?
어떤 어려움이 있으신가요?

궁금하지만 직접적으로 묻고 싶지 않을 때 '吗'를 사용하면, 청자에게 두 가지 선택을 할 수 있게 한다. 즉, 의문점에 대해 대답하거나, '吗'로 구성된 시비의문문에 답함으로써 회피할 수도 있다.

⑫ A: 你知道谁告诉他的吗?
누가 그에게 말했는지 알아요?
B: 不知道。/小王。
몰라요. / 小王(이에요).

⑬ A: 你想去买<u>什么</u>东西吗?

   뭐 사러 가고 싶어요?

B: 不想去。/我想去买点儿水果。

   가고 싶지 않아요. / 나는 과일을 좀 사러 가고 싶어요.

이때 대답이 긍정이면 의문점에 대한 대답을 한 것이고, 부정이면 '吗' 시비의문문에 대한 대답으로 볼 수 있다.

3. 명령문

3.1 명령문이란? 명령문은 몇 개의 유형으로 나누어질까?

'명령문'이란 청자가 무엇을 해주거나 하지 않도록 화자가 요구, 부탁, 명령하는 문장이다. 문장 끝에 '!'가 쓰인다. 주어는 일반적으로 2인칭('你, 你们')이고, 때로는 화자 자신도 포함한다. 다만 주어는 자주 생략된다. 서술어는 대부분 동작동사나 동사성 성분이며, 성질형용사일 수도 있다. 이때 해당 동작이나 성질은 아직 실현되지 않았음을 나타낸다.

명령문은 구조, 의미의 두 가지 관점에서 분류할 수 있다.

(1) 구조상 명령문은 긍정, 부정의 2개 유형으로 나뉜다.

첫째, 긍정명령문.

① 快点藏起来!

   얼른 숨어라!

② 请坐!

   앉으세요!

둘째, 부정명령문.

③ 别着急!
  조급해하지 마!
④ 重太高兴了!
  너무 기뻐할 필요 없어!

(2) 의미상 명령문은 다음과 같이 나뉜다.

첫째, 명령: 청자의 복종을 요구하는 명령문으로, 어조가 강하고 단순 형식이 많다. 문장 끝에 어기조사를 사용하는 경우가 드물다.

① 出去!
  나가!
② 快吃!
  빨리 먹어!

둘째, 금지: 청자에게 무언가를 못 하게 요구하는 명령문이다. 동사 앞에 '别, 不准, 严禁, 不要, 不许, 禁止' 등 금지를 표시하는 말을 사용하는데, 어조가 비교적 강하다. 따라서 문장 끝에 어기조사 '吧'를 사용할 수 없다.

③ a. 别进去!   b. *别进去吧!
   들어가지 마!
④ a. 不准说话!   b. *不准说话吧!
   말하지 마!
⑤ a. 禁止吸烟!   b. *禁止吸烟吧!
   흡연 금지!

셋째, 요청: 문두에 '请, 麻烦, 劳驾' 등의 단어를 사용하여, 예의 바르고 완곡한 어조이다. 서술어동사는 중첩 형식을 쓰거나 '一下' 등을 붙이며,

문장 끝에 어기조사 '吧'를 사용할 수 있다.

⑥ 请您帮帮我吧!
   저를 좀 도와주세요!
⑦ 请您看一下!
   한번 봐주세요!
⑧ 麻烦您让一下!
   실례지만 좀 비켜주세요!

넷째, 권유: 더 부드럽고 완곡한 어조이며, 문장 끝에 어기조사 '吧'를 사용할 수 있다.

⑨ 你休息一下吧!
   좀 쉬세요!
⑩ 诸位心平气和地谈谈吧!
   여러분 차분히 이야기해 봅시다!

다섯째, 건의: 완곡하고 정중한 어조이다. 문장 끝에 종종 어기조사 '吧'가 출현한다.

⑪ 我们一起去爬香山吧!
   우리 같이 香山에 올라갑시다!
⑫ 快下雨了, 你就在这儿住下吧!
   곧 비가 올 것 같으니, 여기서 묵으세요!

여섯째, 주의, 경고, 협박: 청자가 어떤 일에 대비하도록 주의를 주거나 어떤 일을 하지 말 것을 경고, 위협하는 어조이다.

⑬ 你别忘了接孩子!
　 아이를 데리러 가는 것을 잊지 마!
⑭ 你等着瞧吧!
　 당신 두고 봅시다!

3.2 명령문의 구조적 특징: 왜 '请看'은 맞는 문장인데 "请看见"은 잘못된 문장일까?

긍정명령문은 명령, 요청을 나타내는데, 이 같은 기능이 구조적인 특징을 결정한다. 긍정명령문은 다른 사람에게 어떤 동작을 명령하는 문장이다. 따라서 자주동사(CHAPTER 2. III. 동사 참고)만 명령문에 출현할 수 있으며, 비자주동사는 출현할 수 없다. "请看, 快睡吧"는 '看, 睡'가 모두 자주동사여서 문법적으로 올바른 명령문이다. 그러나 "请看见, 快睡着吧"에서 '看见, 睡着'는 결과보어가 포함된 형식으로 비자주적인 의미를 가져 명령문이 될 수 없다. '打哈欠, 打颤, 死, 咳嗽'와 같은 비자주동사(구)도 연기할 때, 사진 촬영이나 타인에게 신호를 줄 때와 같은 특수한 맥락에서는 명령문에 출현할 수 있다. 예를 들어 연기를 할 때 감독이 배우에게 "快咳嗽！(빨리 기침해요!)"라고 말할 수 있다. 그 외에 관계동사 '是/成/像', 존재동사 '有/在', 상태동사 '知道/懂/相似' 등도 명령문에는 출현할 수 없다.

3.3 왜 "认真点儿!", "谦虚点儿!"은 맞는 문장인데 "漂亮点儿!", "骄傲点儿!"은 잘못된 문장일까?

'형용사+一点儿!'구조의 형용사명령문을 학습할 때 올바른 문장을 만들 수도 있고, 아래의 오류문이 출현할 수도 있다.

A조:	认真点儿! 좀 진지하게!	大方点儿! 좀 대범하게!	大胆点儿! 좀 대담하게!
B조:	*漂亮点儿!	*帅点儿!	*聪明点儿!

같은 형용사인데 어째서 '认真, 大方, 大胆'은 가능하고, '漂亮, 帅, 聪明'은 안 되는 걸까? 이는 명령문의 기능과 관련된다. 명령문은 명령, 즉 타인에게 하게 하거나 하지 못하게 요청하는 문장이다. 이 기능 때문에 명령문을 구성할 수 있는 형용사가 자주형용사, 다시 말해 통제 가능한 성질을 나타내는 형용사(예: '认真, 大方, 大胆')가 출현해야 하며, 비자주형용사(예: '漂亮, 帅, 聪明')는 명령문을 구성할 수 없다.

자주형용사라도 일부 형용사는 명령문을 구성할 수 없다.

① a. <u>谦虚</u>一点儿!   b. *骄傲一点儿!
    좀 겸손하게!
② a. <u>大胆</u>一点儿!   b. *胆怯一点儿!
    좀 대담하게!
③ a. <u>大方</u>一点儿!   b. *小气一点儿!
    좀 대범하게!

'谦虚'와 '骄傲'은 모두 자주 형용사인데 왜 '谦虚点儿!'은 맞고, '骄傲点儿'은 잘못된 문장일까? 형용사가 출현한 명령문은 타인으로 하여금 어떤 특성을 나타내도록 명령/부탁함을 의미한다. 정상적인 상황에서는 공개적으로 나쁜 일을 시키거나, 사회적으로 받아들여지지 않는 특성을 보이도록 하지 않는다. 따라서 긍정/중성 의미의 형용사만 긍정명령문을 구성할 수 있고, 부정 의미의 형용사는 출현할 수 없다. 반대로 부정명령문에서는 일반적으로 긍정 의미의 형용사가 출현하지 않고, 부정/중성 의미의 형용사가 많이 출현한다. 이는 관례적으로 우리가 남이 나쁜 짓을 하는 것은 막으려고 하는 반면, 좋은 일을 하는 것은 막지 않기 때문이다.

① 别这么<u>骄傲</u>!
    그렇게 자만하지 마라!

② 别这么小气!
그렇게 인색하게 굴지 마라!

 긍정명령문은 잘하기를 바라는 의도를 표현하므로, 긍정 의미의 형용사만이 출현할 수 있고 부정 의미의 형용사는 출현할 수 없다. 반면 부정명령문에는 부정 의미의 형용사만이 출현할 수 있다는 점을 반드시 설명하여야 한다. 물론 중성 의미의 형용사는 긍정명령문에도 쓰일 수 있고, 부정명령문에도 출현할 수 있다.

① a. 远一点儿!　　b. 别这么远!
　　좀 멀리!　　　　그렇게 멀리 가지 마라!
② a. 近一点儿!　　b. 别那么近!
　　좀 가까이!　　　그렇게 가까이 가지 마라!

3.4 명령문은 동사/형용사에 대해 어떤 제약 조건이 있을까?

 위의 몇 가지 문제를 종합하면 동사, 형용사에 관계 없이 명령문의 구성 가능 여부가 의미에 따라 결정된다는 것을 알 수 있다. 명령문을 구성할 수 있는 동사/형용사는 모두 사람의 동작이나 성질을 나타내야 한다. 그러나 이들이 모두 단독으로 명령문을 구성할 수 있는 것은 아니고 제약 조건이 있을 수 있다.

 (1) 일부 동사는 중첩하거나 '一下' 등을 추가해서 명령문을 구성할 수 있다. '醒, 表示, 说明, 观察, 打听, 打扮' 등이며, 일부는 단독으로 부정명령문을 구성할 수 있다.

① a. 醒醒!　　b. 醒一下!　　c. *醒!　　d. *别醒!
　　일어나!　　일어나세요!

② a. 快来表示表示!　b. 来表示一下!　c. *表示!　d. *别表示!
빨리 와서 표명하세요! 표명해 주세요!
③ a. 打听打听!　b. 打听一下!　c. *打听!　d. 别打听!
알아보자!　　　좀 알아보자!

(2) 일부 동사는 그 뒤에 '着'를 추가해야 명령문을 구성할 수 있다. 예를 들면 '站, 躺, 跪, 趴, 扶, 呆' 등이다.

① a. 站着! / 躺着! / 跪着! 　/ 趴着! / 扶着! / 呆着!
　　　서! / 누워! / 무릎 꿇어! / 엎드려! / 잡아! / 가만히 있어!
　b. *站下! / 躺下! / 跪下! 　/ 趴下! / *扶下! / 呆下!
　　　　　 / 누워! / 무릎 꿇어! / 엎드려! / 　　　　/ 가만히 있어!

(3) 일부 동사는 보어를 수반하여야 한다. 예를 들면 '闭, 关, 盖, 藏, 住, 出, 回, 起' 등이 있다.

① a. 闭上! / 关上! / 盖上! / 藏起来! / 住下吧! / 出去! / 回来! / 起来!
　　　닫아! / 닫아! / 덮어! / 숨겨! / 묵어라! / 나가라! / 돌아와! / 일어나!
　b. *闭! / *关! / *盖! / *藏! / *住! / *出! / *回! / *起!

(4) 일부 동사는 목적어가 함께 출현해야 명령문을 구성할 수 있다. 예를 들어 '救, 禁止' 등이 있다.

① a. 救火!　　/ 救命!　　/ 禁止吸烟!
　　　불을 꺼라! / 살려줘! / 흡연 금지!
　b. *救! / *禁止!

3.5 긍정명령문과 부정명령문은 왜 비대칭일까?

동사/형용사로 구성된 명령문은 보통 긍정, 부정 형식이 모두 존재한다. 그러나 일부 동사/형용사 명령문은 긍정 형식만 있고 부정 형식이 없거나, 부정 형식만 있고 긍정 형식이 없다. 이러한 현상을 긍정-부정명령문의 비대칭 현상이라고 한다. 예:

快走!	别走!
얼른 가라!	가지 마라!
保护环境!	*别保护环境!
환경 보호!	
*你忘了!	你别忘了!
	잊지 마라!
*你感冒!	你别感冒了!
	감기 걸리지 마라!

위 문법 현상의 원인은 명령문의 기능이 서술어동사/형용사의 긍정/부정 의미, 의미특징에 부합하는지와 관련이 있다. 구체적으로, 아래의 결합 현상이 출현할 수 있다.

(1) 긍정 의미의 자주동사/형용사는 긍정명령문을 구성할 수 있으나 부정명령문은 구성할 수 없다. 관례적으로 봤을 때 사회 윤리상 인정받는 일을 공개적으로 알릴 수는 있지만, '제지'하지는 않기 때문이다. 관련 어휘로 '尊重, 赡养, 谦虚, 尊敬, 爱护, 保护, 团结' 등이 있다.

① a. 尊重老师!　　　　b. *别尊重老师!
　　 선생님을 존중해라!
② a. 赡养父母!　　　　b. *别赡养父母!
　　 부모를 부양해라!

③ a. <u>谦虚</u>点儿!　　　　b. *别<u>谦虚</u>!
　　겸손해라!
c. <u>别</u>这么<u>谦虚</u>! [화자는 청자가 너무 겸손해서 안 좋게 생각함]
　　이렇게 겸손하게 굴지 마라!

(2) 부정 의미의 자주동사/형용사는 부정명령문만 구성할 수 있고, 긍정명령문은 구성할 수 없다. 위와 동일한 이유로 사회 윤리상 어긋나는 일을 '제지'할 수는 있지만, '교사'하지는 않기 때문이다. 관련 어휘로 '欺骗, 骗, 捣乱, 抱怨, 埋怨, 淘气, 小气' 등이 있다.

① a. *<u>捣乱</u>!　　b. 别<u>捣乱</u>!
　　　　　　　　　　장난치지 마라!
② a. *要<u>抱怨</u>!　b. 别<u>抱怨</u>!
　　　　　　　　　　원망하지 마라!

(3) 중성 의미의 어휘는 이 같은 제약이 없다.

① a. 请尝尝!　　b. 别尝!
　　드셔보세요!　　맛보지 마라!
② a. 休息一下吧!　b. 别休息!
　　좀 쉬세요!　　쉬지 마라!

일부 형용사는 대부분 부정적인 의미로 쓰이지만, 특수한 맥락에서 화자가 나쁜 의미로 보지 않는 경우가 있다. 예를 들어 '马虎' 그 자체는 부정 의미이나, 특수한 맥락에서 "马虎点儿!"은 너무 진지할 필요가 없다는 뜻을 나타낸다.

(4) 비자주동사/형용사는 부정명령문만 구성할 수 있고, 긍정명령문은 구성할 수 없다. 관련 어휘로 '病, 害怕, 忘, 忘记, 丢, 愁, 长, 死' 등이

있다.

① a. *害怕!　　b. 别害怕!
　　　　　　　　두려워하지 마라!
② a. *忘记!　　b. 别忘记了!
　　　　　　　　잊지 마라!

4. 감탄문

4.1 감탄문이란?

　기쁨, 놀라움, 비애, 분노, 혐오, 두려움 등의 감정을 나타내는 문장이 감탄문이다. 감탄문은 일반적으로 문장 끝에 하강조를 사용한다. 감탄문의 구조에 대해 살펴보자.
　첫째, 일부 감탄문은 감탄사로만 구성된다.

① 哦! [깨달음을 나타냄].
② 呸! [경시를 나타냄].

　둘째, 일부 감탄문은 명사(구)에 '啊'를 붙여 구성된다.

③ 天哪! 他竟然干这种事! [놀라움을 나타냄]
　세상에! 그가 이런 일을 하다니!

　셋째, 일부 감탄문은 구호나 축사이다.

④ 中华人民共和国万岁!
　중화인민공화국 만세!

넷째, 많은 감탄문이 정도부사 '多, 多么, 好, 真' 등과 형용사의 결합 구조로 구성된다.

⑤ 你看, <u>多漂亮啊</u>!
　　이것 봐, 얼마나 예쁜지!

중국어 교육의 최종 목적은 학습자의 언어 소통능력을 길러주는 것이다. 언어 소통능력의 평가 기준에서 용어의 정확성, 문법의 정확성 외에 서법도 중요한 요소이다. 서술, 의문, 명령, 반어문 등의 서법과 마찬가지로 감탄 또한 학습자가 익혀야 할 중요한 표현 기능이다. 그러나 감탄문의 교육은 체계적이지 않고, 수업이나 평가에서도 그다지 중시되지 않는다. 이러한 이유로 다음과 같은 오류가 발생한다.

① *你<u>好</u>工作认真啊! (你工作<u>好</u>认真啊!)
　　(정말로 열심히 일하는구나!)
② *这个教室<u>真干干净净</u>啊! (这个教室<u>真干净</u>啊!)
　　(이 교실은 정말 깨끗하구나!)
③ *虽然天气<u>多么</u>冷啊! 可是他还是用冷水洗澡。(虽然天气<u>这么</u>冷……)
　　(날씨가 이렇게 추운데……)
④ *这是一本<u>真好</u>的书! (这本书<u>真好</u>!)
　　(이 책은 정말 좋다!)
⑤ *她是一个<u>可</u>认真的老师!(她是一个<u>多么</u>认真的老师啊!)
　　(그녀는 얼마나 진지한 선생님인가!)
⑥ *如果是这样, <u>真好</u>!(如果是这样, <u>太好了</u>!)
　　(만일 그렇다면, 너무 좋다!)
⑦ *你家乡<u>可</u>美了! (你家乡<u>太</u>美了!)
　　(당신의 고향은 너무 아름답습니다!)
⑧ ?哇! 你<u>多</u>高啊! (你<u>真</u>高啊!)
　　(너 정말 키가 크다!)

현재로서는 감탄문에 관한 심도 있는 연구가 부족하다. 학자들은 과거에 언어의 '구조'에 치중하고 '기능'을 소홀히 했으나, 언어의 '구조'와 '기능'은 똑같이 중요하다. 실용적인 관점에서, 감탄문에 관한 연구는 시급히 해결해야 할 연구 과제이다.

4.2 '太', '真', '好', '可'의 문법적 차이: "她是一个真好的老师!"는 왜 잘못된 문장일까?

'可, 真, 好, 多(多么)'로 구성된 감탄문은 유사해 보이지만 문법, 의미, 용법에서 약간의 차이를 보인다. 아래에서 문법상의 차이를 먼저 살펴보자.

(1) 수반하는 어기조사의 차이.

'可, 真, 好, 多(多么)' 감탄문에 쓰이는 어기조사가 같지 않다. '可' 감탄문의 문미에는 반드시 어기조사 '了' 또는 이형태 '啦'가 출현한다.

① 多穿点, 外面可冷了!
　　따뜻하게 입어요, 밖이 정말 추워요!
② 快尝尝吧, 可甜啦!
　　얼른 먹어보세요, 정말 달아요!

'真' 감탄문은 문미에 어기조사가 없는 것이 보통이지만, '啊'와 이형태 '呀, 哪, 哇'를 추가할 수도 있다.

① 他功课真棒!
　　그는 공부를 정말 잘한다!
② 真窝囊啊!
　　정말 무능하네!
③ 真痛快呀!
　　정말 통쾌해!

'多(多么), 好' 감탄문은 문미에 종종 '啊'와 이형태인 '呀, 哪, 哇'를 수반한다.

① 这花多漂亮啊!
   이 꽃은 얼마나 예쁜지!
② 他工作多专注哇!
   그가 일에 얼마나 집중하는지!
③ 你起得好早啊!
   정말 일찍 일어났구나!

(2) '형용사+的'구조의 관형어로 이루어진 감탄문에서 나타나는 차이. 감탄문은 '정도부사+형용사+的'구조의 관형어로 구성되기도 하는데 '可, 真, 好, 多(多么)'가 모두 가능한 것은 아니다. '多(多么), 好'만 가능하고, '可, 真'은 사용할 수 없다.

① 多好的学生啊!
   얼마나 훌륭한 학생인가!
② 多可怜的老人哪!
   얼마나 불쌍한 노인인가!
③ 好聪明的孩子!
   정말 똑똑한 아이구나!
④ "妈妈, 你瞧呀, 好大的乌龟!" 孩子们一看见, 就嚷起来。
   "엄마, 보세요, 정말 큰 거북이예요!" 아이들이 보자마자, 소리쳤다.
⑤ *可嫩的黄瓜!
⑥ *真冷的天气!

'多(多么), 好'는 형용사를 수식하여 관형어가 되면, 감탄문을 구성할 수 있다. 그러나 이 둘에도 차이가 있다. '好'는 이음절 형용사를 수식하여 관형어가 될 때, '好'와 형용사 사이에 '个'나 '一个'를 삽입할 수 있다.

그러나 '多(多么)'에는 이 같은 용법이 없다.

⑦ a. 好个英俊的小伙子啊!   b. *多个英俊的小伙子!
   정말 잘생긴 젊은이구나!
⑧ a. 好一个幽静的村庄!   b. *多一个幽静的村庄!
   정말 조용한 마을이다!

(3) 현실성의 차이

'可, 真, 好, 太, 多(多么)'가 형용사를 수식하여 서술어가 되면 감탄문이 될 수 있는데 현실감탄문에 해당한다. 비현실감탄문은 '多'만 사용할 수 있고, '真, 可, 好'는 사용할 수 없다. 현실감탄문은 화자의 평가, 발생 상황, 행위가 실제로 존재함을 나타낸다. 반면 비현실감탄문은 가설이나 기정 사실에 근거하여 결론을 추론하는 것으로서, 가정복문이 많다. 문장에 '该'가 자주 출현한다.

① 我要是男的该多好啊!
   내가 만일 남자라면 얼마나 좋을까!
② 家里人要是知道我还滞留在这里, 该多着急!
   가족들이 만약에 내가 아직 여기에 머물고 있다는 것을 알면, 얼마나 초조할까!
③ 这么漂亮的美人, 要是死了多可惜啊!
   이렇게 아름다운 미인이, 만일 죽는다면 얼마나 애석하겠는가!

4.3 '太', '真', '好', '可' 감탄문의 용법 차이: "太冷了!"와 "可冷了!"는 같을까?

'可, 真, 好, 多(多么)'가 형용사를 수식하여 서술어나 보어로서 현실감탄문을 구성하면, 모두 기쁨, 찬미, 흥분, 놀라움 등의 감정을 나타낸다. 한편, 이들은 각각 특수한 화용 조건을 나타낸다.

(1) '可' 감탄문: 통보식 감탄문.

① 你不知道，他可恶毒了!
너는 몰라, 그는 정말로 악랄해!
② 你跟他谈谈吧，他可聪明啦!
그와 이야기를 나눠 봐, 그는 진짜 똑똑해!

'可' 감탄문은 칭찬, 놀라움 등의 감정을 표현하지만, 그 단언이 사실이고 정도가 높음을 강조하기도 한다. 다른 감탄사와 다른 부분은 그 상황이 청자에게는 신정보, 즉 사전에 모르는 정보이고 화자에게는 구정보, 즉 이미 알고 있는 정보라는 것이다. 화자는 감탄문을 활용하여 청자에게 그러한 상황을 알려준다. '可' 감탄문이 표현하는 상황이 청자에게 신정보가 아니지만, 화자가 그렇게 여겨 말하는 경우도 있다.

③ A: 北京烤鸭可好吃啦! 去尝尝。
北京烤鸭는 정말 맛있어요! 가서 먹어봐요.
B: 我早知道了，还是吃别的吧!
나는 진작 알았는데, 그냥 다른 걸로 먹죠!

결론적으로, '可' 감탄문은 칭찬, 놀라움, 흥분 등의 감정을 표현하는데, 그 상황을 모르는 사람에게 소개할 때 쓰인다. 똑같이 감정을 표현하더라도, 모르는 사람에게 소개하는 상황이 아니라면 '可' 감탄문을 사용할 수 없다.

④ *你家乡可美了! (你家乡真美!)
(당신 고향은 정말 아름답군요!)
⑤ *[B가 A에게 자신의 여자친구를 소개하자 A가] 你女朋友可漂亮啦! (你女朋友真漂亮!)

(네 여자친구 정말 예쁘다!)
⑥ *你的眼睛可大了! (你的眼睛真大!)
(눈이 정말 크구나!)
⑦ *[A와 B가 未名 호숫가를 거닐고 있는데, A가 갑자기 말하길] 未名湖边可安静了! (未名湖边真安静!)
(未名 호숫가가 정말 조용하다!)
⑧ *[A와 B가 동시에 방에서 나오자, A가 갑자기 말하길] 可冷了! (好冷!)
(정말 춥다!)

"你家乡很美"에서 고향에 전혀 가본 적이 없거나 오랜 기간 외지에 살아 고향이 아름다워진 것을 알지 못하는 상황이 아니라면, 청자('你')에게는 신정보가 아니다. 마찬가지로 "你女朋友很漂亮"과 "你眼睛很大"도 '你'에게 신정보가 아니다. 예문⑦-⑧에서 A와 B는 동일한 환경에 있으므로, A가 '未名湖边很安静', '很冷'의 사실을 알게 되었다면 B도 그럴 것이기 때문에 신정보가 아니다. 따라서 위의 예문은 모두 오류문이다.

위의 분석에서 알 수 있듯이 '可' 감탄문이 표현하는 상황은 눈앞의 장면이 아니고, 설령 그렇더라도 해당 정보의 전달에 중점을 두는 표현이므로 '통보식 감탄문'이라고 할 수 있다.

(2) '真', '好' 감탄문: 평가식 감탄문.

위와 같이 찬사, 경탄, 흥분 등의 감정을 표현하지만 이를 전달할 의사가 없는 경우에는, '可' 감탄문 대신 '真', '好' 감탄문을 사용한다. 먼저, '真' 감탄문을 살펴보자.

① 这么多桃花, 真好看!
복숭아꽃이 이렇게 많으니, 정말 예쁘다!
② 哎呀, 真香! 你们这儿的咖啡煮得真好。
야, 정말 향기롭다! 너희 여기 커피 진짜 잘 끓인다.

CHAPTER 5 문장의 구조 유형과 기능 유형 215

'真'은 '확실히'의 의미가 있다. 진실성을 나타내면서 사물의 성질, 상태의 정도가 높음을 강조하는 동시에, 화자의 감성도 표현한다. '真' 감탄문은 구어체에서 광범위하게 쓰인다. 화청자 자신을 언급할 수 있고, 제3자를 말할 수도 있다. 또 눈앞의 장면이나, 눈앞의 장면이 아닌 것에 대한 감회를 표현할 수 있다. 어떤 대상의 측면에 대해 정도가 높음을 평가할 때 '真' 감탄문을 사용할 수 있으므로, '평가식 감탄문'이라고 할 수 있다.

'평가식 감탄문'에는 '好' 감탄문도 있다.

① 这箱子好沉啊!
　이 상자는 정말 무겁구나!
② 这一觉睡得好舒服啊!
　이번에는 정말 편안하게 잤구나!

'好' 감탄문은 원래 방언 표현으로 '불쾌함'을 나타냈다. 그러나 표준 구어체에서 점차 많이 사용되면서 현재는 불쾌한 상황에 국한하지 않고 사용한다. '真' 감탄문과 호환되나, '好' 감탄문이 좀 더 강한 뉘앙스를 나타낸다. 그러나 불쾌함을 나타내는 표현에는 여전히 '好' 감탄문이 많이 쓰이고, 또 그 표현만 가능할 때도 있다.

③ 你让我找得好辛苦啊!
　당신을 찾는 게 정말 힘들었어요.
④ 我肚子好疼啊!
　제 배가 정말 아파요!

이 외에 '好不'를 수반하는 감탄문도 다른 감탄문과 호환되지 않는다. 예:

good不要脸!　　　　　好不威风!　　　　　好不热闹!
정말 부끄러운 줄 아세요!　정말 기세등등하군요!　정말 떠들썩하군요!

(3) '多' 감탄문: 환기식 감탄문.

'多' 감탄문은 비교적 복잡한데, '可', '真/好' 감탄문과 모두 공통 속성이 있다. 그래서 위 예문 일부는 '多' 감탄문과 호환될 수도 있으나, 이때도 의미상 차이가 있다.

① 高中毕业生拜在你的门下当徒弟, 多光彩呀!
고등학교 졸업생이 네 문하생이 되니, 얼마나 영광스러워!
② 你瞧, 那儿多热闹啊!
봐라, 그곳이 얼마나 떠들썩한지!

감정 표현의 정도로 보면, '多' 감탄문은 '真' 감탄문보다 강한 어조를 나타내어 '好' 감탄문에 가깝다. 표현의 강도 외에, '多' 감탄문과 평가식('真/好') 감탄문의 가장 큰 차이는 다음과 같다. 평가식 감탄문은 혼잣말 식의 감탄을 나타낼 수 있는데, 청자가 그 자리에 있더라도 화자에게는 그를 환기시키려는 의도가 없다. 반면 '多' 감탄문에는 청자의 주의를 환기하는 기능이 있다. '多' 감탄문을 사용하면 대부분 청자가 그 자리에 있음(아무도 없더라도 화자 자신을 청자로 가정함)을 나타내어, 타인의 주의를 환기시키는 '你看, 你瞧, 你听……' 등의 표현이 높은 빈도로 출현한다.

③ 你看黄老邪多小气!
봐라, 黄老邪가 얼마나 인색한지!
④ 师傅, 你听, 这雷声多大啊!
선생님, 들어보세요, 이 천둥소리가 얼마나 큰가요!

청자가 그 자리에 있을 것을 요구하는 '可' 감탄문과 '多' 감탄문도 차이가 있다. 전자는 눈앞의 장면에 대한 감탄이 아닌 반면, 후자는 눈앞의 장면에 대한 감탄 표현으로 화자가 청자에게 그 상황을 환기시키는 데 초점이 있다. 비교해보자.

⑤ 黄蓉: 傻姑, 告诉姑姑, 那天谁去桃花岛了?
    傻姑, (이) 고모한테 알려줘, 그날 누가 도화섬에 갔지?
   傻姑: ……还有个姨姨, 她说话可好听了。他们可好了! 还带好多好吃的给我吃。
   ……어떤 이모도 있었는데, 그녀의 말은 정말로 듣기 좋았어. 그들은 정말 좋았어! 심지어 맛있는 음식도 나한테 많이 줬어.
⑥ 郭靖: 蓉儿, 我们还是早点把他救出来吧。
    蓉儿, 우리가 빨리 그를 구해내는 게 좋겠어.
   黄蓉: 靖哥哥, 你看这海滩多好看啊!
    靖오빠, 이 해변이 얼마나 예쁜지 보세요!

'多' 감탄문은 화자가 청자에게 자신에 대해 직설적으로 말할 때, 주의를 환기시키는 '你瞧, 你看' 등의 표현을 수반한다.

⑦ *我多笨! (你看, 我多笨!)
    (봐, 내가 얼마나 멍청한지!)
⑧ *我多傻! (你瞧, 我多傻!)
    (봐, 내가 얼마나 바보야!)
⑨ *我多聪明! (你看, 我多聪明啊!)
    (봐, 내가 얼마나 똑똑한지!)
⑩ *你多聪明啊! (你看, 你多聪明啊!)
    (봐, 네가 얼마나 똑똑해!)
⑪ *你多笨啊! (你瞧, 你多笨!)
    (봐, 네가 얼마나 바보인지!)

⑫ *你多糊涂啊! (你看, 你多糊涂啊!)
　 (봐, 네가 얼마나 멍청한지!)
⑬ *你多漂亮啊! (你看, 你多漂亮啊!)
　 (봐, 네가 얼마나 예쁜지!)

타인의 주의를 환기시킬 때는, 나름의 의도가 있다. 그 의도가 분명할 때는 다른 감탄사로 교체하면 안 된다.

⑭ 你儿子多聪明啊! 还抱怨!
　 당신 아들은 얼마나 똑똑합니까! 그런데도 불평을 하다니!
⑮ 现在衣服多贵啊! 哪敢多买?
　 지금 옷이 얼마나 비싸요! 어떻게 많이 사겠어요?

위의 감탄문은 갑자기 새로운 사실을 발견했다기보다, 있는 사실에 대해 감탄하는 경우가 많다. 화자가 청자에게 이 사실을 상기시키고, 그에 상응하는 반응을 보이는 것이다.

또한, 위에서 '多'와 '多么'를 같은 단어로 취급했지만, 이들도 미세한 차이가 있다. '多么'는 주로 이음절 형용사를 수식하고, 강렬하고 서정적인 문어체에 쓰인다.

⑯ 风吹过来, 乌黑的头发往后面飘, 孩子的脸多么丰满好看啊!
　 바람이 불어오자, 새까만 머리카락이 뒤로 흩날리는데, 아이의 얼굴이 얼마나 통통하고 보기 좋은지!
⑰ 她那希望一切都尽善尽美的愿望, 是多么苛刻, 多么不现实, 而又多么顽固啊!
　 모든 것이 완벽해지기를 바라는 그녀의 바람은, 얼마나 가혹하고, 얼마나 비현실적이며, 또 얼마나 고집스러운가!

CHAPTER 6
중국어 상용구문

┃주요내용┃

구문은 문장의 특수 유형으로 구조 형식과 의미, 화용 기능이 특수한 문장을 말한다. 구문은 주로 구조적 관점에서 문장의 유형을 기술한 것으로, 중국어의 상용구문으로는 '比'구문, '把'구문, '被'구문, '连'구문, '是……的'구문 등이 있다. 이 장에서는 중국어의 몇 가지 상용구문과 상용구문 교육에서 유의할 부분 및 교육 전략을 논하고자 한다.

I. 비교구문

1. 비교구문 개요
2. '比' 구문
   2.1 '比' 구문의 구조적 특징은?
   2.2 '比' 구문을 학습할 때 자주 출현하는 오류는?
3. '比' 구문 교육
4. 기타 비교구문
   4.1 동등비교구문 "A 跟/和 B……一样": "她的头发跟我的头发一样颜色"는 왜 잘못된 문장일까?
   4.2 "他不如我笨"은 왜 잘못된 문장일까?
   4.3 '来越很紧张', '越来越学习中文', '越来越出国旅游的人多了'는 왜 잘못된 표현일까?
   4.4 "老师越讲, 越我糊涂"는 왜 잘못된 문장일까?

1. 비교구문 개요

비교구문은 동등비교구문과 차등비교구문으로 나눌 수 있다. 동등비교구문은 사물, 성질의 차이를 나타낸다. 예:

긍정 형식: A 跟/和/同/与 B 一样/相同/差不多。
부정 형식: A 跟/和/同/与 B 不一样/不相同。

차등비교구문은 성질, 정도의 차이(높고 낮음)를 비교하는데, 형식은 'A 比 B+ 형용사/동사'이다.

아래는 동등비교구문과 차등비교구문의 하위 유형이다.

첫째, A 跟/和/同/与 B+ 一样(형용사)/不一样(형용사)/相同/不同 등.

① 我和他一样高。
　　나는 그와 키가 같다.

둘째, '比'구문(뒤에서 상세히 설명).

② 我们的学习环境比你们好一点。
　　우리의 공부 환경은 너희보다 조금 낫다.

셋째, A 不如 B(+ 형용사).

③ 我不如姐姐聪明。
　　나는 언니만큼 똑똑하지 않다.

넷째, '有'구문(하권 CHAPTER 6. Ⅶ. '有'구문 참고).

④ 她有你高吗?
　　그녀가 당신만큼 키가 큰가요?

다섯째, 越来越+형용사/동사.

⑤ 随着经济的发展, 出国旅游的人越来越多。
　　경제가 발전하면서, 해외여행을 가는 사람이 점점 많아진다.

여섯째, 越+서술어₁+越+서술어₂.

⑥ 他越说越生气。
그는 말을 하면 할수록 더 화를 낸다.

2. '比' 구문

2.1 '比' 구문의 구조적 특징은?

'比'구문은 비교를 나타내는 상용구문으로 다른 사물끼리, 또는 같은 사물의 다른 시간, 상황에서의 차이를 비교하는 데 사용된다. '比'구문은 초급 중국어 교육의 핵심 항목으로 '比'구문과 관련한 학습자의 다양한 오류가 발견된다. '比'구문의 기본 어순은 'A 比 B+어떠함'으로 구조화할 수 있는데, 구조적인 특징에 관해 아래의 몇 가지 방면에서 생각해 볼 수 있다.

(1) '比'구문의 정도부사 사용.

'比'구문에서 형용사 앞뒤에 정도를 표현하는 단어를 추가해야 할 때 형용사 앞에는 '更, 还' 등의 상대 정도부사가 올 수 있고, '很, 挺, 十分, 太, 格外, 比较, 非常' 등의 절대 정도부사는 출현할 수 없다. 형용사 뒤에는 '多, 一点儿'만 올 수 있고, '很, 极'나 '不得了' 등은 출현할 수 없다(马真 1988).

① 北京比西安更现代。
北京은 西安보다 더 현대적이다.
② 北京比西安还漂亮。
北京은 西安보다 더 예쁘다.
③ 北京比西安现代多了。
北京은 西安보다 훨씬 현대적이다.
④ 北京比西安现代得多。
北京은 西安보다 훨씬 현대적이다.
⑤ *北京比西安很现代。

⑥ *北京比西安非常现代。
⑦ *北京比西安挺现代。
⑧ *北京比西安十分现代。
⑨ *北京比西安现代极了。
⑩ *北京比西安现代得不得了。

아래는 정도부사를 잘못 사용한 오류문이다.

⑪ *班长比我很努力。
⑫ *广州比武汉非常现代。
⑬ *他比我非常喜欢中国文化。
⑭ *我比你最了解他。

(2) '比'구문의 부정 형식.

'比'구문의 부정도 오류가 많이 발생한다. 비교문의 부정 형식은 'A 不比 B……'와 'A 没有 B……'의 두 가지가 있다. 이 두 형식은 의미 차이가 있다. 예를 들어 "你同屋比你高吗?"라고 물었을 때, 부정 형식의 대답으로 "我同屋不比我高(내 룸메이트가 나보다 큰 것은 아니다)"도 가능하고, "我同屋没有我高(내 룸메이트는 나보다 크지 않다)"도 가능하다.

"我同屋不比我高"는 "룸메이트가 나와 키가 비슷하다"를 나타낼 수도 있고, "룸메이트가 나보다 키가 작다"를 나타낼 수도 있다. 이 문장은 단순히 비교 대상의 차이를 부정하는 것이 아니라, 반박의 어조가 수반된 부정이다. 반면 "我同屋没有我高"는 객관 명제로서 "룸메이트가 나보다 작다"의 차등 의미만 나타낸다.

형용사의 선택에서도 이 두 형식은 차이가 있다. 'A 没有 B……'는 뒤에 긍정 의미 형용사가 오고, 부정 의미 형용사는 보통 출현하지 않는다.

① a. 我没有你聪明。
   나는 당신만큼 똑똑하지 않아요.
  b. *我没有你笨。
② a. 她没有姐姐漂亮。
   그녀는 언니만큼 예쁘지 않다.
  b. *她没有姐姐丑。

'A 不比 B······'는 이 같은 제약이 없다.

③ 我也<u>不比</u>你笨啊，为什么我总也学不会。
   나도 당신보다 멍청한 것은 아닌데, 왜 나는 항상 제대로 못 배울까요?
④ 她<u>不比</u>姐姐丑。
   그녀가 언니보다 못생긴 것은 아니다.

2.2 '比' 구문을 학습할 때 자주 출현하는 오류는?
(1) 차등비교와 동등비교의 대체 오류.
동등비교를 사용해야 하는데 차등비교, 즉 '比'구문을 사용한 오류이다.

① *他的爱好比我相同。(他的爱好<u>跟</u>我相同。)
   (그의 취미는 나와 같다.)
② *他的汉语水平比以前差不多。(他的汉语水平<u>跟</u>以前差不多。)
   (그의 중국어 수준은 이전과 비슷하다.)
③ *我们国家的习惯比中国的不一样。(我们国家的习惯<u>跟</u>中国的不一样。)
   (우리나라의 습관은 중국과 다르다.)
④ *我的房间比妹妹的房间同样宽。(我的房间<u>和</u>妹妹的同样宽。)
   (내 방은 여동생 방과 똑같이 넓다.)
⑤ *古时候中国女人比男人不平等。(古时候中国女人<u>跟</u>男人不平等。)
   (고대에 중국 여성은 남성과 평등하지 않았다.)

상술한 예는 모두 사물이나 성질의 차이가 같은지 다른지를 비교하는 문장이다. 이때는 동등비교문 'A 跟/和/同/与 B+一样/不一样/相同/不同/差不多'를 사용해야 하며, '比'구문을 사용해서는 안 된다.

(2) '비교 대상'의 어순 오류.

차등비교, 즉 '比'구문을 사용해야 한다는 것을 알더라도, 아래와 같은 오류가 발생할 수 있다.

① *他的汉语好比我。(他的汉语比我好。)
(그의 중국어가 나보다 낫다.)
② *姐姐大三岁比我。(姐姐比我大三岁。)
(언니는 나보다 세 살이 많다.)
③ *我们班多三个学生比二班。(我们比二班多三个学生。)
(우리는 2반보다 세 명이 많다.)

(3) '비교 차이'의 어순 오류.

① *他比我两厘米高。(他比我高两厘米。)
(그는 나보다 2센티미터 크다.)
② *我的同屋比我二十岁大。(我的同屋比我大二十岁。)
(내 룸메이트는 나보다 스무 살이 많다.)
③ *姐姐三岁大比我。(姐姐比我大三岁。)
(언니는 나보다 세 살이 많다.)

'比'구문에서 비교의 차이를 표현하려면 그 차이를 나타내는 숫자가 형용사 뒤에 위치하며, 형용사 앞에 출현해서는 안 된다. 불확실한 비교의 차이를 나타내는 경우에도, 해당 단어는 형용사 뒤에 위치해야 한다.

또한 A와 B의 차이가 크지 않다면, 'A 比 B+형용사+一点儿/一些'를 사용한다. A와 B의 차이가 크다면, 'A 比 B+형용사+得多/多了/很多'를 사용하며, 'A 比 B+一点儿/一些/有点儿/多/很+형용사'를 사용해서는 안 된다.

④ *北京的东西比南京一点儿贵。(北京的动词比南京贵<u>一点儿</u>。)
   (北京의 물건은 南京보다 조금 비싸다.)
⑤ *我朋友比我一些刻苦。(我朋友比我刻苦<u>一些</u>。)
   (내 친구는 나보다 조금 더 고생스럽다.)
⑥ *北京比郑州很大。(北京比郑州大<u>多了</u>。)
   (北京은 郑州보다 훨씬 크다.)
⑦ *姐姐比我多漂亮。(姐姐比我漂亮<u>多了</u>。)
   (언니는 나보다 훨씬 예쁘다.)

(4) '比'구문 부정 형식의 어순 오류.
'比'구문에서 부정부사 '不' 등과 관련하여, 'A 比 B 不+형용사'와 같은 오류가 출현한다.

① *我的衣服比他的不贵。(我的衣服<u>没有</u>他的贵。/我的衣服<u>不比</u>他的贵。)
   (내 옷은 그의 것보다 비싸지 않다. / 내 옷이 그의 것보다 비싼 것은 아니다.)
② *我的汉语水平比他的不高。(我的汉语水平<u>没有</u>他的高。/我的汉语水平<u>不比</u>他的高。)
   (나의 중국어 실력은 그보다 높지 않다. / 나의 중국어 실력이 그보다 높은 것은 아니다.)
③ *我的房间比姐姐的不干净。(我的房间<u>没有</u>姐姐的干净。/我的房间<u>不比</u>姐姐的干净。)
   (내 방은 언니 방보다 깨끗하지 않다. / 내 방이 언니 방보다 깨끗한 것은 아니다.)
④ *我的成绩比他不好。(我的成绩<u>没有</u>他好。/我的成绩<u>不比</u>他好。)
   (내 성적은 그보다 좋지 않다. / 내 성적이 그보다 좋은 것은 아니다.)

학습자는 부정사 '不'가 형용사 서술어 앞에 위치한다고 배웠기 때문에, 이를 '比'구문에도 적용하여 부정 형식의 오류가 발생한 것이다. 타인의 관점에 대한 반박이 아닌 단순 비교의 경우, 부정 형식은 'A 没有 B……'이다.

구어체에서 비교 결과를 나타내는 형용사가 화자가 원치 않는 성질, 상태를 나타낸다면 '不'는 '比'의 앞에 위치하거나, 형용사 앞에 위치할 수도 있다. 그러나 이러한 용법은 많지 않다.

⑤ 我<u>不</u>比他差, 你为什么选他不选我? = 我比他<u>不</u>差, 你为什么选他不选我?
내가 그보다 못하지 않는데, 왜 그를 선택하고 나를 선택하지 않나요?
⑥ 弟弟<u>不</u>比哥哥弱啊。= 弟弟比哥哥<u>不</u>弱啊。
남동생은 형보다 약하지 않아요.

(5) 형용사 앞에 절대 정도부사를 잘못 배치한 어순 오류.

① *今天比昨天很冷。(今天比昨天冷<u>多了</u>。)
(오늘은 어제보다 훨씬 춥다.)
② *我妹妹比我很聪明。(我妹妹比我聪明<u>多了</u>。)
(내 여동생은 나보다 훨씬 똑똑하다.)
③ *曼谷的夏天比北京非常热。(曼谷的夏天比北京热<u>得多</u>。)
(방콕의 여름은 北京보다 훨씬 덥다.)
④ *北京的东西比德国太便宜。(北京的东西比德国便宜<u>得多</u>。)
(北京의 물건은 독일보다 훨씬 비싸다.)
⑤ *我觉得发音比语法有点难。(我觉得发音比语法难<u>一点儿</u>。)
(내 생각에 발음이 문법보다 조금 어렵다.)

위의 오류는 공통으로 형용사 앞에 정도부사 '很, 非常, 十分, 特别,

太' 등이 잘못 추가된 것이다. 비교 차이의 정도를 나타내려면, 형용사 뒤에 정도보어를 추가한다.

만일 B에 어떤 특성이 있는데, A가 지닌 특성의 정도가 B보다 높다면 'A 比 B 更/还+형용사'를 사용할 수 있다.

⑥ 泰国的东西很便宜, 北京的东西比泰国更便宜。
　 태국의 물건은 싸고, 北京의 물건은 태국보다 더 싸다.

'更, 还, 稍微' 등은 상대 정도부사여서 '比'구문에 사용할 수 있지만, '很, 非常, 十分, 最, 太'는 절대 정도부사이므로 '比'구문에 사용할 수 없다. 학습자는 형용사 앞에 '很'과 같은 정도부사를 추가할 수 있다는 것을 알고 있다. 이것을 '比'구문에 적용하여, 위의 오류가 출현한 것이다.

(6) 형용사 뒤에 정도부사를 잘못 사용한 오류.

① *他的脾气比以前坏得很。(他的脾气比以前坏<u>多了</u>。)
　 (그의 성질이 예전보다 훨씬 더 나빠졌다.)
② *你的房间比我的大极了。(你的房间比我的大<u>多了</u>。)
　 (당신의 방이 내 방보다 훨씬 커요.)
③ *北京的榴莲比泰国贵的不得了。(北京的榴莲比泰国贵<u>得多</u>。)
　 (北京의 두리안이 태국보다 훨씬 비싸다.)

'比'구문에서 형용사 뒤에 정도보어를 써서 정도의 차이를 나타낼 수 있지만, 이때 정도부사로 '很, 极了, 不得了' 등은 사용할 수 없다는 점에 유의해야 한다.

3. '比' 구문 교육

교재에서 '比'구문은 초급 단계에만 출현하며, 심지어 일부 교재는 '比' 구문 교육을 한두 단원 내에 끝내도록 설계되어 있다. '比'구문은 형식, 의미가 모두 다양하다. 그리고 복잡한 '比'구문도 있어 모든 내용을 초급단계에서만 다룬다면 교육 효과도 좋지 않을 것이고, 교육 내용을 다루는 데도 제약이 있다.

따라서 '比'구문을 간단한 형식에서 복잡한 형식으로, 표면 의미에서 심층 의미로 나눈 이후에 단계별로 초급, 중급, 고급단계에 배치해야 한다 (呂文华 1994). 즉, 단계를 나누고 구조화시켜서 난이도순으로 교육하는 것이 좋다.

① A 比 B+어떠함. 예: 他比我高。 그는 나보다 키가 크다.
② A 比 B+형용사+숫자/得多/一点儿/多了.
   예: 他比我高得多。 그는 나보다 키가 훨씬 크다.
③ A 比 B+早(晚)/多(少)+동사+수량(一点儿).
   예: 他比我早来三天。 그가 나보다 3일 일찍 왔다.
④ a. A+동사+得+比+B+형용사.
   예: 他来得比我早。 그가 나보다 일찍 왔다.
   b. A+동사+得+比+B+형용사+得多/一点儿/多了.
   예: 他来得比我早得多。 그는 나보다 훨씬 일찍 왔다.
⑤ a. A 比 B+更/还+어떠함.
   예: 姚明比科比还高。 姚明이 코비보다 더 크다.
   b. A 不比 B+어떠함.
   예: 他并不比我高啊! 그는 전혀 나보다 크지 않은데!
⑥ A 比 B+동사+得+어떠함.
   예: 他比我跑得快。 그는 나보다 빨리 달린다.

'比'구문의 내용을 몇 개 단원에 분산시켜서, 다양한 유형의 '比'구문을 난이도순으로 배치한다. 이렇게 반복해서 나오면 어려운 것도 쉽게 느껴지므로, 학습자는 '比'구문에 대해 차츰 이해하게 될 것이다.

4. 기타 비교구문

4.1 동등비교구문 "A 跟/和 B······一样": "她的头发跟我的头发一样颜色"는 왜 잘못된 문장일까?

동등비교구문은 두 개의 비교대상이 동일한가의 여부를 나타내는데, 'A 跟/和 B······一样'으로 구조화할 수 있다.

① 他的职业跟父母(的职业)一样。
    그의 직업은 엄마(의 직업)와 같다.
② 她跟姐姐一样漂亮。
    그녀는 언니와 똑같이 예쁘다.

A, B가 모두 관형어를 수반한 수식구일 때, B의 중심어(피수식어)는 생략할 수 있다.

③ 我们国家的气候和北京(的气候)差不多。
    우리나라의 기후와 北京(의 기후)은 비슷하다.

동등비교문 'A 跟/和 B······一样'을 사용할 때, '一样' 뒤에 명사성 성분은 출현할 수 없다. 비교 내용이 명사성 성분이면 '一样' 앞에 위치해야 한다.

④ a. 她的头发跟我的头发<u>颜色</u>一样。
　　그녀의 머리카락이 내 머리카락과 색깔이 같다.
　b. *她的头发跟我的头发一样颜色。
⑤ a. 我同屋和我<u>生活习惯</u>不一样。
　　내 룸메이트와 나는 생활습관이 다르다.
　b. *我同屋和我不一样生活习惯。

동등비교문 'A 和/跟 B一样'에서 '一样' 앞에 근접부사 '不太, 完全, 差不多, 几乎' 등은 올 수 있지만, '很, 非常' 등의 정도부사는 출현할 수 없다.

⑥ a. 他和哥哥<u>不太</u>一样。
　　나와 오빠는 별로 같지 않다.
　b. *他和哥哥很一样。
⑦ 我的手表跟他的<u>完全</u>一样。
　　나의 손목시계는 그의 것과 완전히 똑같다.

4.2 "他不如我笨"은 왜 잘못된 문장일까?

'A 不如 B+형용사' 구조에서 형용사는 긍정 의미이며, 부정 의미는 올 수 없다.

① a. 我不如姐姐<u>漂亮</u>。　　b. *我不如姐姐难看。
　　나는 언니만큼 예쁘지 않다.
② a. 她不如她同屋<u>细心</u>。　b. *她不如她同屋马虎。
　　그녀는 룸메이트만큼 세심하지 않다.
③ a. 他不如弟弟<u>大方</u>。　　b. *他不如弟弟小气。
　　그는 남동생만큼 대범하지 않다.
④ a. 她不如妹妹<u>聪明</u>。　　b. *她不如妹妹笨。
　　그녀는 여동생만큼 똑똑하지 않다.

4.3 '越来越很紧张', '越来越学习中文', '越来越出国旅游的人多了'는 왜 잘못된 표현일까?

이것은 학습자가 '越来越……'를 익히면서 가장 흔하게 발생하는 오류이다. '越来越……'는 사람/사물의 수량이나 정도가 시간에 따라 발전, 변화함을 나타내어 동일 사물의 다른 시기나 조건 하에서의 비교를 뜻한다. 성질형용사는 이미 정도 의미를 지닌다. '이전에도 정도가 높았으나, 지금은 더 높음'의 의미를 나타내어, 또 다른 정도부사의 수식을 받을 수 없다. 그러나 학습자는 형용사나 심리동사가 정도부사의 수식을 받는 것을 당연하게 생각해서 '越来越……' 구문에도 정도부사를 추가하게 된다.

① *他的汉语越来越很流利了。(他的汉语<u>越来越</u>流利了。)
　 (그의 중국어가 점점 유창해졌다.)
② *北京的空气越来越好多了。(北京的空气<u>越来越</u>好了。)
　 (北京의 공기가 점점 좋아졌다.)
③ *房子越来越很贵了。(房子<u>越来越</u>贵了。)
　 (집이 점점 비싸진다.)

'越来越……'는 정도를 나타내므로, 뒤에 형용사나 심리동사만 출현할 수 있고 일반 동사는 출현할 수 없다. 따라서 '越来越+형용사/동사(중심어)'로 구조화할 수 있다.

④ 我妈妈<u>越来越</u>喜欢我的女朋友。
　 우리 엄마가 내 여자 친구를 점점 더 좋아하신다.
⑤ a. 风刮得<u>越来越</u>大了。
　　 바람이 점점 강하게 분다.
　 b. *风越来越刮得大了。
⑥ a. 雪下得<u>越来越</u>大了。
　　 눈이 점점 많이 내린다.

b. *雪越来越下得大了。

'越来越'는 부사성 구로, 형용사/심리동사 앞에서 부사어로만 사용되므로, 주어 앞에 출현할 수 없다.

⑦ a. 他的汉语水平越来越高了。
　　　그의 중국어 수준이 점점 높아진다.
　　b. *越来越他的汉语水平高了。
⑧ a. 人们越来越注意健康了。
　　　사람들이 점점 건강에 신경 쓴다.
　　b. *越来越人们注意健康了。

4.4 "老师越讲, 越我糊涂"는 왜 잘못된 문장일까?

'越+서술어$_1$, 越+서술어$_2$'는 '서술어$_2$'의 정도가 '서술어$_1$'의 조건에 따라 발전, 변화함을 나타내므로, 동일 사물의 다른 조건에서의 비교에 해당한다.

① 他越紧张越说不好。
　　그는 긴장할수록 말을 잘 못 한다.
② 这女孩儿越长越漂亮。
　　이 여자아이는 클수록 예뻐진다.

'越+서술어$_1$, 越+서술어$_2$'를 사용할 때 '越'는 반드시 함께 사용해야 하며, 하나만 출현해선 안 된다.

③ *老师越讲, 我更糊涂了。(老师越讲, 我越糊涂了。)
　　(선생님께서 설명을 하실수록, 나는 더 헷갈린다.)
④ *听的人越多, 他非常高兴。(听的人越多, 他越高兴。)
　　(듣는 사람이 많을수록, 그는 더 즐겁다.)

만일 앞뒤로 주어가 하나만 있다면 선행절이나 후행절에 관계 없이 '越' 앞에만 위치하면 된다. '주어+越+서술어$_1$, 越+서술어$_2$' 또는 '越+서술어$_1$, 주어+越+서술어$_2$'로 구조화할 수 있지만 선행절에 출현하는 경우가 보다 일반적이다.

⑤ a. 他越紧张越口吃。
   그는 긴장할수록 말을 더듬는다.
 b. 越紧张他越口吃。
   긴장할수록 그는 말을 더듬는다.

주어가 2개라면 '越' 앞에 각각 위치하여, '주어$_1$+越……, 주어$_2$+越……'로 구조화할 수 있다.

⑥ 老师越讲, 学生越糊涂。
   교사가 설명할수록, 학생은 더 헷갈려 한다.
⑦ 妈妈越反对, 我越想去。
   엄마가 반대할수록, 나는 더 가고 싶다.

그러나 학습자는 주어를 '越' 뒤에 위치시켜, 아래와 같은 오류문이 출현한다.

⑧ *老师越讲, 越学生糊涂。
⑨ *妈妈越反对, 越我想去。
⑩ *越妈妈反对, 越我想去。
⑪ *她越说, 越我不高兴。
⑫ *生活水平越高, 越出国旅游的人多。

이와 같은 오류가 발생하는 이유는 교재에 '越……越……' 구조에 대한 설명이 충분하지 않기 때문이다. '주어+越+어떠함+越+어떠함', '주어$_1$+越+어떠함+주어$_2$+越+어떠함'으로 구조화하면, 학습자의 오류가 줄어들 것이다.

II. '把' 구문

> 1. '把' 구문 및 문법 의미
>   1.1 "我把饺子吃在五道口食堂"은 왜 잘못된 문장일까?
>   1.2 '把' 구문의 용법: "我放手机在桌子上"은 왜 잘못된 문장일까?
> 2. '把' 구문의 구조적 특징
> 3. '把' 구문을 학습할 때 자주 출현하는 오류는?
> 4. '把' 구문 교육

1. '把' 구문 및 문법 의미

1.1 "我把饺子吃在五道口食堂"은 왜 잘못된 문장일까?

동사 앞에서 전치사구 '把+목적어'가 출현하는 구조를 '把'구문이라고 한다. 중국어에 특수하게 존재하는 구문으로, 구문 자체에도 여러 제약 조건이 있으며 다른 언어에 대응 형식이 없어, 고난이도의 문법 항목으로 분류된다.

'把'구문의 여러 형식상 오류는 문법 의미로 설명할 수가 있다. 학습자는 '把'구문의 구조적 특징만 이해하면 '把'자문을 적절하게 사용하지 못해서, 다음과 같은 오류문이 출현한다.

① *孩子把故事听高兴了。
② *我把饺子吃在五道口食堂。

교사는 학습자에게 언제 '把'구문을 반드시 사용해야 하고, 어떤 상황에서 꼭 쓸 필요는 없는지를 설명해야 한다. 형식상의 여러 오류는 궁극적으로 학습자가 '把'구문의 의미를 정확하게 이해하시 못했기 때문에 발생한다. 따라서 의미를 정확하게 파악하는 일이 무엇보다 중요하다.

'把'구문의 문법 의미와 관련하여 영향력 있는 설명은 '처치설(处置说)'이다. 그러나 처치설은 지나치게 추상적이어서 학습자는 이 개념을 대부분 어려워한다. 이로 인해 '把'구문을 써야 하는데 회피한다거나, 잘못 사용하게 된다.

여기서는 이론문법의 '처치설' 대신 보다 구체적으로 하위 의미들을 나누어 설명하는 방식을 제안한다. 즉, "주어인 사람/사물의 동작 행위를 통해 변화가 발생하거나, 어떤 영향으로 인해 특정한 결과가 발생하게 한다"라는 설명이다. 이때 변화는 위치 이동이나 성질 변화, 형태 변화일 수 있으며, 다른 사람의 인식 변화일 수도 있다. 이러한 경우에만 '把'구문을 사용한다고 교육한다.

예문①의 오류문에서 '기쁘다(高兴)'라는 결과는 '이야기(故事)'를 '들어서(听)' 발생한 변화가 아니므로, '把'구문을 사용할 수 없다. 예문②의 '五道口식당(五道口食堂)'도 마찬가지로 '만두(饺子)'를 '먹은(吃)' 행위를 통해 발생한 위치 변화로 볼 수 없으므로, '把'구문을 사용할 수 없다.

'把'구문의 문법 의미는 다음과 같이 도식화할 수 있다.

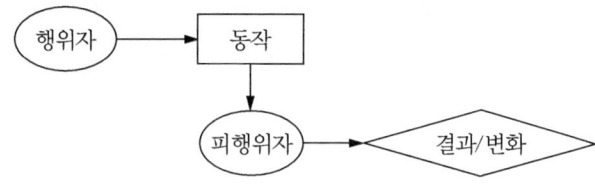

③ 妈妈把孩子打哭了.
　　엄마가 아이를 때려서 울렸다.

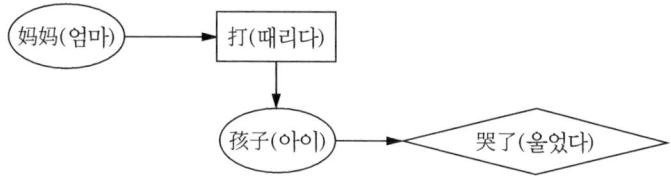

④ 他把衣服扔在床上了。
그가 옷을 침대 위로 던졌다.

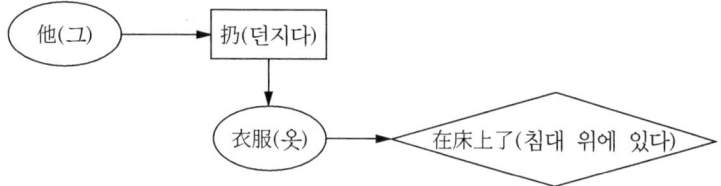

아래에서 논의할 학습자 오류도 이 도식으로 설명할 수 있다. 예를 들어, 처음에 제시한 ①-②의 오류문을 분석해보자.

① *孩子把故事听高兴了。

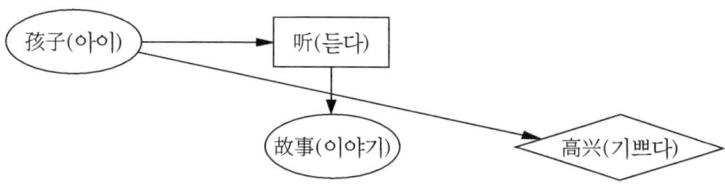

'高兴了'가 '故事'를 '听'해서 생긴 변화가 아니라 '孩子'의 변화를 의미하므로, 이 문장은 오류문이다.

② *我把饺子吃在五道口食堂。

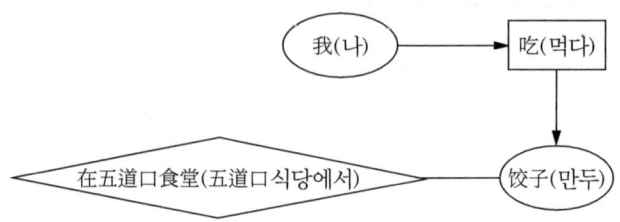

'在五道口食堂'는 '饺子'를 '吃'한 이후에 이동한 위치가 아니라, '吃'이전의 원래 위치이다. 따라서 '把'구문의 사용 규칙에 위배되었으므로, 오류문이다.

1.2 '把' 구문의 용법: "我放手机在桌子上"은 왜 잘못된 문장일까?

아래 몇 가지 상황에서는 모두 '把'구문을 사용한다.

(1) 특정 사물이 동작으로 인해, 위치 이동이나 관계의 전이가 발생하는 상황. '주어+把+목적어+동사+在/到+장소' 또는 '주어+把+목적어$_1$+동사+给+목적어$_2$'로 구조화할 수 있다.

① a. 他把手机放在桌子上了。
   그는 핸드폰을 탁자 위에 놓았다.
   b. *他放手机在桌子上了。
② a. 在我上初中的时候，妈妈把我送到了广州姑姑家。
   내가 중학교 때, 엄마는 나를 广州의 고모 집으로 보냈다.
   b. *在我上初中的时候，妈妈送我到了广州姑姑家。
③ a. 我要把这个鸟巢的明信片寄给妈妈。
   나는 이 鸟巢의 엽서를 엄마에게 부칠 것이다.
   b. *我要寄这个鸟巢的明信片给妈妈。
④ a. 请你把这张票交给王老师。
   이 표를 王 선생님께 전달해주세요.
   b. *请你交这张票给王老师。

(2) 특정 사물이 또 다른 사물로 변하거나, 또는 그렇다고 인지하는 상황. '주어+把+목적어$_1$+동사+成/为/作+목적어$_2$'로 구조화할 수 있다.

 ① a. 不知什么时候，他把我们的系花变成了自己的女朋友。
   언제인지는 모르지만, 그는 우리 과의 퀸카를 자신의 여자 친구로 만들었다.
  b. *不知什么时候，他变我们的系花成了自己的女朋友。
 ② a. 他三个星期就把那本小说翻译成了中文。
   그는 3주간 그 소설을 중국어로 번역했다.
  b. *他三个星期就翻译那本小说成了中文。
 ③ a. 我们都把那儿当做了自己的家。
   우리는 모두 그곳을 자신의 집으로 여겼다.
  b. *我们都当那儿做自己的家了。

(3) 특정 사물이 다른 상태로 변화하는 상황. 구체적인 상태는 복잡한 보어 형식으로 표현된다. '주어+把+목적어+동사+得+보어'로 구조화할 수 있다.

 ① a. 放心，半个小时之内我们保证把房间收拾得干干净净。
   안심하세요, 30분 내에 우리가 방을 아주 깨끗이 청소하겠습니다.
  b. *放心，半个小时之内我们保证收拾房间得干干净净。
 ② a. 他把我骂得头都不敢抬。
   그가 나를 감히 고개도 못 들 만큼 욕을 했다.
  b. *他骂我得头都不敢抬。

(4) 문장 내에서 '所有, 一切, 完全, 全, 都' 등을 사용하여 피행위자를 총괄할 때, '把'구문을 사용한다.

① 我把所有该做的事情都做完了就去找你。
  내가 해야 할 모든 일을 다 하고 나서 너를 찾아갈게.
② 这一句"辛苦了"把一切的委屈都赶走了。
  "수고했어" 이 한마디 말이 모든 억울함을 다 없애주었다.

(5) 이중목적어 구문에서 직접 목적어가 한정 명사 성분일 때, '把'구문을 사용해야 한다.

① 刚出门, 他就把这件事告诉了我。
  막 집을 나온 후에, 그는 이 일을 나에게 알려줬다.
② 请你把这张老照片寄给老张。
  이 오래된 사진을 老张에게 부쳐주세요.

2. '把' 구문의 구조적 특징

'把'구문의 구조적 특징을 살펴보자.

(1) 단순 동사는 '把'구문의 서술어로 사용될 수 없으며, 동사 뒤에 보어가 출현한다.

① a. *请你把这封信寄。   b. 请你把这封信寄给他。
                              이 편지를 그에게 부쳐주세요.
② a. *我恨不得把他杀。   b. 我恨不得把他杀死。
                              나는 그를 죽이고 싶어 죽겠다.
③ a. *你把这辆自行车买吧。 b. 你把这辆自行车买下吧。
                              이 자전거를 사두세요.

'把'구문의 문법 의미로 인해 서술어동사에 단순 동사가 위치할 수 없고, 결과/변화를 나타내는 결과보어나 방향보어가 출현해야 한다. 위치 이동이나 관계의 전이를 나타낼 때도 동사 뒤에 그에 해당하는 성분이 출현해야 한다.

결론적으로 '把'구문의 서술어동사는 단순 동사일 수 없고, 그 뒤에 또 다른 성분이 출현하여 동작과 관계된 의미를 나타내야 한다. 위의 도식을 근거로 보면, '把'구문에서 결과/변화는 필수 성분이다. 다만 '把'구문에서 서술어동사가 '분리, 소실, 상실' 또는 '손실' 의미를 나타낼 때는 '了'만 출현할 수도 있다.

④ a. 快把外套脱了.　　b. *快把外套穿了.
　　얼른 외투를 벗으세요.
⑤ a. 把它扔了.　　　　b. *把它拿了.
　　그것을 버리세요.
⑥ a. 我们把房子拆了.　b. *我们把房子盖了.
　　우리는 집을 철거했다.
⑦ a. 她可把我害了.　　b. *她可把我帮了.
　　그녀 때문에 내가 크게 당했다.

일부 술보 구조의 이음절 동사, 예를 들면 '分开, 驳倒, 推翻, 打倒, 提前, 推迟, 提高, 说明, 打破, 缩小, 撤销' 등도 '把'구문에서 단독으로 서술어가 될 수 있다.

⑧ 快把干的和湿的分开.
　 얼른 마른 것과 젖은 것을 분리하세요.
⑨ 彻底把他驳倒!
　 철저하게 그를 반박하세요!

서술어동사 뒤에 보어가 출현하지 않고, 동사 앞에 부사어가 위치하는 경우도 있다.

⑩ 他总是喜欢把东西乱放。
그는 항상 물건을 아무 데나 두려고 한다.
⑪ 他把思路稍微整理就站起来了。
그는 생각을 좀 정리하고는 곧바로 일어섰다.

이처럼 '동사＋보어'가 아니라 '부사어＋동사'구조인 경우 보통 '把'구문 뒤에 또 다른 절이 놓이는데, 그 절은 앞 동작에 뒤이어 발생한 또 다른 동작을 설명한다.
(2) 자동사와 형용사는 단독으로 '把'구문의 서술어가 될 수 없다.

① *风把我的自行车倒了。
② *他把被子破了。
③ *我把衣服干净了。
④ *大家赶快把他进医院。

'把'구문의 기본 문법 의미는 서술어동사가 반드시 또 다른 대상과 관련된 타동사일 것을 요구한다. 타동사 없이 결과/변화를 나타내는 자동사나 형용사만 있다면 그 결과나 변화에는 '원인'이 없는 셈이다. 따라서 자동사와 형용사는 '把'구문에서 단독으로 서술어가 될 수 없고, 타동사 뒤에서 보어로만 출현할 수 있다.
자동사가 다른 자동사 뒤에서 보어로 출현하는 경우도 있다.

⑤ 半夜她把我们都哭醒了。
한밤중에 그녀는 울어서 우리 모두를 깨웠다.

위에서 제시한 도식으로 봤을 때 변화의 발생은 특정한 행위가 있었기 때문인데, 그러한 동작 행위를 나타내는 동사(일반적으로 타동사)가 없으면 '把'구문으로 사용할 수 없다.

(3) 비동작동사는 '把'구문의 서술어동사가 될 수 없다.

일부 동사가 서술하는 동작은 대상을 변화시킬 수 없는 것들로, 비동작동사로 분류된다. 주로 존재/출현 의미의 '有, 在, 像', 속성동사 '是, 属于', 감각/지각을 나타내는 심리동사 '知道, 相信, 看见, 听见, 闻见, 感到, 感觉, 以为, 认为, 懂', 방향동사 '上, 下, 下去' 등이다.

① *他还没把那本词典有了。
② *妈妈把这件事知道了。
③ *我一进门就把饭香闻到了。
④ *去年我就把他认识了。
⑤ *我至今还没把西藏去过。
⑥ *我三年只把家回过一次。

위의 동사가 서술하는 행위는 관련한 사물에 변화를 일으킬 수 없는 것들이다. 예를 들어 '知道'는 변화가 없는 속성 상태를 나타낸다. '把'구문의 서술어동사는 반드시 관련 대상에 변화가 발생하도록 해야 하므로, 비동작성 동사는 '把'구문의 서술어동사가 될 수 없다.

(4) 능원동사, 부정부사, 시간사 등은 '把'자구와 서술어 사이에 위치할 수 없고, 모두 '把' 앞에 위치해야 한다. 이와 관련한 학습자 오류는 매우 흔하게 발견된다.

① *你把这件事不应该告诉妈妈。(你<u>不应该</u>把这件事告诉妈妈。)
   (이 일을 엄마에게 알리지 말았어야 해.)
② *我把今天的作业没带来。(我<u>没</u>把今天的作业带来。)
   (저는 오늘 숙제를 가져오지 못했어요.)
③ *我把书明天还给图书馆。(我<u>明天</u>把书还给图书馆。/<u>明天</u>我把书还给图书馆。

(나는 내일 책을 도서관에 반납할 것이다. / 내일 나는 책을 도서관에 반납할 것이다.)

능원동사, 부정부사, 시간사의 일반적인 위치는 동사 앞이라서, 학습자는 이 규칙을 '把'구문에 적용하여 위와 같은 오류가 발생한다.

(5) '把'구문에서는 동사 뒤에 가능보어를 수반할 수 없다. 가능보어는 어떤 가능성을 나타낼 뿐, 동작의 결과를 나타낼 수 없다. 그러나 '把'구문의 문법 의미는 동작 행위가 사물에 가져온 결과/변화를 나타낸다. 이 두 의미는 서로 모순되어, '把'자구와 가능보어가 한 문장에 같이 출현할 수 없다.

① *我把衣服洗不干净。(我洗不干净衣服。/衣服我洗不干净。)
    (나는 옷을 깨끗이 빨지 못한다. / 옷을 나는 깨끗이 빨지 못한다.)
② *我把这本书看得懂。(我看得懂这本书。/这本书我看得懂。)
    (나는 이 책을 이해할 수 있다. / 이 책을 나는 이해할 수 있다.)
③ *我把你的箱子打不开。(你的箱子我打不开。/我打不开你的箱子。)
    (당신의 상자를 저는 못 열어요. / 나는 당신의 상자를 못 열어요.)

(6) '把'구문의 목적어는 반드시 특정한 것이어야 한다.
'把'구문의 목적어는 화청자가 모두 아는 대상이어야 한다.

① a. 我把那本书扔了。
      나는 그 책을 버렸다.
   b. 我把书扔了。[특정 형식의 관형어는 아니지만, 화청자가 어떤 책인지 알고 있음]
      나는 (그) 책을 버렸다.
   c. *我把一本书扔了。

이상의 6개 유형을 종합하여, '把'구문의 구조 특징을 아래와 같이 정리할 수 있다.

                              타동성 동작동사
                                   ↓

주어(+부정부사, 능원동사 등) + 把 + 목적어 + 동사 + 보어
                               ↑   ↑
                          확정 지시   목적어의 동사
                                         이후 상황을 나타냄.
                                           (가능보어 불가)

3. '把' 구문을 학습할 때 자주 출현하는 오류는?

'把'구문의 주요 오류 유형은 다음과 같다.

3.1 '把' 구문의 누락 오류

① *下课后要交作业给老师。(下课后要把作业交给老师。)
   (수업이 끝난 후에 숙제를 선생님께 제출해야 한다.)
② *他经常忘自己的手机在教室，我们都说他是个马虎的人。
   (他经常把自己的手机忘在教室……)
   (그는 자주 자신의 휴대폰을 교실에 놓고 오는데……)

동작을 통한 사물의 위치 변화를 서술할 때 반드시 '把'구문을 사용해야 한다.

3.2 '把'구문의 첨가 오류

① *他总是把作业做得很认真。(他总是很认真地做作业。)
   (그는 늘 열심히 숙제를 한다.)
② *她把每一件事情做得都很仔细。(每一件事情她都仔细地做。)
   (모든 일을 그녀는 다 꼼꼼하게 한다.)
③ *我把汉语学得很刻苦。(她学习汉语很刻苦。)
   (그녀는 중국어를 고생스럽게 배운다.)

이 오류는 '把'구문의 문법 의미와 관련이 있다. '认真', '仔细', '刻苦'는 모두 대상 '作业', '汉语' 등의 변화를 나타내지 않고 주어가 행위를 할 때의 상태를 묘사하므로, '把'구문의 사용은 부적절하다.

따라서 '把'구문을 가르칠 때 단순하게 (아래와 같은) 형식만 알려주는 것으로는 부족하다. '주어+把+목적어+동사+보어', '주어+把+목적어+동사+在/到+장소'는 가능한 조합을 보여주는 것뿐이며, 모든 명사와 동사가 이 구조에 적용되어 구문이 성립되는 것은 아니다. '把'구문의 의미, 화용 조건을 설명하지 않으면 학습자는 위의 구조에 맞춰 형식상으로는 올바르지만, 실제 사용에서는 오류인 문장을 만들게 된다.

④ *我把饺子吃在五道口食堂。
⑤ *他把衣服买在王府井。

예문④, ⑤의 '五道口食堂'과 '王府井'은 동작 발생 이전의 원래 위치이고, '饺子', '衣服'가 있는 곳도 동작 발생 후의 장소가 아니기 때문에 '把'구문을 사용할 수 없다.

의미상으로는, 동작이 발생한 후에 위치 이동이나 변화 등이 발생해야만 '把'구문을 사용할 수 있다.

⑥ 我把饺子<u>放在桌子上</u>。
　　나는 만두를 테이블 위에 놓았다.
⑦ 他把衣服<u>扔在床上</u>。
　　그는 옷을 침대 위로 던졌다.

3.3 '把' 구문의 구조 오류

'把'구문을 학습하는 과정에서 구조와 관련하여 다양한 오류가 발생할 수 있다. 앞에서 '把'구문의 구조적 특징을 소개했으므로, 여기서는 간단하게 오류 유형만 제시하고자 한다.

(1) 서술어동사 뒤 보어의 누락 오류.

① *美珠把杂志买了。(美珠把杂志买<u>来</u>了。)
　　(美珠가 잡지를 사 왔다.)
② *我的同屋昨天把我们的房间打扫。(我的同屋昨天把我们的房间打扫<u>干净了</u>。)
　　(내 룸메이트가 어제 우리 방을 깨끗이 청소했다.)

(2) 자동사/형용사를 서술어로 잘못 사용한 오류.

① *妈妈把我的裙子干净了。(妈妈把我的裙子<u>洗</u>干净了。)
　　(엄마가 내 치마를 깨끗하게 빨아주셨다.)

(3) 비동작동사를 '把'구문의 서술어로 잘못 사용한 오류.

① *他把这件事情知道了。(他<u>知道</u>了这件事。)
　　(그가 이 일을 알게 되었다.)

(4) 가능보어를 '把'구문의 보어로 잘못 사용한 오류.

① *我把我的钥匙找不到。(我<u>找不到</u>我的钥匙了。)
   (나는 내 열쇠를 찾을 수가 없었다.)

(5) 부정부사와 능원동사의 어순 오류.

① *我把这件事情没有告诉老师。(我<u>没有</u>把这件事告诉老师。)
   (나는 이 일을 선생님께 알리지 않았다.)
② *你把这封信应该寄出去。(你<u>应该</u>把这封信寄出去。)
   (이 편지를 반드시 부쳐야 해요.)

4. '把'구문 교육

4.1 문법 의미부터 시작하여 단계별로 교육한다

'把'구문은 내부 양상이 복잡해서 여러 개의 하위 유형으로 분류할 수 있다. 일부 교재나 교사들은 형식과 난이도가 다른 '把'구문을 한 번에 가르치기도 한다. 그러면 학습자는 '把'구문을 배운 후에 구문의 사용 규칙과 제약의 일부만을 기억하거나 '把'의 처치 의미를 정확하게 이해하지 못해, 주술목 어순의 일반 문장과 '把'구문을 헷갈려 한다. 그 결과 '把'구문의 사용을 회피하거나, 잘못 사용하게 된다(呂文华 1994). 그렇다면 '把'구문의 교육 문제를 어떻게 해결해야 할까?

보다 근본적으로 '把'구문을 교육하는 방법은 문법 의미부터 설명해서, 어떤 의미를 표현할 때 '把'구문을 사용하는지를 학습자에게 이해시키는 것이다. 동시에 '把'구문의 사용 맥락을 강조하여, 어떤 상황에서 사용해야 하는지 이해하도록 해야 한다. 의미 분석에서 출발하여 구조적 특징, 화용을 결합하거나, 구조적 특징에서 출발하여 의미와 화용을 결합하는 방법 또는 화용에서 출발하여 형식과 의미를 결합하는 방법 등을 선택할 수 있다. 그리고 '把'구문을 단계적으로 쉬운 것에서부터 어려운 것으로, 표면 의미에서 심층 의미로 학습하게 해야 한다.

의미에서 출발하여 구조 특징과 결합하는 '把'구문 교육을 단계별로 제시하면 다음과 같다.

초급 단계는 아래와 같이 '把'구문을 가르쳐야 한다.

(1) 동작으로 인해 사물 위치가 이동하였음을 나타낸다.

구조 1: '주어+把+목적어+동사+在/到+특정 장소'.

① 他把书包放在地上了.
  그는 책가방을 바닥에 놓았다.
② 请你把这张地图挂在黑板上面.
  이 지도를 칠판에 거세요.

(2) 사물이 특정 동작으로 인해 관계의 전이가 발생했음을 나타낸다.

구조 2: '주어+把+명사$_1$+동사+给+사람(관계 전이의 대상)'.

① 我把作业都交给老师了.
  나는 숙제를 선생님께 제출했다.
② 我把照片发给妈妈了.
  나는 사진을 엄마에게 전송했다.

이 두 유형의 '把'구문은 사용 빈도가 높으며 반드시 '把'를 사용해야 하는 경우로, 일반 문장으로의 교체가 불가능하다. 그래서 우선 학습자가 사용하게 하고, 잘못 사용하면 교사가 교정해준다. 이 두 유형의 '把'구문을 학습하면 '把'구문의 문법 의미를 대체로 이해할 수 있고, 다른 '把'구문을 학습하는 토대가 된다. 따라서 학습자는 이 두 유형의 '把'구문을 필수적으로 이해해야 한다.

(3) 사물이 동작에 의해 변화가 발생했거나 결과가 출현했음을 나타낸

다. 사용 가능한 구조는 다음과 같다.

구조 3: '주어+把+목적어+동사+결과보어'.

① 我把衣服洗干净了。
　　나는 옷을 깨끗이 빨았다.
② 请你把窗户打开。
　　창문을 열어 주세요.

구조 4: '주어+把+목적어+동사+방향보어'.

③ 他把书包拿来了。
　　그가 책가방을 가져왔다.
④ 请你把这词典带到教室去。
　　이 사전을 교실로 가져가세요.

구조 5: '주어+把+목적어+동사+상태보어'.

⑤ 他把房间打扫得干干净净。
　　그는 방을 아주 깨끗하게 청소했다.
⑥ 她把课文记得滚瓜烂熟。
　　그녀는 본문을 외울 정도로 잘 기억한다.

구조 6: '주어+把+목적어+동사+사람'.

⑦ 我把这件事告诉妈妈了。
　　나는 이 일을 엄마에게 알려주었다.
⑧ 请你把他的电话号码给我。
　　그의 전화번호를 제게 주세요.

구조3, 4는 결과보어와 방향보어를 수반한 경우인데, 통계에 따르면 '把'구문 가운데 출현 빈도가 가장 높은 유형으로 각각 23.3%와 19.9%에 달했다. 이는 전체 '把'구문의 절반을 넘게 차지하는 비율이다(吕文华 1994). 그렇기 때문에 학습자가 비교적 일찍 접할 수 있어야 하나, 결과/방향보어의 제약으로 이 두 유형의 '把'구문은 결과/방향보어를 학습한 후에 익혀야 한다. 이상 6가지 구조의 '把'구문은 전체 '把'구문의 80% 이상을 차지하는 상용 구조로서 가장 기본적인 의미와 용법을 나타내므로, 초급 학습자의 의사소통에도 꼭 필요하다.

중급 단계는 아래와 같은 '把'구문을 가르칠 수 있다.

(4) 특정 사물이 다른 사물과 동일시되거나, 동작을 통해 어떤 사물이 동등한 성질의 또 다른 사물로 변화했을 때 사용할 수 있다.

구조 7: '주어+把+목적어$_1$+동사+成/作/为+목적어$_2$'.

① 我把他当成了我最好的朋友。
　 나는 그를 나의 가장 친한 친구로 여겼다.
② 我们常常把儿童比喻为花朵。
　 우리는 자주 어린이를 꽃송이에 비유한다.

이 같은 유형은 종종 독립적으로 쓰여 주관적인 판단을 나타낼 때 반드시 사용하는 '把'구문이다.

(5) 동작과 특정 사물의 연관성, 또는 어떤 방식에 의해 발생한 연관성을 나타낼 때 사용한다.

구조 8: '주어+把+목적어+동사+동사 중첩'.

① 请你把情况介绍介绍。
　 상황을 좀 소개해주세요.

② 现在我把这次旅游的注意事项说一说。
　　이제 제가 이번 여행의 주의사항을 좀 말씀드리겠습니다.

그러나 모든 '把'구문에 동사 중첩 형식을 쓸 수 있는 것은 아니다.

③ *你把他帮助帮助。

중첩이 가능한 동사 유형은 동작을 통해 '把' 뒤에 출현하는 대상에 명확한 변화를 불러올 수 있는 동사 '洗, 擦, 抹, 打扫' 등이나 발화 동사 '介绍, 谈, 讲, 说' 등이다. 또 '检查, 核对' 등은 명령문에 많이 사용된다.

④ 快把黑板擦擦。
　　얼른 칠판을 닦으세요.
⑤ 快把卷子检查检查!
　　얼른 시험지를 검사하세요!

구조 9: '주어+把+목적어+동사+着, ……'.

⑥ 他把眼睛闭着, 一动不动。
　　그는 눈을 감고, 조금의 움직임도 없었다.
⑦ 他把头抬着, 一副旁若无人的样子。
　　그는 머리를 든 채, 안하무인격이었다.

구조 10: '주어+把+목적어+一+동사, ……'.

⑧ 他把书一扔就出去了。
　　그가 책을 내던지고 나가버렸다.

⑨ 老师把桌子一拍，我们就都害怕了。
   선생님이 책상을 치시자, 우리는 모두 겁이 났다.

구조 11: '주어+把+목적어+부사어+동사'.

⑩ 你总是把东西乱扔。
   너는 항상 물건을 함부로 버린다.
⑪ 她把头发略加整理就出去了。
   그녀는 머리를 조금 정리하고 나갔다.

구조 12: '주어+把+목적어+동사+동량사'.

⑫ 我们把这个问题研究好几遍了。
   우리는 이 문제를 여러 차례 연구했다.
⑬ 老师把这个语法又讲了一遍，我们才明白。
   선생님이 이 문법을 또 한 번 설명하고 나서야, 우리는 이해했다.

구조 8에서 12까지는 주로 사물과 동작간의 연관성을 나타내는데, 연관되는 방식을 기술하며 결과를 나타내는 것은 아니다. 동사 앞뒤의 성분은 동작의 방식이나 양을 나타낸다.
고급 단계는 아래의 '把'구문을 교육할 수 있다.
(6) 원치 않은 상황을 나타낸다.

구조 13: '주어+把+목적어+동사+了'.

① 我把他的名字忘了。
   나는 그의 이름을 잊었다.
② 快把它扔了。
   얼른 그것을 버려라.

(7) 사역 의미를 나타낸다.

구조 14: '무생물 주어+把+목적어+동사+기타 성분'.

① 外边的鞭炮声把孩子惊醒了。
바깥의 폭죽 소리가 아이를 놀라게 해 깨웠다.
② 你的眼睛把她吓哭了。
당신의 눈이 그녀를 놀라게 해 울게 하였다.

'把'구문의 주어는 대부분 사람이나 유생물이다. 무생물 주어는 보통 사건, 자연현상 또는 기계 동력 등을 나타내는데, 변화가 발생한 원인이 된다.

고급 단계는 또 복잡한 '把'구문을 가르칠 수 있다.

복잡한 명사 성분. 예:

为了这次考试，我把小学，中学和高中学过知识又重新复习了一遍。
이번 시험을 위해, 나는 초등학교, 중학교, 고등학교에서 배웠던 지식을 또다시 한번 복습했다.

'把'자구가 포함된 겸어구문. 예:

老师让班长把作业收上来。
선생님이 반장에게 숙제를 걷어오라고 하셨다.

'把'자구가 포함된 연동구문. 예:

把这些旧书捆起来卖了吧。
이 헌 책들을 묶어서 팔아버립시다.

이상의 분석을 통해, '把'구문은 구조, 의미, 화용 모든 방면에서 복잡하다는 것을 알 수 있다. 따라서 교육 순서에 있어서도 '把'구문을 초급 단계에만 설계할 것이 아니라 초급, 중급, 고급의 전 과정에 걸쳐 배치할 필요가 있다.

4.2 '把' 구문에서 담화 요소의 제약

교육 현장에서 살펴보면 고급 단계 학습자가 말하거나 작문한 문장을 하나씩 봤을 때는 별로 오류가 없지만, 전체적으로 어색한 느낌을 주는 경우가 종종 있다. 이것은 학습자의 담화 지식이 부족함을 의미하는데, 고급 단계에서 '把'구문을 교육할 때, 특히 구문의 담화 제약 요소에 신경 쓸 필요가 있다.

초급 단계에서 '把'구문을 이미 배웠지만, 담화 표현에서 동일한 의미의 구문을 어떻게 선택할 것인지의 문제는 학습자에게도 어려운 일이다. 아래 두 문장을 보자.

① *他走进房间，书包被扔到了床上。
② *自行车是我同屋的，把它弄坏了。

위에서 각각의 단문(절)은 문법적으로 문제가 없으나, 문장 전체를 보면 맥락의 일관성에 모두 문제가 있다. 서술의 각도를 일관되게 유지하는 방향으로, 위의 두 문장은 다음과 같이 수정되어야 한다.

③ 他走进房间，<u>把</u>书包扔到了床上。
　그는 방으로 들어가서, 책가방을 침대 위로 던졌다.
④ 自行车是我同屋的，<u>被</u>我弄坏了。
　자전거는 내 룸메이트 것인데, 내가 고장을 냈다.

이와 유사한 오류는 고학년 학습자에게서 흔히 발견된다. 따라서 일관성의 측면에서, 담화 요소가 '把'구문에 미치는 선택 제약을 분석하는 일이 매우 중요하다는 것을 알 수 있다.

4.3 '把'구문의 구조 특징 강조

학습 단계의 전 과정에 걸쳐, 모든 동사가 '把'구문에 사용될 수는 없다는 점을 반복하여 강조한다. 학습자 수준에 맞춰 예시를 드는 방법으로 이미 학습한 동사 가운데 '把'구문에 사용될 수 있거나 없는 유형을 설명한다. 또 '把'구문에서 부사어의 위치를 반복해서 강조한다.

III. 피동구문

1. 피동구문의 특징과 유형
   1.1 피동구문이란? 피동구문은 어떤 특징이 있을까?
   1.2 피동구문은 몇 개의 유형으로 나누어질까?
   1.3 의미상의 피동: "会议下个星期被召开"는 왜 잘못된 문장일까?
   1.4 '由'구문: "这件事被经理负责"는 왜 잘못된 문장일까?
   1.5 '被' 구문이란? '被' 구문은 어떤 특징이 있을까?
   1.6 '被' 구문의 화용 기능은?
   1.7 '被, 叫, 让, 给' 피동구문은 어떤 차이가 있을까?
   1.8 '被' 구문을 학습할 때 자주 출현하는 오류는?
2. 피동구문 교육

1. 피동구문의 특징과 유형

1.1 피동구문이란? 피동구문은 어떤 특징이 있을까?

주어와 서술어는 다양한 의미 관계를 가지고 있다. 서술어가 동사성 성분이면, 주어와 서술어 간에 의미상 아래의 세 가지 관계가 있을 수 있다.

(1) 주어가 행위자이다. 즉, 주어가 가리키는 사물이 서술어동사가 나타내는 행위의 개시자이다.

① 我洗完衣服了。
   나는 옷을 다 세탁했다.

② 他吃了两个饺子。
그는 만두 2개를 먹었다.

(2) 주어가 피행위자이다. 즉, 주어가 가리키는 사물이 서술어동사가 나타내는 행위의 수용자이다.

① 作业都做完了。
숙제를 다 했다.
② 衣服洗干净了。
옷을 다 세탁했다.

(3) 주어가 행위자도 아니고 피행위자도 아니다.

① 我是学生。
나는 학생이다.
② 今天下雨。
오늘은 비가 온다.

주어가 피행위자인 주술구문을 '피동구문'이라고 한다. 피동구문의 사용은 일반적이며, 아래의 특징을 나타낸다.
첫째, 피동 의미가 있다. 형식표지가 있는 '被, 叫, 让, 给'구문과 무표지 피동문 모두 피동의 의미가 있다.

① 杯子被我扔了。
잔은 내가 버렸다.
② 我家的小鸡叫老鹰抓走了。
우리 집 병아리가 독수리에게 잡혀갔다.
③ 自行车让他骑坏了。
자전거는 그가 타는 바람에 망가졌다.

④ 他一不小心给镰刀划了个口子。
　　그는 부주의로 낫에 베여 상처를 입었다.
⑤ 碗摔破了。
　　그릇이 깨졌다.

둘째, 주어는 반드시 한정적이다. 주어가 가리키는 사물은 청화자가 모두 알고 있는 것이다.

⑥ <u>手表</u>修好了。
　　(그) 손목시계가 다 수리되었다.
⑦ <u>书</u>已经还了。
　　(그) 책은 이미 돌려줬다.

셋째, 서술어는 복잡한 형식을 취하므로 동사 단독으로는 서술어가 될 수 없다. 예를 들어, '苹果吃', '手表修'처럼 동사 하나만 말하면 안 되며 구 형식이거나, 동사 뒤에 '了, 着, 过'를 수반해야 한다.

⑧ a. 苹果吃<u>完了</u>。
　　　사과를 다 먹었다.
　 b. 苹果吃<u>了</u>一个。
　　　사과를 하나 먹었다.
　 c. 苹果吃<u>了</u>。
　　　사과를 먹었다.
⑨ a. 手表修<u>好了</u>。
　　　손목시계가 수리되었다.
　 b. 手表<u>没</u>修。
　　　손목시계가 수리되지 않았다.
　 c. 手表修<u>过了</u>。
　　　손목시계가 수리되었다.

동사가 단독으로 서술어가 되는 경우는 비교 의미를 나타내거나, 대답 형식에만 국한된다.

⑩ 小孙女很挑食, 蛋白吃, 蛋黄不吃。
작은 손녀는 입맛이 까다롭다. 흰자는 먹는데, 노른자는 먹지 않는다.
⑪ A: 作业本和写字本交吗?
숙제 노트와 쓰기 노트를 제출합니까?
B: 作业本交, 写字本不交。
숙제 노트는 제출하고, 쓰기 노트는 제출하지 않습니다.

1.2 피동구문은 몇 개의 유형으로 나누어질까?

피동 표현의 문장의 구조 유형은 아래의 몇 가지가 있다.

첫째, 의미상의 피동.

① 衣服洗干净了。
옷을 깨끗이 빨았다.

둘째, '被'구문.

② 他被打哭了。
그가 맞아서 울었다.

셋째, '由'구문.

③ 这件事由老张负责。
이 일은 老张이 책임진다.

넷째, 주어가 (피)행위자임을 강조하는 '是……的'구문.

④ 这些麻烦都是他带来的。
　　이 번거로움들은 모두 그 때문에 생긴 것이다.

학습자는 형식표지에 민감해서, 자주 형식표지가 있는 '被'구문을 다른 피동문 대신 사용한다. 이로 인해, 여러 피동문의 오류가 출현한다.

⑤ *信被写好了。['被'구문이 의미상의 피동문을 대체](信写好了。)
　　(편지를 다 썼다.)
⑥ *公园被建成了。['被'구문이 의미상의 피동문을 대체](公园建成了。)
　　(공원이 완성되었다.)
⑦ 成绩单的事情被王老师负责。['被'구문이 '由'구문을 대체]
　　(成绩单的事情由王老师负责。)
　　(성적표 일은 王 선생님이 책임진다.)
⑧ *这本书被王大年写。['被'구문이 '是……的'구문을 대체]
　　(这本书是王大年写的。)
　　(이 책은 王大年이 쓴 것이다.)

따라서 중고급 단계에서 피동문의 종류를 소개할 필요가 있다. 피동문은 아래와 같이 몇 개 유형으로 분류된다.

1.3 의미상의 피동: "会议下个星期被召开"는 왜 잘못된 문장일까?

피행위자 주어문에서 주어가 무생물이거나 또는 생물이더라도 행위자가 아닐 때, 의미상의 피동문을 사용할 수 있다.

① 推荐信已经寄走了。
　　추천서가 이미 발송되었다.
② 小偷抓住了。
　　도둑이 잡혔다.

③ *他打伤了。["他被打伤了(그가 맞아서 다쳤다)"의 의미를 표현하고자 함]
④ *他批评了。["他被批评了(그가 혼났다)"의 의미를 표현하고자 함]

의미상의 피동문은 사용 빈도가 상당히 높다. 王还(1983)은 중국어를 학습할 때 '被'구문 외에 다른 피동문도 사용할 수 있어야 한다고 강조했다. 사실 피동문 중에서 가장 많은 것은 무표지 피동문이다. 무표지 피동문은 '의미상의 피동'으로, 피행위자가 화제가 되며 그 피행위자가 동작의 영향을 받은 결과를 진술한다. 보통 중립적인 서술에 쓰이며, 피동 의미는 약한 편이다.

학습자는 행위자 — 피행위자, 능동 — 피동에 대한 대립적 개념이 강해 피동을 나타내려면 반드시 피동표지를 써야 한다고 생각한다. 이 같은 인식 때문에, 의미상 피동문을 사용해야 하나 형식표지가 있는 '被'구문으로 잘못 사용하게 된다.

⑤ *会议下个星期被召开。
⑥ *那些汉字被我写完了。
⑦ *这时候我才发现我的手表是被中国制造的。

'被'의 본래 의미는 동사 '被'이며, '덮다(覆盖)'의 의미에서 파생되어, 후에 '당하다(蒙受, 遭受)'의 의미가 되었다. 따라서 '被'는 피동 외에 '뜻대로 되지 않음, 불쾌함, 손해 봄'의 의미를 나타내는데, 이 의미는 과거부터 지금까지 계속 쓰여온 것이다. "他被选为班长"와 같이 '뜻대로 됨'을 의미하는 '被'구문도 존재하지만 상당히 제약이 있기 때문에, '被'구문은 기본적으로 '여의치 않음'이라는 부정 의미를 나타낸다고 볼 수 있다. 상술한 예는 모두 이러한 부정 의미가 없으므로, '被'구문을 사용할 수 없다.

1.4 '由'구문: "这件事被经理负责"는 왜 잘못된 문장일까?

전치사 '由'가 행위자를 이끄는 문장을 '由'구문이라고 한다. '由'구문은 사건이 특정 사람이나 어떤 책임에 속해 있음을 나타낸다. 문장에서 전치사 '由'가 행위자를 이끌어내는 기능을 할 때는 '被'와 동일하게 영어의 'by'로 번역되며, 전체 문장도 피동문으로 번역될 수 있다. 그러나 '由'구문과 '被'구문은 대부분 호환이 불가능하다. 이 점이 매우 중요한데, 학습자에게 자주 출현하는 오류가 영어에서 'by'를 사용한 피동문을 모두 '被'구문으로 쓰는 오류이기 때문이다.

① *明天的火车票被我买。
② *这件事情被经理负责。

'由'구문과 '被'구문은 다음과 같은 차이가 있다.

(1) '由'구문의 피행위자 성분은 목적어, 주어가 모두 될 수 있다. 그러나 '被'구문의 피행위자는 보통 목적어는 될 수 없다.

① a. <u>由</u>班长负责吃的。
   반장이 먹는 것을 책임진다.
   b. 吃的<u>由</u>班长负责。
   먹는 것은 반장이 책임진다.
② a. *被他弄坏了我的自行车。
   b. 我的自行车<u>被</u>他弄坏了。
   내 자전거는 그가 망가뜨렸다.

(2) '由'구문에서 행위자는 반드시 '由'와 인접하여 출현하지만, '被'구문에서 행위자는 출현하지 않아도 된다.

① *这件事由决定。
② 我的自行车被弄坏了。
   내 자전거는 망가졌다.

(3) '由'구문은 어떤 사건이 누군가의 책임이거나, 혹은 누가 어떤 일을 하기로 되어 있음을 나타낸다. '由'구문의 핵심은 행위자로, 누가 일을 맡아야 하는지를 강조한다. '被'구문은 피행위자 주어가 동작의 지배나 영향으로 인해 발생한 상황을 진술하므로, 의미의 핵심은 피행위자이다. 따라서 '由'구문은 능동성이 강하고, '被'구문은 피동성이 강하다.

(4) '由'구문은 중립 의미를 지니기 때문에, 진술의 대상이 긍정적인지 또는 부정적인지를 논할 수 없다. 반면, '被'구문은 대부분 부정 의미로, '불쾌함' 또는 '여의치 않음'이라는 평가 의미를 나타낸다.

1.5 '被' 구문이란? '被' 구문은 어떤 특징이 있을까?

'被'구문은 서술어동사 앞에서 피동 의미의 '被'(전치사구)가 부사어로 쓰인 문장이다. 피동 의미를 나타내는 전치사 '叫, 让, 给'로 구성된 부사어가 출현하는 문장도 '被'구문에 속한다.

① 我的自行车叫小王骑走了。
   내 자전거를 小王이 타고 가버렸다.
② 下课后马克让老师留下了，因为他最近总迟到。
   수업 후에 선생님께서 마크에게 남으라고 했는데, 그가 요즘 들어 계속 지각했기 때문이다.

'被'구문은 특수 구문 중의 하나이다. 그런데 '被'구문 교육은 주로 통사, 의미 구조에 관한 설명이 많고, 화용이나 기능 측면은 제대로 다루지 않았다. 여기에서는 구조적 특징, 의미, 화용의 세 가지 각도에서 '被'구문을 분석할 것이다. 우선, '被'구문의 구조적 특징을 살펴보자.
(1) 서술어동사가 타동사여야 한다.

'被'구문의 주어는 서술어동사의 피동 대상이므로, 반드시 타동사여야 한다. 형용사와 자동사는 모두 피행위자 목적어를 수반할 수 없으므로, 일반적인 상황에서는 피행위자 주어를 수반하는 '被'구문에 출현할 수 없다.

① *孩子被哭了。(孩子被打了。)
 (아이가 맞았다.)
② *我那条裙子被他脏了。(我那条裙子被他弄脏了。)
 (내 그 치마는 그가 더럽혔다.)

일부 '被'구문의 주어는 피행위자가 아니고 서술어와 어떤 관계가 존재함을 나타내는데, 즉 '관계자'라고 할 수 있다.

① 孩子被她哭醒了。
 아이는 그녀 때문에 울면서 깼다.
② 张主任被他嚷得心烦意乱。
 张주임은 그가 소란을 피우는 바람에 몹시 혼란스러웠다.

위와 같은 '被'구문에서 서술어동사는 타동사일 수도, 자동사일 수도 있지만 그 뒤에 반드시 보어가 출현해야 한다.

일부 동사 '上当, 挨打, 受伤, 受骗, 入迷' 등은 동사 자체에 이미 피동 의미가 있어서 '被'구문에 사용할 수 없다. 학습자는 이들 단어의 의미를 제대로 이해하지 못해 '被'구문에 잘못 사용하는 경우가 있다.

① *我昨天又被司机上当了。(我昨天又被司机骗了。)
 (나는 어제 또 기사에게 속았다.)

② *他被他的同屋受伤了。(他被他的同屋打伤了。)
(그는 자기 룸메이트에게 맞아서 다쳤다.)
③ *他考试不好，被他的妈妈挨打了。(他考得不好，被妈妈打了。)
(그는 시험을 못 봐서, 엄마한테 맞았다.)

또 다른 측면에서도 이들은 모두 동목식 이합사여서 목적어를 수반할 수 없으므로, 당연히 '被'구문을 사용할 수 없다.

(2) 동사는 보통 단독으로 '被'구문의 서술어가 될 수 없다.

'被'구문은 피행위자 주어가 받은 영향을 나타내므로, 서술어동사 뒤에 결과 성분이 출현해야 한다. 따라서 '被'구문의 서술어는 보통 단순 동사일 수 없고 그 뒤에 완료/결과를 나타내는 단어, 동태조사 '了, 过', 보어나 목적어를 추가하거나 동사 앞에 부사어가 출현해야 한다. 그것도 아니라면 '被'자구가 문장에서 다른 동사의 목적어로 출현해야 한다. 이는 '被'구문의 의미 제약으로 인한 구조적 특징이다.

① *他又被老师批评。[단순 동사]
② 他又被老师批评了。[동태조사 '了'를 수반]
그는 또 선생님께 혼났다.
③ 他又被老师批评哭了。[결과보어를 수반]
그는 또 선생님께 혼나서 울었다.
④ 他又被老师叫出来了。[방향보어를 수반]
그는 또 선생님께 불려 나갔다.
⑤ 他不愿意被老师批评。[동사 앞에 능원동사 출현]
그는 선생님께 혼나길 원하지 않는다.
⑥ 我担心被人发现。['被'자구가 다른 동사의 목적어가 됨]
나는 사람들에게 발견될까봐 걱정된다.
⑦ 我希望他被老师批评。['被'자구가 다른 동사의 목적어가 됨]
나는 그가 선생님께 야단맞기를 바란다.

일부 '동사+결과보어' 형식에 사용되는 동사 '解散, 推翻, 打倒, 扩大, 消灭' 등은 뒤 성분이 앞 성분의 결과를 나타낸다. 이 동사들은 '被'구문에서 단독으로 서술어가 될 수 있다.

⑧ 那个非法组织被解散了。
　　그 불법 조직은 해산되었다.
⑨ 就这样清政府被推翻了。
　　바로 이렇게 청나라가 전복되었다.

(3) '被'구문의 주어, 즉 피행위자는 한정적이다.

① a. 那本书被爸爸扔了。
　　　그 책은 아버지가 버렸다.
　 b. *一本书被爸爸扔了。
② a. 最后进来的一个人将被开除。
　　　마지막에 들어온 사람이 해고될 것이다.
　 b. *一个人将被开除。

(4) 가능보어는 '被'구문에서 서술어동사의 뒤에 쓰일 수 없다.

가능보어는 긍정, 부정 형식 모두 서술어로 인한 결과의 가능성만을 나타낼 수 있다. 그러나 '被'는 의미상 서술어동사의 결과가 이미 발생함을 나타내어 뒤에 완료/결과를 표시하는 단어가 오거나, 동사 자체가 그러한 성분을 포함하고 있어야 한다. 따라서 '被'구문과 가능보어는 의미상 서로 모순된다.

① *我的钥匙被我找不到了。
② *他被老师教育不好。

(5) 능원동사, 부정부사, 시간사 등은 '被'구문의 앞에 놓이며 뒤에는 출현할 수 없다.

① a. 你<u>应该</u>被妈妈批评。
   엄마한테 혼나야 한다.
   b. *你被妈妈应该批评。
② a. 我<u>没</u>被经理看见。
   나는 사장의 눈에 띄지 않았다.
   b. *我被经理没看见。
③ a. 我的书<u>刚才</u>被小王借走了。
   내 책은 방금 小王이 빌려갔다.
   b. *我的书被小王刚才借走了。

(6) '被'구문의 서술어동사는 보통 목적어를 수반하지 않아서, 종종 아래의 오류문이 출현한다.

① *妈妈被老师告诉了他的成绩。
② *我小的时候被妈妈讲了这个故事。

'被'가 목적어를 전혀 수반할 수 없는 것은 아니다. 아래 몇 가지 경우에는 목적어를 수반할 수 있다.

첫째, 목적어와 '被'구문의 주어가 소유 관계일 때.

① <u>他</u>被偷了<u>钱包</u>。
   그는 지갑을 도둑맞았다.
② <u>他</u>被打破了<u>头</u>。
   그는 머리를 맞아서 다쳤다.

둘째, 목적어가 주어가 동작의 영향을 받아 도달한 결과일 때. 보통 'A₁+被+B+동사(成/为)+A₂'의 구조에 사용된다.

③ 他被打扮<u>成了女人</u>。
　 그는 여성으로 분장을 받았다.
④ 教室被临时<u>改造为舞厅</u>。
　 교실은 임시로 댄스 무대로 개조되었다.

셋째, 주어가 동작이 발생하거나 진행된 장소일 때.

⑤ 裤子被烧了<u>一个小洞</u>。
　 바지가 불에 타서 작은 구멍이 생겼다.

오류문 ①, ②를 다시 살펴보면, 위의 몇 가지 경우에 모두 해당하지 않는다. 이 두 문장의 주어는 동사의 직접적인 피행위자 대상이 아니고, 간접적인 피행위자 대상이다. 따라서 이 두 문장은 모두 '被'구문을 사용할 수 없기 때문에 오류문이다.

1.6 '被' 구문의 화용 기능은?

위의 '被'구문의 문법 의미는 언뜻 '把'구문과 구별되지 않는다. 그렇다면 '被'구문과 '把'구문은 어떻게 다를까? 두 구문 모두 동작 후에 대상에 변화가 생기는 의미를 표현한다. 그렇다면 언제 '把'구문을 사용하고, 언제 '被'구문을 사용해야 할까? '把'구문은 대상에 대해 어떤 동작을 했는가가 중요한 반면, '被'구문은 대상이 어떻게 되었는지가 의미의 중점이 된다.

그 외에도 '被'구문은 '불쾌함', '여의치 않음'의 평가 의미를 나타내는데, 이것은 과거에서부터 줄곧 쓰여왔던 중요한 용법이다. 언어가 발전하면서 중립, 긍정 의미를 나타내는 '被'구문이 다수 출현하고 있지만, 현재도 주요 용법은 부정 의미라고 할 수 있다.

1.7 '被, 叫, 让, 给' 피동구문은 어떤 차이가 있을까?

'被' 외에 전치사 '叫, 让, 给'도 피동문을 구성할 수 있다. 이들은 구어체에 많이 사용된다. 그러나 '被, 给'는 그 뒤에 행위자가 출현하지 않고 곧바로 서술어동사가 위치하는 반면, '叫, 让'구문은 반드시 행위자가 출현해야 한다.

① 我的自行车<u>被</u>偷走了。
　내 자전거는 도둑맞았다.
② 我的自行车<u>给</u>丢了。
　내 자전거는 잃어버렸다.
③ a. 我的自行车叫<u>小偷</u>偷走了。
　　내 자전거는 도둑에게 도둑맞았다.
　b. *我的自行车叫偷走了。
④ a. 姐姐的铅笔盒让<u>他朋友</u>弄坏了。
　　누나의 필통은 그의 친구에 의해 망가졌다.
　b. *姐姐的铅笔盒让弄坏了。

1.8 '被' 구문을 학습할 때 자주 출현하는 오류는?

'被'구문의 주요 오류 유형은 다음과 같다.

(1) '被'구문의 대체 오류.

첫째, 의미상의 피동 대신 '被'구문을 사용한 대체 오류.

① *我的作业被做完了。(我的作业做完了。)
　(나는 숙제를 마쳤다.)
② *信被我写好了。(信写好了。)
　(편지를 다 썼다.)

③ *我的录音机被修好了。(我的录音机修好了。)
(내 녹음기는 수리가 다 되었다.)

피동구문은 '被'구문 외에, 주술 형식이지만 피동 의미를 나타내는 '의미상 피동구문'도 존재한다. 행위자를 나타낼 필요가 없거나, 혹은 그럴 수 없을 때는 의미상의 피동문을 사용해야 한다.

둘째, 보어가 피행위자에 관한 서술이 아닌데 '被'구문을 잘못 사용한 오류.

④ *今天的讨论会被他们讨论得很热闹。(今天的讨论会他们讨论得很热闹)
(오늘의 토론회에서 그들은 매우 열띠게 토론을 했다.)
⑤ *这个圣诞节被我们过得很愉快。(这个圣诞节我们过得很愉快)
(이번 크리스마스에 우리는 아주 즐겁게 보냈다.)

'被'구문의 보어는 피행위자 주어가 어떤 동작의 영향을 받아 생긴 변화나 결과(수량보어 제외)를 나타낸다. 앞의 오류문에서 '热闹'와 '愉快'는 피행위자 주어가 아니라 '被'의 목적어인 '他们'과 '我们'의 상황을 진술하므로, '被'구문으로 표현하는 것은 적절하지 않다.

셋째, '由'구문 대신 '被'구문을 사용한 대체 오류.

⑥ *我是被俄罗斯教育部推荐来的。(我是由俄罗斯教育部推荐来的。)
(나는 러시아 교육부에서 추천해서 왔다.)
⑦ *我们的汉语课被王老师上。(我们的汉语课由王老师上。)
(우리 중국어 수업은 王 선생님께서 하신다.)

넷째, 피동 의미 동사가 있는데 '被'를 첨가한 오류.

⑧ *小时候我经常被挨打。(小时候我经常挨打。)
(어릴 때 나는 자주 맞았다.)
⑨ *昨天我又被上当受骗了。(昨天我又上当受骗了。)
(어제 나는 또 속았다.)
⑩ *他被遭到了批评。(他遭到了批评。)
(그는 비판을 받았다.)

다섯째, 기타 오류.

⑪ *妈妈被老师通知开家长会，我很害怕。(老师通知妈妈开家长会……)
(선생님이 엄마에게 학부모 회의가 있다고 알려줘서……)
⑫ *老师对我们很好，所以被我们爱。(老师对我们很好，所以我们很爱她。)
(선생님이 우리에게 잘해주셔서, 우리는 그녀를 사랑한다.)

(2) '被'의 누락 오류.

학습자는 피동을 나타낼 때, 반드시 '被'를 사용해야 한다는 고정관념이 있다. 따라서 '被'를 사용하지 말아야 하는데 사용한 오류가 많은 반면, 사용해야 하는데 그렇지 않아 발생한 오류는 훨씬 적다.

① *2007年，我派到上海工作。
② *从她拒绝那天开始，就再也不敢和他说话。

주어가 사람을 나타내는 명사/대체사이며 서술어동사의 피행위자일 때, '행위자-피행위자' 관계를 명확히 나타내고 중의성을 피하기 위해 보통 '被'구문을 사용한다.

(3) '被'구문의 구조상 오류.

'被'구문을 학습하는 과정에서 구조와 관련하여 다양한 오류가 출현하는데, 앞서 '被'구문의 구조적 특징을 이미 소개했으므로 여기서는 간단히 오류 유형만 살펴보자.

첫째, '被+목적어'를 동사의 뒤에 배치한 어순 오류.

① *我的笔弄坏了被弟弟。(我的笔被弟弟弄坏了。)
   (내 펜은 동생이 망가뜨렸다.)
② *他批评哭了被老师。(他被老师批评哭了。)
   (그는 선생님에게 혼나서 울었다.)

이 같은 오류는 초급 단계에서 많이 출현하는데, 주로 모국어의 부정적 전이로 인한 것이다.

둘째, 동사 뒤에 보어 등의 필수 성분을 누락한 오류.

③ *昨天他被汽车撞，所以今天不能来上课。(昨天他被汽车撞伤了……)
   (어제 그는 자동차에 치여 다쳐서……)
④ *刚才她又被别的孩子打。(刚才她又被别的孩子打哭了。)
   (방금 그녀는 또 다른 아이에게 맞아서 울었다.)

'被'구문은 보어를 통해 동작 발생 이후 주어의 상태를 나타낸다. 보어를 사용하지 않는다면, 최소한 결과를 나타내는 '了'라도 사용해야 한다. 문장에 '보어' 등의 필수 성분이 없다는 것은, 결과 상태를 나타내는 성분이 없음을 의미한다.

셋째, 타동사나 형용사를 단독 서술어로 잘못 사용한 오류.

⑤ *2点的时候，我被我的同屋醒了。(我被我的同屋叫醒了。)
   (나는 내 룸메이트가 깨워서 깼다.)
⑥ *老师说得很快，我们都被他糊涂了。(我们都被他说糊涂了。)
   (우리는 모두 그가 말한 것에 혼란스러워졌다.)

'被'구문은 주어의 동작 발생 후의 상태를 나타낼 뿐만 아니라 그 상태의 원인, 즉 어떤 동작을 통해 실현된 상태인지도 실명해야 한다. 따라서 보어 앞에 타동사가 출현해야 한다.

넷째, '被'구문에서 가능보어를 사용한 오용 오류.

⑦ *我的自行车被他修不好。(我的自行车他修不好。)
(내 자전거를 그는 제대로 못 고친다.)
⑧ *这张桌子被我们搬得动。(我们搬得动这张桌子。)
(우리는 이 테이블을 옮길 수 있다.)

'被'구문의 보어는 '把'구문과 동일하게 동작 발생 후의 확정 상태를 나타낸다. 그런데 가능보어는 일종의 가능성만을 나타낼 뿐, 확정된 상태가 아니므로 '被'구문의 보어가 될 수 없다.

다섯째, 부정부사, 능원동사, 시간 부사어 등의 어순 오류.

⑨ *那个坏人被我终于吓跑了。(那个坏人<u>终于</u>被我吓跑了。)
(그 나쁜 사람이 결국 내가 겁줘서 도망갔다.)
⑩ *你被他不应该批评。(你<u>不应该</u>被他批评。)
(그에게 비난 받아서는 안 된다.)

여섯째, '被……所……' 구조에서의 동사 오류.

'被'구문은 문어체에서 '被……所……'의 형식을 취할 수 있는데, '所' 뒤에는 통상 이음절 동사를 사용한다. 이때 동사는 '정신 인식, 수용, 통제' 등을 나타내는 유형에 국한되는데 예를 들면 '吸引, 迷惑, 感动, 了解, 理解, 采纳, 承认, 认识, 熟悉, 关注, 掌握, 控制' 등이 있다.

⑪ 他被她的优雅所吸引。
   그는 그녀의 우아함에 매료되었다.
⑫ 我们都被他的花言巧语所迷惑了。
   우리는 모두 그의 화려한 언변에 매혹되었다.

그러나 학습자는 이러한 제약을 알지 못해, 아래의 오류가 출현한다.

⑬ *他被我们所看见。(他被我们看见了。)
   (그는 우리에게 발각되었다.)
⑭ *他因为没有做作业被老师所批评。(他因为没有做作业被老师批评了。)
   (그는 숙제를 하지 않아서 선생님께 야단맞았다.)
⑮ *我被我的朋友所欺骗。(我被朋友欺骗了。)
   (나는 친구에게 속았다.)

2. 피동구문 교육

피동문은 고난이도 문법이어서 단계적 교육이 필요한데, 교육 내용을 분산시켜 학습상 난이도를 낮추는 방안이 있다. 아래와 같은 방법을 시도해 볼 수 있다.

(1) 형식표지가 있는 '被'구문을 먼저 가르치고, 표지가 없는 의미상의 피동문을 나중에 가르친다. 현재 시중 교재는 대부분 초급 단계에 의미상의 피동문이 출현하고 그다음에 '被'구문이 출현하는데, 이 순서는 재고할 여지가 있다. 여러 언어(한국어, 영어, 일본어, 러시아어 등)에서 형식표지를 써서 피동을 나타내기 때문에, 학습자는 '被'구문을 쉽게 받아들이지만 형식표지가 없는 피동문은 사용을 회피하게 된다. '被'를 학습하기 전에는 주된 어순인 주술목 문장을 주로 사용하지만, '被'자문을 학습한 후에는 보통 '被'구문으로 모든 것을 표현하려고 한다. 吴门吉·周小兵(2004)은

다양한 방식으로 의미상의 피동문과 '被'구문에 대한 학습자의 습득 난이도를 비교한 결과, 의미상 피동문의 습득 난이도가 '被'구문보다 높다는 사실을 발견하였다. 따라서 교육 순서에 있어서도, '被'구문을 먼저 교육하고 의미상의 피동문을 나중에 교육한다.

(2) '被', '叫', '让' 피동구문을 나누어서 가르친다. 형식표지가 있는 '被', '叫', '让' 피동구문은 사용 빈도가 각각 다르다. 吴门吉·周小兵(2004)의 피동문 사용 빈도 조사에서도 '被'구문의 사용 빈도가 절대적인 우세를 차지한다는 점을 발견하고, 이를 근거로 '被, 叫, 让' 피동구문을 분리해서 교육할 것을 제안했다.

초급 단계에서 전형적인 피동구문인 '被'구문을 학습하고, 중급 단계에서 '叫, 让' 피동구문을 학습한다. 이렇게 하면 난이도가 낮아져, 학습자가 피동문을 학습하는 데 도움이 된다.

(3) 화용 기능을 강조하되, 통사 형식과 의미도 고려한다. '被'구문은 특수한 화용 기능을 지니고 있어, '被'구문 교육의 기본 원칙도 그 부분을 강조하는 데 있다. '여의치 않은 상황'을 나타내는 부정 의미에서 출발하여, 중립적 의미의 '被'구문을 소개하고 '被'구문의 담화 기능을 강조한다.

(4) '被'구문에서 동사의 특징 및 부사어의 위치를 반복적으로 강조한다.

IV. '是……的' 구문

1. '是……的' 구문이란?
2. '是……的' 구문의 구조적 특징: "他是昨天来的"="他昨天来的"≠"他是昨天来"는 왜 그럴까?
3. '是……的' 구문은 무엇을 강조할 수 있을까?
4. '是……的' 구문의 화용 조건: "他是明天去上海的"는 왜 잘못된 문장일까?
5. "他是去年退休的"와 "他去年退休了"는 어떤 차이가 있을까?
6. "他是昨天来的"와 "他是会来的"는 같을까?
7. '是……的' 구문을 학습할 때 자주 출현하는 오류는?
8. '是……的' 구문 교육에서 유의할 점은?

1. '是……的' 구문이란?

'是……的' 구문은 '是……的' 표지를 사용하여 동사와 관련된 성분들을 강조하는 동사서술어문을 말한다. '是'는 서술어 앞에 출현하지만 주어 앞에 놓일 수도 있다. '的'는 문미에 출현하며 서술어동사, 목적어 앞에 출현하기도 한다. '是'는 보통 생략이 가능하나 '的'는 생략할 수 없다.

① 他<u>是</u>下午出发<u>的</u>。
그는 오후에 출발했다.
② 我<u>是</u>在书店买<u>的</u>这本书。
나는 서점에서 이 책을 샀다.
③ 我骑自行车去<u>的</u>, 回来时快累死了。
나는 자전거를 타고 간 거라서, 돌아올 때 힘들어 죽을 뻔했다.
④ *我是昨天晚上来。

2. '是……的' 구문의 구조적 특징: "他是昨天来的"="他昨天来的"≠"他是昨天来"는 왜 그럴까?

(1) '是……的' 구문에서 '是'는 생략할 수 있지만 '的'는 생략할 수 없다.

① a. 他自己开车来的。　　b. *他是自己开车来。
　　그는 직접 차를 몰고 왔다.
② a. 我们在大学认识的。　　b. *我们是在大学认识。
　　우리는 대학에서 만났다.

(2) '的'는 문미에 출현하지만, 목적어 앞에 놓일 수도 있다.

① a. 我爸爸是上周来北京的。　　b. 我爸爸是上周来的北京。
　　우리 아버지는 지난주에 北京에 오셨다.
② a. 他们是坐火车去上海的。　　b. 他们是坐火车去的上海。
　　그들은 기차를 타고 上海로 갔다.

(3) 강세와 '是'의 위치

'是'는 그 뒤의 성분이 대조 초점임을 나타낸다. '是' 뒤에 성분이 여러 개이면 모두 대조 초점이 될 수 있는데, 회화에서는 강세로 실제 대조 초점을 표현할 수 있다.

① 我是上周三和姐姐一起打的去的书店。
　　나는 지난주 수요일에 언니와 함께 택시를 타고 서점에 갔다.
② 我是上周三和姐姐一起打的去的书店。
　　나는 지난주 수요일에 언니와 함께 택시를 타고 서점에 갔다.
③ 我是上周三和姐姐一起打的去的书店。
　　나는 지난주 수요일에 언니와 함께 택시를 타고 서점에 갔다.

강세가 다르면 대조 초점도 달라지기 때문에, 강조하는 중점이 달라진다. 강세가 '是' 뒤의 대조 초점에 놓이지 않고 '是' 자체에 놓이면(예: 他是上星期来的) 문장의 초점이 '是'에 놓여, 전체 문장은 "他确实是上星期来的(그는 확실히 지난주에 온 것이다)"의 의미가 된다.

(4) 부정 형식은 '是' 앞에 '不'를 추가한 '不是……的'이다. 이때 '不是'는 생략할 수 없다. 이 부정 형식이 부정하는 대상은 행위 자체가 아니라, 대조 초점이 되는 부분이다.

① 你的书真<u>不是</u>我弄脏<u>的</u>。
　당신 책은 진짜로 내가 더럽힌 게 아니에요.
② 他<u>不是</u>开车来<u>的</u>。
　그는 차를 몰고 온 것이 아니다.

예문①에서 부정의 대상은 '弄脏'이 아니라, 문장에서 대조 초점이 되는 '我'이다. 예문②에서 부정의 대상은 '来'가 아니라, 문장의 대조 초점인 '开车'이다.

3. '是……的' 구문은 무엇을 강조할 수 있을까?

'是……的' 구문에서 서술어 성분은 '是'와 '的' 사이의 주요 동사이지만, 의미의 초점은 동작이 나타내는 행위가 아니라 '是' 뒤에 나오는 단어/구가 나타내는 성분이다. 즉 '是' 뒤의 성분이야말로 강조하고자 하는 부분이다.

대부분 '是……的'가 강조를 나타낸다고 하는데 무엇을 강조하는 것일까? 강조 성분의 차이에 따라 '是……的' 구문을 아래 몇 가지로 나눌 수 있다.

(1) 동작 발생의 시간, 장소, 방식, 조건, 목적, 대상, 도구 등을 강조.

① A: 你是怎么来的? B: 我是骑自行车来的。[방식 강조]
　　 어떻게 왔어요? 　　 나는 자전거를 타고 왔어요.
② A: 你们是什么时候出发的? B: 我们是下午三点出发的。[시간 강조]
　　 너희는 언제 출발했니? 　　 우리는 오후 세 시에 출발했어요.
③ A: 你是为什么来中国的? B: 我是为了学习汉语来的。[목적 강조]
　　 왜 중국에 온 거예요? 　　 나는 중국어를 배우려고 왔어요.
④ A: 这种雨衣是用什么做的? B: 这种雨衣是用化纤做的。[재질 강조]
　　 이런 우비는 무엇으로 　　 이런 우비는 합성 섬유로 만들었어요.
　　 만들었어요?
⑤ A: 你的水杯在哪儿买的? B: 在超市买的。[장소 강조]
　　 당신 텀블러는 어디서 산 거예요? 　　 슈퍼에서 샀어요.

(2) 행위자를 강조.

① A: 你买房子的钱是谁给你的? B: 我买房子的钱是妈妈给我的。
　　 집 산 돈은 누가 당신에게 　　 내가 집 산 돈은 어머니가 내게
　　 준 거예요? 　　 주셨어요.
② A: 是谁叫你写的这封信? B: 是张老师叫我写的这封信。
　　 누가 당신에게 이 편지를 　　 장선생님이 내게 이 편지를 쓰라고
　　 쓰라고 했어요? 　　 했어요.

서술어동사의 목적어는 보통 '的' 뒤에 놓인다.

(3) 동작의 피행위자나 수여자를 강조.

① A: 这花是给谁的? B: 这花就是给你的。
　　 이 꽃은 누구한테 준 거예요? 　　 이 꽃은 당신에게 주는 거예요.
② A: 这钱是买什么的? B: 这钱是买礼物的。
　　 이 돈으로 무엇을 사려고요? 　　 이 돈으로 선물 사려고요.

(4) 결과를 일으키는 원인을 강조.

① 他的视力已经严重下降，都是玩电脑游戏玩的。
그의 시력은 이미 심각하게 떨어졌는데, 모두 컴퓨터 게임을 한 탓이다.
② 他的腿骨折了，听说是撞的。
그의 다리가 골절되었는데, 들으니 차에 치여 그런 것이다.

4. '是……的' 구문의 화용 조건: "他是明天去上海的"는 왜 잘못된 문장일까?

강조구문 '是……的'는 동작 발생의 시간, 장소, 방식, 행위자 등에 초점을 두어 다른 시간, 장소, 방식이 아님을 강조할 뿐 아니라, 화용적 제약도 있다. 즉, 어떤 동작이 과거에 이미 실현, 완성된 경우에만 사용할 수 있고, 또 그 사실은 화청자가 공유하는 정보이므로 담화 개시문으로는 잘 출현하지 않는다. '是……的'를 사용할 때 화자는 표현의 중점(표현초점)이 동작 자체에 있지 않고, 동작과 관련한 어떤 측면에 있음을 부각시켜야 한다. 예를 들어 시간, 장소, 방식, 행위자 등이다. 표지어 '是'의 기능은 그 뒤의 성분이 전체 문장의 표현 초점임을 알려주는 것이다. 표지어 '的'의 기능은 서술어동사가 나타내는 동작이 이미 과거에 발생하였거나 완성했음을 나타낸다.

5. "他是去年退休的"와 "他去年退休了"는 어떤 차이가 있을까?

여기에서는 주로 '是……的'구문(약칭 '的'구문)과 동태조사 '了'를 수반한 동사서술어문(약칭 '了'구문)의 차이를 살펴보자.

강조구문 '是……的'에서 '是'는 많이 생략되고 '的'만 사용하여 강조를 나타낸다. 이러한 용법의 '的'와 동태조사 '了'는 모두 과거의 동작, 사건 등과 관련이 있다. 그래서 이 둘은 학습자의 입장에서 이해하기 어려워, 자주 질문을 한다거나 오류가 발생하게 된다.

① A: [대면 상황에서] *你什么时候来了? (你什么时候来的?)
　　 (언제 왔어요?)
　 B: *我八点来了。(我八点来的。)
　　 (저는 8시에 왔어요.)
　 A: *你怎么来了? (你怎么来的?)
　　 (뭐 타고 왔어요?)
　 B: *我骑自行车来了。(我骑自行车来的。)
　　 (저는 자전거로 왔어요.)
② A: [교실에 반장이 없는 것을 보고] 班长怎么没来?
　　 반장은 왜 안 왔지요?
　 B: *班长去机场接朋友的。(班长去机场接朋友了。)
　　 (반장은 공항으로 친구를 데리러 갔어요.)

　 일반적으로 '了'구문은 동작의 완성, 실현 혹은 사건의 변화 등을 나타낼 수 있다. '的'구문은 강조의 어기를 나타내는데, 강조하는 대상은 동작과 관련한 시간, 장소, 방식, 조건, 목적 등이다. 그러나 이러한 해석은 너무 추상적이기 때문에, '了'구문과 '的'구문의 대립적 차이를 이해하기 어렵다. 그래서 학습자에게 이와 관련한 오류가 많이 출현한다.
　 그렇다면 '了'구문과 '的'구문의 차이는 무엇일까? '了'구문과 '的'구문은 여러 면에서 차이가 있지만, 주로 전달하는 정보가 이미 아는 것인지 아직 모르는 것인지에 달려있다. '了'구문의 핵심 문법 의미는 아닌 것에서 그러한 것으로, 없었던 것에서 있는 것으로, 하지 않은 것에서 한 것이거나 혹은 반대 방향으로의 변화를 포함한다. 따라서 화자는 '了'구문을 사용하여 청자가 전혀 모르는 정보를 전달하거나, 그렇지 않더라도 청자가 전혀 모를 것으로 가정한 신정보를 전달한다. 다시 말해, 화자가 '了'구문을 선택한 소통 의도는 새로운 미지의 정보를 전달하는 데 있다.

③ 我昨天见到老张了。
　　내가 어제 老张을 만났어요.
④ A: 班长为什么没来上课?　　　B: 她妈妈来了。
　　반장은 왜 수업에 안 왔어요?　그녀의 어머니가 오셨어요.

청자에게 "我昨天见到老张了"와 "班长的妈妈来了"는 모두 새로운 미지 정보이다.

'的'구문의 경우는 다르다. '的'구문을 사용할 때는 변화 의미를 나타내지 않는다. 대신 화자는 '的'구문을 사용할 때 언급하는 상황의 발생 또는 존재에 관해, 화자 스스로가 이미 알고 있다고 주관적으로 단정한다. 따라서 화자가 '的'구문을 선택하는 소통 의도는 이미 알고 있는 사건의 새로운 부분 정보를 전달하는 것이다.

⑤ A: 我昨天去甘家口商场了。[새로운 미지 정보]
　　나 어제 甘家口 쇼핑몰에 갔었어요.
　 B: 什么时候去的? [A의 밑줄은 아는 정보이나, '什么时候'는 미지의 정보임]
　　언제 간 거예요?
　 A: 上午去的。
　　오전에 갔어요.
　 B: 和谁一起去的? ['和谁一起去'도 부분적인 미지 정보임]
　　누구랑 갔어요?
　 A: 和我同屋一起去的。
　　내 룸메이트랑 갔어요.

이 둘의 차이를 그림으로 나타내면 다음과 같다.

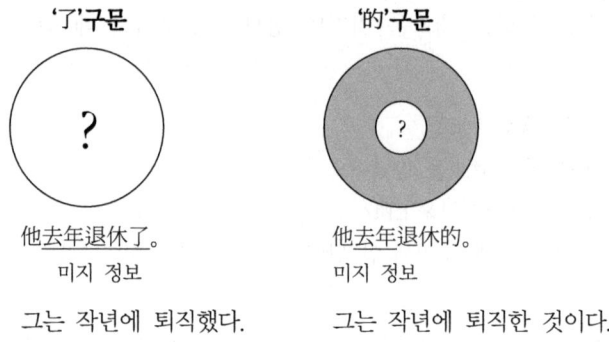

6. "他是昨天来的"와 "他是会来的"는 같을까?

모두 '是……的'가 출현했지만, 이 두 문장은 약간 다르다. 첫 번째 문장은 앞에서 말한 이미 실현한 동작과 관련한 성분을 강조하는 '是……的'구문이다. 그러나 두 번째 문장은 화자가 나타내는 사물/일에 대한 관점, 견해, 평가, 태도, 추론 등을 강조하며 주어에 대해 묘사 서술을 할 수도 있다. 이러한 문장은 단정의 어조를 나타내며, 문장 전체가 이치를 설명하여 청자를 설득시키는 단언문에 속한다.

① 他是很会说话的。
그는 말을 아주 잘한다.
② 我猜他是故意不理你的。
내 예상에 그는 일부러 너를 모르는 체하는 것이다.

이전의 '是……的'구문과 다르게, 이 용법의 '是……的'구문은 과거에만 쓰이지 않고, 현재 또는 미래도 가능하다.

③ 明天他肯定是会来的。
  내일 그는 분명 올 것이다.
④ 他现在是不会搭理你的。
  그는 지금 너를 상대하지 않을 것이다.

위의 '是……的'구문의 부정 형식은 모두 '是……的' 앞에 부정부사 '不'를 추가한다. 그러나 부정 형식에도 차이가 있는데, '是……的' 내부의 서술어에 따라 다른 부정 형식을 취하기 때문이다.

① 他们是不会按时来的。[不+조동사]
  그들은 시간에 맞춰 오지 않을 것이다.
② 你这样不认真, 是干不出什么成绩的。[가능보어의 부정 형식]
  네가 이렇게 불성실하니, 무슨 성과를 내지 못하는 것이다.
③ 他在我们学校是最不幽默的。[不+형용사]
  그가 우리 학교에서 제일 재미없다.
④ 你的话我是不会相信的。[不+조동사+동사]
  네 말을 나는 믿지 않을 것이다.

7. '是……的' 구문을 학습할 때 자주 출현하는 오류는?

'是……的'구문을 학습하는 과정에서 아래와 같은 오류가 발생한다.
(1) '的'의 누락 오류.

① *[이미 北京에 도착한 사람에게 묻는 상황] 你什么时候来北京? (你什么时候来北京的?)
  (언제 北京에 왔어요?)
② *[여자가 치마를 입은 것을 보고 묻는 상황] 你这裙子在哪儿买? (你这裙子在哪儿买的?)
  (이 치마는 어디서 산 건가요?)

③ *胡少波考上了中国科技大学，这件事情是他亲口告诉我。(……是他亲口告诉我的。)
  (……그가 직접 내게 알려준 거예요.)
④ *院子里的果树都是我亲手种。(院子里的果树都是我亲手种的。)
  (정원의 과일 나무는 모두 내가 직접 심은 것이다.)

이미 출현한 동작의 발생 시간, 장소, 행위자 등을 강조할 때는 문미에 '的'를 써야 한다.

(2) 미래의 실현되지 않은 동작에 사용한 오용 오류.

① *我是明天出发的。(我明天出发。)
  (나는 내일 출발한다.)
② *我们是明年参加的。(我们明年参加。)
  (우리는 내년에 참가한다.)

'是……的'구문의 동사는 이미 완료된 동작을 나타내며, 실현되지 않은 동작에는 사용하지 않는다. 교사는 이 부분을 강조하여야 한다.

(3) '的'와 '了'의 대체 오류.

학습자가 초급 단계에 '了'를 학습한 후에는, 과거 사건을 강조할 때 무조건 '了'를 쓰기 쉽다.

① *我妈妈是昨天来了。(我妈妈是昨天来的。)
  (우리 엄마는 어제 오셨어요.)
② *这块表你是在哪儿买了？(这块表你是在哪儿买的？)
  (이 시계는 어디서 산 건가요?)
③ *你怎么来了？坐火车还是坐飞机？(你怎么来的？)
  (뭐 타고 온 거예요?)

완료 동작의 발생 시간, 장소, 방식 등을 강조할 때는 문미에 '的'를 써야 하며 '了'로 대체할 수 없다. 다시 말해 이미 알고 있는 정보에서 부분적으로 모르는 정보를 강조할 때는 '(是)……的'구문을 써야 한다. 반대로 강조할 필요가 없고 단순히 새로운 정보를 전달할 때는 '(是)……的' 구문을 사용하지 않는다. 그런데 이때도 학습자는 '的'를 사용할 때가 있다.

① *我昨天去动物园的，在那儿看到了熊猫还有老虎。(我昨天去动物园了……)
(내가 어제 동물원에 갔는데……)
② *维克多上周末去杭州的，他告诉你了吗? (维克多上周末去杭州了……)
(빅토르가 지난 주말에 杭州에 갔는데……)
③ *你爸爸呢? 他昨天就回家的。(……他昨天就回家了。)
(……그는 어제 집에 왔다.)

8. '是……的' 구문 교육에서 유의할 점은?

학습자가 '是……的'구문을 학습할 때 가장 어려워하는 부분이 '了'구문과의 구별이므로, 이 둘의 차이를 특별히 강조할 필요가 있다. 위에서 비교 분석을 통해 '了'구문과 '的'구문의 핵심적인 차이를 밝혔다. '了'가 출현한 문장은 동작 혹은 사건의 변화 과정에서 새로운 미지의 정보를 전달하는 반면, '的'가 출현한 문장이 강조하는 것은 이미 알고 있는 사건의 부분적 미지의 정보이다. 따라서 화자가 구체적인 맥락에서 '了'를 쓸 것인가 '的'를 쓸 것인가의 근거는 청자가 이야기되는 화제의 정보를 얼마나 알고 있는지, 즉 신정보인지 구정보인지가 된다. 교사가 이 점을 학습자에게 이해시키는 일은 매우 중요하다.

교사는 학습자에게 '了'가 출현한 문장이 전달하는 것은 미지 사건의 변화 과정이며, '的'가 출현한 문장은 이미 아는 사건에서 부분적인 미지의 정보를 전달한다는 점을 숙지시킨다.

'了'와 '的'구문을 구별하는 가장 효과적인 교육 방법이 비교이다. 이미 아는 사건과 미지의 사건을 비교해주는 것이다. 실제 예문을 비교하여 설명한 후에, 학습자가 '的', '了' 문장을 선택하는 상황을 설계하여 연습시킬 수 있다. 또 실제 사용이 가능하도록 대화를 통해 어제, 주말 또는 방학 때 일어난 일에 관해 설명하게 하고, 그 과정에서 학습자가 '的'와 '了'의 선택에 주목하도록 유도할 수 있다.

V. '连' 구문

> 1. '连' 구문이란?
> 2. '连' 구문의 구조적 특징: "他连一封也没写信"은 왜 잘못된 문장일까?
> 3. '连' 구문은 무엇을 강조하는 것일까?
> 4. '连' 구문을 학습할 때 자주 출현하는 오류는?
> 5. '连' 구문 교육에서 유의할 점은?

1. '连' 구문이란?

'连'구문은 '连……也/都……'구조를 포함한 문장을 가리킨다. 단문과 복문 모두 가능하다. 아래는 단문의 예이다.

① 刚到中国时, 他<u>连</u>"你好"<u>也</u>不会说。
  막 중국에 왔을 때, 그는 "你好"조차 말할 줄 몰랐다.

아래는 복문의 예이다.

② <u>连老师都</u>不会, 更别说我们学生了。
  선생님도 못하시는데, 우리 학생들은 말할 것도 없다.

'连'구문은 자주 쓰이지만 학습자의 오류 비율이 높은 구문 중 하나이다. 오류 분석의 편의를 위해, 우선 '连'구문의 구조적 특징과 문법 의미를 살펴보자.

2. '连' 구문의 구조적 특징: "他连一封也没写信"은 왜 잘못된 문장일까?

구조로 보면 '连' 뒤에는 명사구, 동사구, 주술구, 양사구, 동사 중첩 형식 등이 올 수 있다.

① 这个字连老师都不知道, 留学生更不知道了。 [명사]
   이 글자는 교사도 모르는데, 유학생은 더 모른다.
② 他连看电视都没兴趣。 [동사구]
   그는 TV 보는 것도 흥미가 없다.
③ 连他姓什么我都忘了。 [주술구]
   그의 성이 무엇이었는지도 나는 모두 잊어버렸다.
④ 那里我连一次也没去过。 [수량구]
   그곳을 나는 한 번도 간 적이 없다.

'连' 뒤가 동사 중첩 형식일 때 문장의 의미는 '최소한 해야 할 것을 하지 않았음'을 나타내는데, 구조화하면 '连+동사+都/也+没+동사'이다.

⑤ 他见到我, 连问都没问, 还说关心我呢?!
   그가 나를 보고, 묻지도 않았는데, 나에게 관심이라니요? [최소한 물었어야 하는데, 묻질 않았으니 관심은 말할 것도 없음]
⑥ 这种水果生长在南方, 以前我连见也没见过。
   이런 과일은 남쪽에서 자라는데, 예전에 나는 본 적도 없었다. [먹어본 적은 더욱 없음]

'连'도 생략이 가능해서 '동사+都/也不/没+동사'라고 말할 수도 있다.

⑦ 我做好饭, 他尝也没尝就走了。

나는 밥을 다 했는데, 그는 맛도 안 보고 가버렸다.
⑧ 我买的裙子, 她试都没试就扔了。
내가 산 치마를, 그녀는 입어보지도 않고 버렸다.

행위자 – 피행위자의 관계로 보면, '连' 뒤의 명사는 동작의 피행위자 (예: "他连一封信也没写")일 수도 있고 행위자(예: "连老师也不知道这个字")일 수도 있다. 즉, '连' 뒤의 명사가 행위자로도, 또 피행위자로도 해석되어 중의가 발생할 수 있다. 예를 들어 "这个人, 连小王也不认识"의 문장은 "(小王이 너무 유명해서) 이 사람은 小王을 모른다"로 해석할 수도 있고, "(이 사람은 별로 안 유명해서) 小王은 이 사람을 모른다"로 해석할 수도 있다. 강조 대상이 피행위자이면 (특히 수량 관형어를 수반했을 때) 그 전체를 모두 '连' 뒤에 놓아야지, 일부만 '连' 뒤에 놓고 나머지를 동사 뒤에 놓아서는 안 된다.

① a. 他连一口饭都没吃。　　b. *他连一口都没吃饭。
   그는 밥을 한 입도 먹지 않았다.
② a. 我连一件衣服也不买。　　b. *我连一件也不买衣服。
   나는 옷을 한 벌도 사지 않았다.
③ a. 刚来中国的时候, 我连一个朋友也没有。
   막 중국에 왔을 때, 나는 친구가 한 명도 없었다.
   b. *刚来中国的时候, 我连一个也没有朋友。

위에서 오류문은 모두 동사 뒤에 피행위자 목적어를 취한 경우이다. 그리고 결합이 긴밀한 동목구(이합사 포함), 예를 들어 '洗脸', '吃饭', '睡觉', '洗澡' 등은 '连'구문에 출현할 때 동사와 목적어를 분리한 후에 목적어를 앞으로 끌어와서 '连' 뒤에 두고, 부정사는 동사 앞에 두어야 한다. 학습자는 이와 관련하여 자주 오류를 범한다.

① a. 他连澡也没洗就睡了。　　b. *他连洗澡也没洗就睡了。
　　그는 목욕도 안 하고 잤다.
② a. 他连脸都没洗就出去了。　　b. *他连洗脸都没洗就出去了。
　　그는 세수도 안 하고 나갔다.

이렇게 결합이 긴밀한 동목 구조는 분리하기 어렵다고 생각할 수 있는데, 특히 일부 이합사는 외국어로 번역하면 단어에 대응되어 위의 오류가 출현하게 된다.

만일 동작의 행위자를 강조한다면, 목적어는 동사 뒤에 놓아야 한다.

① 他这个人，连父母都讨厌他。
　그 사람은, 부모조차도 그를 싫어한다.
② 也许我的决定是错误的，连我老婆都反对这一决定。
　어쩌면 나의 결정은 잘못되었을 수 있다. 내 아내조차 이 결정을 반대한다.

이외에 '连……也/都……'에서 '也/都'는 필수 성분이나, 이 구문을 처음 배우는 학습자는 누락할 수도 있다.

① *他女朋友连啤酒不喝。
② *古时候的汉语太难了，连中国人不会。

이런 오류는 중급 이상 수준의 학습자에게서는 거의 발생하지 않는다.

3. '连' 구문은 무엇을 강조하는 것일까?

'连'구문도 강조를 나타낸다고 하는데, 무엇을 강조하는 걸까? 또 강조는 어떻게 실현되는 것일까? 예문을 먼저 보자.

① 这姑娘连蛇都不怕。
　이 소녀는 뱀도 안 무서워한다.
② 他连父母都不理。
　그는 부모도 무시한다.

위의 예문을 보면, '连'구문은 '连'을 통해 극단적인 상황을 이끌어내어 강조한다. '连' 뒤에 나오는 것은 모두 극단적인 사물/행위이다. 다시 말해 '连' 뒤에는 매우 크거나 작은 양이 출현한다.

화자의 관점에서 이러한 양/정도는 보통 생각하지 못했거나 상식적으로 발생할 수 없는 것들이다. 따라서 '连'구문은 극단적 수단을 통해 주어의 특정 측면의 정도가 매우 높거나 예상치 못한 상황임을 나타낸다. 위 예에서 '蛇(뱀)'는 여자들이 가장 무서워하는 동물인데, 그녀는 무서워하지 않으니 매우 대범한 것이다. 또 '父母(부모)'는 우리와 가장 가까운 사람인데, 그가 부모를 무시한다면 그의 사람됨을 족히 알만한 것이다. 이렇게 극단적인 사례를 대표로 제시하므로, 문장은 비교 의미를 함축하게 된다.

① 他太累了，回家连鞋都没脱就睡觉了。
　그는 너무 피곤해서, 집에 와서 신발도 안 벗고 잤다.
② 他出国时连父母也没告诉。
　그는 출국할 때 부모한테도 알리지 않았다.

'鞋都没脱'가 함축한 비교는 '脱衣服' 등으로 '更没脱衣服'를 함축하고 있다. '父母没告诉'가 함축한 비교는 '告诉别人'으로 '更没告诉别人'를 함축하고 있다. 그러나 이러한 함축 의미는 발화로는 표현되지 않는다.

'连'의 기능은 보통의 상황에서 사람들이 생각하지 못하거나, 그러면 안 ㄴ되거나 그럴 수 없는 것 등의 극단적 상황을 도입하여 강조, 과장하는 것이다. 이렇게 일반적이지 않은 상황을 과장하여 전달할 때 '连'구문을 사용하며, 그렇지 않을 때는 쓰지 않는다.

① *这姑娘连小鸡都不怕。
② *他连敌人都不理。
③ *那个小孩连高斯求和公式都不知道。

①의 오류문에서 '小鸡(병아리)'는 누구나 무서워하지 않는 것으로, 소녀가 '병아리'를 무서워하지 않는 것은 당연한 일이기 때문에 '连'구문으로 표현할 수 없다.

4. '连'구문을 학습할 때 자주 출현하는 오류는?

학습자의 오류는 구조, 의미 측면에서 모두 발생할 수 있다.
첫째, '连'구문의 구조 오류.

① *弟弟出国后连一封也没写信。(弟弟出国后连一封信也没写。)
(남동생은 출국 후에 편지를 한 통도 안 썼다.)
② *他连吃饭也没吃就去上课了。(他连饭也没吃就去上课了。)
(그는 밥도 안 먹고 수업하러 갔다.)

둘째, '连'구문의 의미 오류.
'连……也/都……'의 오류는 주로 의미에서 많이 발생한다.

① *我朋友身体非常好，连什么运动都喜欢。(……什么运动都喜欢。)
(……어떤 운동이든 다 좋아한다.)
② *他现在很有钱，连自行车也买了。(……连汽车也买了。)
(……차도 샀다.)

③ *北京的冬天很冷，连雪都下了。(……都下雪了。)
   (……눈도 내렸다.)
④ *他在北京生活了三年，连"你好"都会。(……连方言都会。)
   (……방언도 말할 수 있다.)

'连'구문은 예상하지 못한 의외의 것을 나타낼 때 사용한다. 그런데 위의 예문①에서 건강한 사람이 운동을 좋아하는 것은 이상한 현상이 아니다(게다가 '什么运动'이 극단적 사례도 아님). 예문②의 '买自行车'도 일반인에게 그다지 의외이지 않고, 예문③의 '冬天下雪'도 일반적인 기상 현상이다. 예문④의 "你好"는 가장 간단한 중국어로 北京에 3년 동안 살았으면 당연히 알아야 하며, 안다 해도 그리 대단한 일이 아니다. 위의 예문은 모두 극단적 사례에 속하지 않으므로, '连'구문을 사용하기에 적합하지 않아 오류문이다.

5. '连'구문 교육에서 유의할 점은?

여러 교재에서는 '连'구문이 강조를 나타낸다고 되어 있고, 단문으로만 설명하는데 예를 들면 "连妈妈都不喜欢他" 등이다. 이 때문에 학습자는 이해가 어려운데, '강조'를 나타내는 단어와 형식이 너무 많기 때문에 마치 설명하기 어려운 부분을 모두 강조라고 말하는 것처럼 보이기 때문이다. 최근 연구에 따르면 '连'구문은 전제, 함축 등의 복잡한 요소와 관련 있음이 밝혀졌으며, 이 요소들은 담화 층위에서 화용과 결합하여 설명했을 때만이 학습자의 이해를 도울 수 있다. 따라서 단계별로 예문을 제시하여 교육하는 것이 더 효과적일 수 있다.

① 他太懒了，同学不喜欢他，朋友不喜欢他，连妈妈也不喜欢他。
그는 너무 게을러서, 학우들도 그를 싫어하고, 친구들도 그를 싫어하고, 엄마조차 그를 안 좋아한다.
② 同学，朋友不喜欢他，连妈妈也不喜欢他。
학우와 친구들이 그를 싫어하고, 엄마조차 그를 안 좋아한다.
③ 连妈妈也不喜欢他。
엄마조차 그를 안 좋아한다.

예문①은 담화 층위에서 '连'구문의 의미 함축을 보여준 것으로 절 사이의 관계가 단계별로 진행되어, 마지막 절의 의미가 선행한 두 개 절의 비교를 통해 강조되고 있다. 마지막 절은 또 사람들이 가장 발생할 수 없다고 생각하는 상황(엄마가 자신의 아이를 좋아하지 않는 것)으로, 이를 통해 학습자는 '连'구문의 전제, 함축 등의 의미특징을 쉽게 이해할 수 있다. 그렇지만 예문③의 단문으로 제시할 경우, 이렇게 복잡한 의미특징과 함축을 보여주기 어렵다. 따라서 예문①이 훨씬 쉬운 예시로, '连'구문의 교육은 이렇듯 담화상에서 이루어져야 한다.

학습자가 '连'구문의 전제, 함축 등의 의미특징을 이해한 후에, 교사는 연습 문제를 설계하여 학습시킬 수 있다. 다양한 맥락을 제시하고 학습자가 그 맥락에 따라 '连'구문을 연습할 수 있게 하는 것이다.

① 他刚刚开始学习汉语，不会说"你好"。── 他刚刚开始学习汉语，连"你好"也不会。
그는 막 중국어를 배우기 시작해서, "你好"를 말하지 못한다. ── 그는 막 중국어를 배우기 시작해서 "你好"도 못 한다.
② 我的钱花完了，吃饭的钱也没有了。── 我的钱花完了，连吃饭的钱也没有了。
나는 돈을 다 써서, 밥 먹을 돈도 없다. ── 나는 돈을 다 써서, 밥 먹을 돈조차 없다.

VI. '是' 구문

1. '是' 구문이란? '是' 구문은 몇 개의 유형으로 나누어질까?
2. '是' 구문을 학습할 때 자주 출현하는 오류는?

1. '是' 구문이란? '是' 구문은 몇 개의 유형으로 나누어질까?

동사 '是'가 서술어가 되는 문장을 '是'구문이라고 한다. '是'구문은 상용구문 중 하나이며, 중국어 교육에서도 초기에 출현하는 구문 중 하나이다. '是'구문이 나타내는 의미는 주로 아래 몇 개 유형이 있다.

(1) 분류와 등가(A=B)를 나타낸다.

① 他是我们的汉语老师。[그=우리 중국어 선생님]
그는 우리 중국어 선생님이다.

(2) 존재하는 사물을 나타낸다. '장소+(不)是+명사'로 구조화할 수 있다.

① 学校前边是银行。
학교 앞이 은행이다.

(3) 분류, 속성, 재질, 용도 혹은 특징 등을 나타낸다.

① 这本词典不是我的。[분류]
이 사전은 내 것이 아니다.

② 那件毛衣是新式的。[속성]
그 스웨터는 새 디자인이다.
③ 这把椅子是红木的。[재질]
이 의자는 홍목으로 된 것이다.

(4) 설명 또는 해석을 나타낸다.

① 我的想法是先工作再考研究生。
내 생각은 우선 일을 하고 대학원 시험을 보는 것이다.
② 他这么做的原因是不想让你为他担心。
그가 이렇게 한 것은 네가 그 때문에 걱정하길 바라지 않았기 때문이다.

(5) 단정이나 확인을 나타낸다.

① 她漂亮是漂亮，就是有点骄傲。
그녀는 예쁘긴 한데, 조금 거만하다.
② 朋友是朋友，生意是生意。
친구는 친구고, 사업은 사업이다.

이 같은 용법의 '是'구문은 보통 단독으로 사용하지 않고 뒤에 후속절이 출현한다.

2. '是' 구문을 학습할 때 자주 출현하는 오류는?

'是'구문을 학습할 때 자주 출현하는 오류로, 아래 두 가지 유형이 있다.
(1) '是'의 누락 오류.

① *他妈妈家庭主妇。(他妈妈是家庭主妇。)
(그의 어머니는 가정주부이다.)
② *哥哥大学生，也妹妹大学生。(哥哥是大学生，妹妹也是大学生。)
(오빠는 대학생이고, 여동생도 대학생이다.)

위의 오류는 초급 학습자에게서 주로 출현하는데, 학습 수준이 높아지면서 오류도 줄어든다.

(2) '是'의 첨가 오류.

① *我的姐姐是非常漂亮。(我的姐姐非常漂亮。)
(우리 언니는 정말 예쁘다.)
② *北京是很现代。(北京很现代。)
(北京은 매우 현대적이다.)

'是'의 첨가 오류는 형용사를 서술어로 사용하는 문장에서 주로 출현한다. 형용사는 단독으로 서술어가 될 수 있어 '是'를 추가할 필요가 없다(하권 CHAPTER 5. Ⅱ. 단문 5. 형용사서술어문 참고). 이 오류도 초급 학습자에게서 주로 나타나며, 수준이 올라갈수록 오류가 줄어든다.

(3) '是'의 어순 오류.

① *他我的朋友是。(他是我的朋友。)
(그는 내 친구이다.)
② *那我的书是。(那是我的书。)
(그것은 내 책이다.)

VII. '有' 구문

---
1. '有' 구문이란? '有' 구문은 몇 개의 유형으로 나누어질까?
2. '有' 구문을 학습할 때 자주 출현하는 오류는?
3. "前边是一家银行"과 "前边有一家银行"은 어떤 차이가 있을까?
---

1. '有' 구문이란? '有' 구문은 몇 개의 유형으로 나누어질까?

'有'를 서술어로 하는 문장을 '有'구문이라고 한다. 표현 의미에 따라 '有'구문은 아래 몇 개의 유형으로 나눌 수 있다.

(1) 소유를 나타낸다. 긍정 형식은 '주어+有+특정 사물', 부정 형식은 '주어+没有+특정 사물', 의문 형식은 '有没有……?/有……吗?'로 나타낸다. 문장에서 주어와 목적어의 관계를 아래 몇 개 유형으로 살펴볼 수 있다.

첫째, 목적어가 지시하는 사물이 주어가 지시하는 사물의 부분이다.

① 蜘蛛有六条腿。
거미는 다리가 여섯 개 있다.

둘째, 주어와 목적어가 지시하는 사물이 소유 관계이다.

② 我有一个弟弟。
나는 남동생이 한 명 있다.
③ 他没有书包。
그는 책가방이 없다.

(2) 존재를 나타낸다. 즉 어떤 장소나 시간에 사물이 존재하거나 그렇지 않음을 나타낸다. 이 유형의 '有'구문의 문두에는 장소/시간어구가 오고, 목적어는 존재하는 사물을 나타낸다(하권 CHAPTER 6. Ⅸ. 존현구문 참고).

① 床上有一本书。
  침대에 책 한 권이 있다.
② 桌子上没有杯子。
  책상에 컵이 없다.

(3) 발생, 출현을 나타낸다. '有'의 목적어가 동사이고, 어떤 대상에 변화가 발생했음을 나타낸다.

① 将近二十年了，我的家乡几乎没有任何变化。
  거의 20년이 되었는데, 우리 고향은 거의 아무런 변화가 없다.

이 유형의 '有' 뒤에 목적어로 취할 수 있는 동사는 매우 제한적으로, 보통 이음절 동사 '发展, 提高, 改变, 转变, 变化, 进步, 增长' 등이며 관형어를 수반한다.

(4) 추측, 달성을 나타내며 주로 추측이나 비교에 쓰인다.
추측을 나타낼 때, '有' 뒤에 수량사 혹은 수량사+형용사가 출현한다.

① 这个榴莲有二十斤(重)。
  이 두리안은 20근(무게)이다.
② 这口井还没有二十米深。
  이 우물은 아직 20미터 깊이도 되지 않았다.

비교에 쓰일 때, '有' 뒤에는 단위나 비유를 나타내는 단어가 출현하고 형용사를 추가하여 비교의 기준을 만든다. '有'구문 전체는 주어가 그 기준에 도달했음을 나타내며, 반대로 도달하지 못했을 때는 '没有'를 사용한다.

③ 那个教室有这个教室大吗?
그 교실은 이 교실만큼 크나요?
④ 我侄子没有他姐姐爱学习。
내 조카는 그의 누나만큼 공부를 좋아하지 않는다.

추측, 비교에 관계없이 '有'구문에서 형용사는 모두 플러스 형용사로 '长, 宽, 高, 粗, 大, 重, 深' 등이며, '短, 窄, 矮, 小, 浅' 등의 마이너스 형용사는 출현할 수 없다.

(5) '포함'을 나타낸다. '有'의 목적어가 나타내는 사물이 주어가 지시하는 사물의 해당 부류이다. 이 유형의 '有' 구문에서 목적어는 대부분 하나 이상 나열된다.

① 岩石的种类很多, 有石灰岩, 花岗岩, 大理岩等。
암석의 종류는 많은데, 석회암, 화강암, 대리암 등이다.

'有'는 부정부사 '不'의 수식을 받을 수 없어 "我不有时间"이라고 말할 수 없다. 부정 형식은 '有' 앞에 부사 '没'를 추가한 "我没有时间"이다.

2. '有' 구문을 학습할 때 자주 출현하는 오류는?

'有'구문을 학습할 때 출현하는 오류는 아래의 몇 가지 유형이 있다.
(1) '有'구문의 어순 오류.

① *有很多学生楼道里。(楼道里有很多学生。)
   (복도에 학생이 많이 있다.)
② *有一本书桌子上。(桌子上有一本书。)
   (책상 위에 책 한 권이 있다.)
③ *有一家银行我们学校旁边。(我们学校旁边有一家银行。)
   (우리 학교 옆에는 은행 한 곳이 있다.)

존재를 나타내는 '有'구문의 어순은 '장소+有+대상'이다.
(2) '有'의 목적어에 필수 관형어를 누락한 오류.

① ?他的书柜里有书。(他的书柜里有很多书。)
   (그의 책장에 책이 많이 있다.)
② ?学校前边有银行。(学校前边有一家银行。)
   (학교 앞에 은행 한 곳이 있다.)
③ ?教学楼后边有自行车。(教学楼后边有很多自行车。)
   (강의동 뒤에 자전거가 많이 있다.)

일반적으로 존재 대상인 목적어는 수량 관형어를 수반한다. 다만 존재 사물을 나열할 때는 "我们的教室里有桌子、椅子、还有黑板、电视等"과 같이 목적어 앞에 관형어가 없어도 된다. 존재를 나타내는 '有'구문을 가르칠 때는 문장의 존재 사물이 불특정한 것이며, 청자에게는 미지의 정보임을 강조해야 한다.

반면, 부정 형식에서는 목적어 앞에 수량 관형어를 쓰지 않는다.

④ 我桌上有一个花瓶，没有书。
   내 책상에는 꽃병 하나가 있고, 책은 없다.
⑤ 他床上没有被子。
   그는 침대에 이불이 없다.

학습자는 부정문에서 목적어 앞에 수량사를 잘못 첨가하는 오류를 범한다.

⑥ *哥哥的桌子上没有两本书。(哥哥的桌子上没有书。)
(오빠의 책상에 책이 없다.)

(3) 존재의 '有'구문에서 주어 앞에 '在'를 첨가한 오류.

① *在教学楼前面有很多自行车。(教学楼前面有很多自行车。)
(강의동 앞에 자전거가 많이 있다.)
② *在宿舍前面有一个花园。(宿舍前面有一个花园。)
(기숙사 앞에 정원이 하나 있다.)
③ *在天安门广场有很多人。(天安门广场有很多人。)
(天安门广场에 사람이 많이 있다.)

존재를 나타내는 '有'구문의 주어는 장소사로 그 앞에 전치사 '在'를 붙일 필요가 없는데, 학습자는 장소사 앞에 전치사 '在'를 추가한다. 교사는 존재 의미의 '有'구문을 교육할 때 이 부분을 특히 강조해야 한다.

(4) 출현의 '有'구문에서 동사 목적어 앞에 필수 성분을 누락한 오류.

① *近年来韩国经济有发展。(近年来韩国经济有了<u>很大的</u>发展。)
(최근 들어 한국 경제에 큰 발전이 있었다.)
② *今年的产品数量方面有增加，品质方面也有提高。(今年的产品不仅在数量方面有所增加，品质方面也有所提高。)
(올해 제품은 수량이 늘어났을 뿐 아니라, 품질 면에서도 일부 향상되었다.)

이렇게 '有'가 동사 목적어를 취하는 용법은 학습자에게 비교적 어려운 부분으로, 대부분 회피 전략을 사용한다.
(5) '有'구문 대신 '在'구문을 사용한 대체 오류.

① *一本书在桌子上。(桌子上有一本书。)
 (책상에 책 한 권이 있다.)

어떤 장소에 불특정한 대상이 존재함을 나타낼 때, 보통 '有'구문을 쓰고 '在'구문은 사용하지 않는다(하권 CHAPTER 6. Ⅷ. '在'구문 참고).
(6) '有没有……' 뒤에 '吗'를 첨가한 오류.

① *明天你有没有课吗?(明天你有没有课？)
 (내일 수업이 있나요?)
② *他有没有自行车吗?(他有没有自行车?)
 (그는 자전거가 있나요?)

이 유형의 오류는 사실 어기사 '吗'의 사용 오류에 해당한다. 특지의문문, 정반의문문, 선택의문문 등은 문미에 '吗'를 쓰지 않는다. 그런데 학습자는 의문을 표현할 때, '吗'를 반드시 써야 한다고 생각해서 발생한 오류이다.

3. "前边是一家银行"과 "前边有一家银行"은 어떤 차이가 있을까?

① 学校旁边有一家银行。
 학교 옆에 은행 한 곳이 있다.
② 学校旁边是一家银行。
 학교 옆은 은행이다.

동일한 존현구문인데, 이 두 문장은 어떤 차이가 있을까? '有'를 사용한 존현구문은 어떤 장소에 사물이 있음을 나타내지만, 그 사물 외에 또 다른 사물이 존재할 가능성도 배제하지 않는다. 그에 비해 '是'가 쓰인 존현구문은 어떤 장소에 사물이 존재함과 동시에, 배타적 의미를 지니고 그 외에 다른 사물은 존재하지 않음을 나타낸다. 또 예를 들면 아래와 같다.

③ 我家后面的小河南岸<u>有</u>一行杏树。[살구나무 외에 다른 나무도 있을 수 있음]
　우리 집 뒤 작은 강의 남쪽 강변에는 살구나무가 한 줄로 늘어서 있다.
④ 我家后面的小河南岸<u>是</u>一行杏树。[살구나무만 있음]
　우리 집 뒤 작은 강의 남쪽 강변에는 한 줄로 늘어선 살구나무들이 있다.

VIII. '在' 구문

---
1. '在' 구문이란?
2. '在' 구문을 학습할 때 자주 출현하는 오류는?
3. '在' 구문과 '有' 구문: "衣服在床"와 "床上有衣服"는 어떤 차이가 있을까?
4. '是' 존재구문과 '在' 구문: "前边是银行"과 "银行在前边"은 어떤 차이가 있을까?
---

1. '在' 구문이란?

'在'구문은 동사 '在'가 서술어가 되는 문장이다. '在'구문은 이미 알고 있는 확실한 사람/사물이 존재하는 위치를 나타낸다.

① 老师<u>在</u>办公室呢。
선생님은 사무실에 계세요.
② 我的毛衣<u>不在</u>衣柜里。
내 스웨터는 옷장에 없다.

'在' 앞의 명사/대체사는 이미 알고 있는 특정 지시의 것이다. '在' 뒤에는 그 사물이 존재하는 장소가 출현한다.

2. '在' 구문을 학습할 때 자주 출현하는 오류는?

학습자가 '在'구문을 학습할 때 자주 출현하는 오류는 다음과 같다.
(1) 일반 명사를 장소사로 사용한 오용 오류.

① *我的书在书柜。(我的书在书柜里。)
   (내 책은 책장에 있다.)
② *你的信在老师。(你的信在老师那儿。)
   (네 편지는 선생님께 있다.)
③ *他的书包在桌子。(他的书包在桌子上。)
   (그의 책가방은 책상에 있다.)

일반명사(주로 사람, 사물을 나타냄)가 장소를 나타내려면 방위사 또는 장소를 가리키는 대체사 '这儿, 那儿/这里, 那里' 등을 추가해야 한다. 이 같은 오류는 '在'구문에 국한된 것이 아니라, 일반명사가 장소를 나타내는 상황에 모두 발생할 수 있다.

④ *他这种特殊的才能是从爷爷学来的。(……是从爷爷那儿学来的。)
   (……는 할아버지께 배워 온 것이다.)
⑤ *这个消息我是从同屋知道的。(……我是从同屋那儿知道的。)
   (…… 나는 룸메이트에게서 알게 된 것이다.)
⑥ *他在朋友看光盘。(他在朋友那儿看光盘。)
   (그는 친구에게서 CD를 봤다.)

(2) 방위사의 어순 오류.

① *沙发在旁边桌子。(沙发在桌子旁边。)
   (소파는 책상 옆에 있다.)
② *他的书包在上面桌子。(他的书包在桌子上面。)
   (그의 책가방은 책상 옆에 있다.)
③ *他的车在后边教学楼。(他的车在教学楼后边。)
   (그의 차는 강의동 뒤에 있다.)

일반명사(주로 사람, 사물을 나타냄)가 장소를 나타내려면 방위사나 장소를 가리키는 대체사 '这儿, 那儿/这里, 那里'를 추가해야 한다.
  (3) '在'구문과 '有'구문의 대체 오류.

   ① *你的书包桌子上有。(你的书包在桌子上。)
     (네 책가방은 책상 위에 있다.)

3. '在' 구문과 '有' 구문: "衣服在床"과 "床上有衣服"는 어떤 차이가 있을까?

   형식상으로 '在'구문의 어순은 '사물+在+장소'이나, '有'구문의 어순은 '장소+有+(수량)+사물'이다. 의미상으로 보면 존재하는 사물이 특정적일 때는 '有'구문을 사용할 수 없고, '在'구문을 써야 한다. 반대로 존재하는 사람/사물이 모르는 불특정한 대상일 때는 '有'구문을 쓰고, '在'구문은 사용하지 않는다. 비교하면 다음과 같다.

   ① 你的书在桌子上。
     네 책은 책상에 있다.
   ② 桌上有一本书。
     책상에 책 한 권이 있다.

   간단한 '在', '有'구문은 학습자에게 어렵지 않지만, 두 구문을 학습하고 난 후에는 이 둘을 혼용할 수 있다.

   ① *一盆花在窗台上。(窗台上有一盆花。)
     (창틀에 화분 하나가 놓여 있다.)
   ② *椅子上有你的钥匙。(你的钥匙在椅子上。)
     (네 열쇠는 의자에 있다.)

따라서 이 두 구문을 학습한 후에는 비교를 통해 용법상의 차이를 알려줘야 한다. 존현구문 '장소+有+사물'과 '사물+在+장소'의 두 구문은 의미의 중점도 다른데, 전자는 묘사를 통해 전체 문장의 정보에 중점을 두는 반면 후자는 특정 대상의 위치를 설명하는 데 중점을 둔다. 이렇게 유의 구문을 교육할 때, 교사는 대조적인 맥락을 설계해서 대화를 구성할 필요가 있다. 예:

老师: 你们喜欢北京吗?
교사: 北京을 좋아해요?
学生: 喜欢。
학생: 좋아해요.
老师: 为什么?
교사: 왜죠?
学生: 因为北京有很多名胜古迹, 还有很多漂亮的公园。[교사는 이 문장을 칠판에 써서, 비교가 가능하게 함]
학생: 왜냐하면 北京에는 명승지들이 많고 예쁜 공원도 있어요.

그리고 '명사+在+장소'에 대해서는 아래와 같은 질문을 설계해서 학습자의 이해를 도울 수 있다. 예:

老师: 你们去过天安门吗?
교사: 天安门에 가봤나요?
学生: 去过。
학생: 가봤어요.
老师: [天安门의 평면도를 제시하며] 谁能告诉我故宫在哪儿?
교사: 누가 故宫이 어디 있는지 알려줄래요?
学生: 故宫在天安门广场的北边。[교사는 이 문장을 칠판에 써서, 비교가 가능하게 함]
학생: 故宫은 天安门 광장의 북쪽에 있어요.

4. '是' 존재구문과 '在' 구문: "前边是银行"과 "银行在前边"은 어떤 차이가 있을까?

'是' 존재구문과 '在'구문은 어순 차이가 있는 것으로 보이지만, 사실 이들의 화제가 다르다.

① A: 银行在哪儿?　　　　　　B: 银行在食堂后边。
　　은행이 어디 있어요?　　　　은행은 식당 뒤에 있어요.
② A: 你的车现在在哪儿?　　　　B: 我的车就在你家楼下。
　　네 차가 어디에 있어?　　　　내 차는 네 집 건물 아래에 있어.
③ A: 食堂后边是什么地方?　　　B: 食堂后边是银行。
　　식당 뒤쪽이 어떤 곳이에요?　식당 뒤는 은행이에요.
④ A: 我家楼下是谁的车?　　　　B: 你家楼下是我的车。
　　우리 집 건물 아래는 누구 차야?　네 집 건물 아래는 내 차야.

청자가 어떤 사물/사람이 존재하는 위치를 모를 때, 화자는 '在'구문을 써서 그 위치를 설명해야 한다. 청자가 어떤 장소에 사물/사람이 존재하는 사실은 알지만 구체적인 정보는 모를 때, 화자는 '是' 존재구문을 사용해서 구체적으로 설명해야 한다.

IX. 존현구문

```
1. 존현구문 개요
2. 존현구문의 유형
   2.1 존재구문
      2.1.1 존재구문의 용법은?
      2.1.2 존재구문의 구조적 특징은?
   2.2 소실출현구문
      2.2.1 소실출현구문의 용법은?
      2.2.2 소실출현구문의 구조적 특징은?
```

1. 존현구문 개요

이름에서 알 수 있듯이, 존현구문은 어떤 장소에 사물이 존재하거나 출현/소실되는 의미를 나타낸다. 형식상으로 존현구문의 문두에는 반드시 장소를 나타내는 단어가 위치해야 하며 존재, 출현/소실을 나타내는 사람/사물 명사는 항상 서술어동사 뒤에 놓인다. 예를 들어 "你桌子上有一本书"이다.

만일 문두 성분이 장소사가 아니라면 '사물이 어떤 장소에 있음'을 나타내더라도 그 문장을 존현구문으로 볼 수 없다. 예를 들어 "我的书在你桌子上"은 존현구문이 아니다.

존현구문은 중국어 교육에서 상당히 중요한 구문이다. 구조적으로 특이하여 문두의 단어, 문장 중간의 동사와 문미 명사에 모두 제약 조건이 있으며, 특수한 표현 기능을 지니고 있어 다른 구문으로 대체될 수 없다.

2. 존현구문의 유형

의미상으로 존현구문은 2개 유형으로 나눌 수 있다. 첫째는 존재구문으로 어떤 장소에 사람/사물이 존재함을 나타낸다. 둘째는 소실출현구문으로 어떤 장소에 사물/사람이 소실되거나 출현함을 의미한다. 위의 "我们班有一个日本学生"은 존재 구문이고 "我们班来了一个日本学生"은 소실출현구문이다. 아래에서 각각 설명해보자.

2.1 존재구문

2.1.1 존재구문의 용법은?

존재구문의 표현 기능은 주로 객관적인 환경, 인물의 옷차림이나 자세 등을 묘사하는 것으로, 존재구문은 서술성이 아닌 묘사성을 특징으로 한다. 어떤 장소에 누군가 혹은 무엇이 존재함을 설명할 때 보통 존재구문을 쓰는데, '장소어구+동사+명사'의 어순이다.

① 老师桌子上有一本大辞典。
   선생님 책상에 대사전 한 권이 있다.
② 老师桌子上是一本大辞典。
   선생님 책상은 대사전 한 권이다.
③ 老师桌子上放着一本大辞典。
   선생님 책상에 대사전 한 권이 놓여 있다.

2.1.2 존재구문의 구조적 특징은?

존재구문을 학습할 때, 아래의 오류가 출현한다.

① *站着一个陌生人在你家门口。(你家门口站着一个陌生人。)
(니희 집 입구에 낯선 사람이 한 명 서 있다.)
② *在对面的教学楼停着一辆高级轿车。(教学楼对面停着一辆高级轿车。)
(강의동 맞은편에 고급 자가용 한 대가 주차되어 있다.)
③ *路边围着那些看热闹的人。(路边围着一些看热闹的人。)
(길가에 구경꾼들이 몇 명 둘러서 있다.)

위 오류문은 주로 존재구문의 통사 구조적 특징과 관련되는데, 아래 몇 가지 유형으로 나타난다.

(1) 존재구문의 어순 오류.

위에서 말했듯이, 존재구문의 어순은 '장소어구+동사+명사'인데, 이러한 어순은 다른 언어에서는 찾아보기 어렵다. 학습자는 모국어의 부정적 전이로, 이와 관련하여 오류가 발생한다.

① *有一个小孩儿站着在他前面。(他面前站着一个小孩儿。)
(그의 앞에 한 아이가 서 있다.)
② *毛主席像贴着在他家屋里。(他家屋里贴着毛主席像。)
(그의 집안에는 모 주석 초상화가 붙여져 있다.)
③ *画着切·格瓦拉的头像在他的T恤衫上。(他的T恤衫上画着切·格瓦拉的头像。)
(그의 티셔츠에는 체 게바라의 얼굴이 그려져 있다.)

(2) 문두에 출현한 장소어구의 오용 오류.

존재구문 문두의 장소어구는 묘사되는 대상이다. 존재구문을 구성하는 필수성분으로 누락되면 존재구문으로 볼 수 없다. 장소를 나타내는 명사, 명사+방위사/대체사, 장소사, 방위사, 대체사 등이 주로 장소어구가 된다.

첫째, 장소명사.

① 门口挂着一盏灯。
　　입구에 등 하나가 걸려 있다.
② 展览馆摆着一个样品。
　　전시관에 샘플 하나가 놓여 있다.

둘째, 명사+방위사/대체사.

③ 他是个小酒鬼，他的房间里桌子上，床上床下都堆满了酒瓶。
　　그는 술고래라서 방에 책상 위, 침대 위아래 모두 술병으로 가득 찼다.
④ 老师那儿有一本非常好的HSK辅导书。
　　선생님께 아주 좋은 HSK 교재가 있다.

셋째, 방위사.

⑤ 前面是一条河，后面是一座山。
　　앞은 강이고, 뒤는 산이다.

넷째, 장소를 나타내는 대체사.

⑥ 那边原来放着一架钢琴，现在哪儿去了？
　　저기 원래는 피아노가 한 대 놓여 있었는데, 지금은 어디 갔나요?

　존현구문의 문두에는 반드시 장소어구가 위치해야 한다. 일반명사가 장소를 나타내지 않을 때는, 그 명사 뒤에 장소를 나타내는 방위사를 추가해야 한다. 또 장소어구 앞에는 보통 전치사 '在'를 쓰지 않는다. 학습자는 이 두 가지 유형에서 주로 오류가 발생한다.

① *茶几放着一个蛋糕。(茶几上放着一个蛋糕。)
   (찻상 위에 케이크가 놓여 있다.)
② *他的帽子印着一个海盗图像。(他的帽子上印着一个海盗图像。)
   (그의 모자에 해적 그림이 프린트되어 있다.)
③ *在天安门广场上立着一块人民英雄纪念碑。(天安门广场上立着一块人民英雄纪念碑。)
   (天安门 광장에 인민영웅기념비가 세워져 있다.)
④ *在下面的沙发卧着一条狗。(沙发下面卧着一条狗。)
   (소파 아래에 개 한마리가 누워 있다.)
⑤ *在花园藏着很多彩蛋。(花园里藏着很多彩蛋。)
   (정원에 이스터 에그가 많이 숨겨져 있다.)

(3) 존재구문의 동사.

존재구문에 출현할 수 있는 동사는 주로 아래 3개 유형이다.

첫째, 사람, 사물의 운동 변화를 나타내는 동사. 예: '坐, 站, 躺, 跪, 挤, 围, 蹲' 등.

둘째, 사람, 사물을 놓거나 배치하는 동작동사. 예: '放, 挂, 贴, 摆, 画, 刻, 绣, 存, 晾, 插' 등.

셋째, 존재를 나타내는 동사 '有'와 '是'(하권 CHAPTER 6. VII. '有'구문, VI. '是'구문 참고).

존재구문의 동사 뒤에는 대부분 동태조사 '着'가 출현한다. 서술어동사에 '着'를 추가하면 사람, 사물이 어떤 방식이나 상태로 존재하는가를 나타낸다.

① 他房间的墙上到处都挂着周杰伦的巨幅照片。
   그의 방 벽에는 사방에 周杰伦의 커다란 사진이 걸려 있었다.
② 一大早他家门口就站着一个陌生人。
   아침부터 그의 집 문에 낯선 사람이 서 있다.

동사 뒤에 '满'을 추가할 수도 있는데, '尽是, 全是, 都是'의 의미를 나타낸다.

③ 楼道里挤满了看热闹的人。
   복도에 구경 나온 사람들로 가득 찼다.
④ 他的办公桌上堆满了文件，材料，电话还响个不停。
   그의 사무 책상에는 문서, 자료로 가득했고, 끊임없이 전화가 울렸다.

존재구문에 동사가 없고 서술어 자리에 명사성 구만 출현할 수도 있다.

⑤ 打开门，满屋乌烟瘴气，满地烟头，桌上杯盘狼藉，更让她坚定了离婚的信念。
   문을 열자, 온 집안이 난장판으로, 담배꽁초가 가득하고, 책상에는 컵과 접시가 널브러져 있어, 그녀는 이혼에 대한 생각이 더 굳어졌다.

위 예와 같이, 명사성 성분이 단독으로 서술어가 되는 존재구문은 그 자체로는 완전한 문장이 될 수 없고, 다른 절과 함께 출현해야 한다.

(4) 존재구문의 목적어.

존재구문의 목적어가 지시하는 사물은 보통 신정보이므로, 명사 앞에 불특정 지시의 수량구나 다른 관형어를 추가해야 한다. 명사가 단독으로 출현하지 않고, 확정 지시를 나타내는 관형어 명사구도 수반할 수 없다.

① 他桌子上摆着一个奇形怪状的木雕。
   그의 책상 위에는 기이한 형상의 목조각이 놓여 있다.
② 马背上驮着一个箱子，箱子里装着很多书。
   말 등에 상자 하나가 얹혀 있고, 상자 안에는 많은 책들이 들어 있다.

존재구문의 목적어가 고유명사더라도, 앞에 보통 수량사를 추가한다.

③ 山东有个孔子，河南有个庄子。
　　山东에 공자가 있다면, 河南에는 장자가 있다.
④ 天安门广场上耸立着一座人民英雄纪念碑。
　　天安门 광장에 인민영웅기념비가 우뚝 솟아있다.

대구를 이룰 때만, 목적어가 단순명사로 관형어 없이 출현할 수 있다.

⑤ 左手拿着棒子，右手拿着糖。
　　왼손은 몽둥이를 들고, 오른손은 사탕을 들고 있다.

학습자는 목적어 앞에 확정 지시를 나타내는 관형어를 추가하여 오류가 발생한다.

⑥ *我抬头一看，教室门前站着我哥哥。
⑦ *桌子上有那本书。

2.2 소실출현구문

2.2.1 소실출현구문의 용법은?

어떤 장소/시간에 사람/사물의 소실 또는 출현 의미를 진술할 때, 소실출현구문을 사용한다.

2.2.2 소실출현구문의 구조적 특징은?

소실출현구문의 구조적 특징은 기본적으로 존재구문과 동일하지만, 주로 아래 세 가지로 정리할 수 있다.
　(1) 문두의 장소명사: 존재구문과 동일하게 소실출현구문의 문두에도 장소명사나 방위사가 출현한다.

① 他们家来了一群年轻人，让这个家顿时有了生机。
그들의 집에 젊은이들이 여럿 와서, 이 집에 갑자기 생기가 돌았다.

(2) 소실출현구문의 동사: 소실출현구문의 동사는 대부분 자동사로 한 유형은 사람/사물의 이동과 관련한 동사인데 예를 들어 '走, 跑, 来, 钻' 등이다. 다른 한 유형은 출현, 소실 의미를 나타내는 동사로 '飘, 冒, 浮现, 响, 刮, 死' 등이 있다. 한편, 출현, 소실 의미 동사 뒤에는 보통 방향보어, 결과보어나 동태조사 '了'가 출현한다.

① 一夜之间，这个村子死了三个人，一种莫名的恐怖气氛笼罩在村子上空。
하룻밤 새 이 마을에 세 사람이 죽었다. 알 수 없는 공포의 분위기가 마을 하늘을 뒤덮었다.
② 正在他犹豫不决的时候，台下响起了一阵雷鸣般的掌声。
그가 망설이고 있을 때, 무대 아래에서 우레와 같은 박수 소리가 울려 퍼졌다.

(3) 소실출현구문의 목적어: 소실출현구문의 목적어는 출현, 소실된 사람/사물을 나타내는데, 그 앞에 부정(不定) 수량사가 관형어가 되는 명사성 성분을 수반하여 신정보를 나타낸다.

① 教室里突然跑进来一个十来岁的小孩儿。
교실에 갑자기 10살쯤 되는 어린아이가 뛰어 들어왔다.

고유명사가 목적어일 때도 앞에 '(一)个'가 출현한다.

② 春秋时期，河南出了一个庄子。
춘추 시대, 河南에서 장자가 출현했다.

부정 형식일 때는 명사 앞에 부정(不定) 수량사가 없다.

③ 我们那儿没出过名人。
우리 그곳은 유명한 사람을 배출한 적이 없다.

그러나 '一些'에 대한 부정이라면, 명사 앞에 '几个'를 써서 부분 부정을 할 수 있다.

④ 我们那儿没出过名人。[전체 부정]
우리 그곳은 유명한 사람을 배출한 적이 없다.
⑤ 我们那儿没出过几个名人。[부분 부정]
우리 그곳은 유명한 사람이 몇 명 배출되지 않았다.

명사 앞에 '一个' 등 부정(不定) 수량사를 추가하여 강조를 나타낼 수도 있다. 이때 강세는 '一个'에 놓인다.

⑥ 我们那儿没出过一个名人。
우리 그곳은 유명한 사람을 한 명도 배출한 적이 없다.

X. 연동구문

---
1. 연동구문이란? 연동구문은 몇 개의 유형으로 나누어질까?
2. 연동구문을 학습할 때 자주 출현하는 오류는?
---

1. 연동구문이란? 연동구문은 몇 개의 유형으로 나누어질까?

연동구문은 서술어가 2개 혹은 그 이상의 용언(동사나 형용사)으로 구성되며, 중간에 쉼표나 접속어가 없고 성분 사이에 논리 관계도 없어 쉼표로 끊을 수 없다. 또 두 개의 용언이 하나의 주어를 공유한다. 앞뒤 두 용언의 의미 관계에 따라, 상용 연동구문을 아래 몇 개 유형으로 나눌 수 있다.

(1) 앞의 동사(구)가 뒤 동작의 방식이나 도구를 나타내는 유형.

① 我爸爸每天都骑车上班。
   우리 아빠는 매일 자전거를 타고 출근하신다.
② 中国人用筷子吃饭。
   중국인은 젓가락을 사용해서 밥을 먹는다.

(2) 뒤의 동사(구)가 앞 동작의 목적을 나타내는 유형.

① 他去五道口看电影了。
   그는 영화를 보러 五道口에 갔다.
② 我找你借本书。
   책을 빌리러 당신에게 갈게요.

(3) 연속 발생 동작이나 상황을 나타냄. 즉, 뒤 동작이 발생했을 때 앞 동작의 종료를 나타내는 유형.

① 爷爷吃过晚饭散步去了。
할아버지는 저녁밥을 드시고 산책하러 가셨다.
② 他接过照片看了一眼说"这不是我姐姐。"
그가 사진을 받아 들고 한 번 보고는 말했다. "이건 내 누나가 아니야."

(4) 중복동사구문 유형. 즉 동일한 동사를 앞뒤로 중복하는 것으로 뒤 동사(구)가 앞 동작의 결과를 나타내기도 하고, 뒤 동사가 동작의 지속 시간이나 종결점 등을 나타낸다.

① 老张喝酒喝醉了。
老张이 술을 마셔서 취했다.
② 我找那家书店找了半天。
나는 그 서점을 한참 찾았다.

(5) 앞의 동사가 '有'나 '没有'로, 구조화하면 '주어+有(没有)명사+동사'인 유형.

① 在国内我们没有机会练口语。
국내에서 우리는 회화를 연습할 기회가 없다.
② 政府有责任帮助农民解决吃水的问题。
정부는 농민들의 식수 문제해결을 도와줄 책임이 있다.

'有'의 목적어는 보통 추상명사로, 자주 쓰는 예는 '权利, 权力, 办法, 本事, 资格, 机会, 条件, 时间, 把握, 信心, 能力' 등이다. 두 번째 동사구는 이 추상 명사의 관형어로 변환할 수 있다. 이러한 문장은 종종 '应该'의 의미를 포함한다.

③ 每个公民都有权利发表自己的意见。 = 每个公民都有发表自己意见的权利。
모든 국민은 자신의 의견을 발표할 권리가 있다.
④ 他没有资格参加这次比赛。 = 他没有参加这次比赛的资格。
그는 이 시합에 참가할 자격이 없다.

(6) 앞뒤 2개 동사(구)가 상호 보충/설명 관계인 유형. 앞의 동사가 긍정 의미를 나타내고 뒤의 동사는 부정 의미를 나타내어, 정반 형태로 어떤 사실을 설명한다.

① 他站着不动。
그는 선 채로 움직이지 않는다.
② 他一不高兴就躺在地上不起来。
그는 기분이 나쁘면 바닥에 누워 일어나지 않는다.

2. 연동구문을 학습할 때 자주 출현하는 오류는?

연동구문을 학습하는 과정에서 자주 보이는 오류로 아래 몇 개 유형이 있다.

(1) 방식을 나타내는 동사구의 어순 오류.

① *下课后已经很晚了，我不得不回家骑自行车。(……我不得不骑自行车回家。)
(……나는 어쩔 수 없이 자전거를 타고 귀가했다.)
② *他喜欢写字用铅笔。(他喜欢用铅笔写字。)
(그는 연필로 글 쓰는 것을 좋아한다.)

③ *我不好意思和老乡聊天用汉语。(我不好意思用汉语和老乡聊天。)
(나는 중국어로 고향 사람과 대화하기가 민망했다.)

방식을 나타내는 동사구는 동작동사 앞에 놓여야 하나, 학습자는 동사 뒤에 놓는 오류를 범한다.
(2) 동사의 대체 오류.

① *我每天坐自行车上学。(我每天骑自行车上学。)
(나는 매일 자전거를 타고 학교에 간다.)
② *在北京开摩托车很难。(在北京骑摩托车很难。)
(北京에서는 오토바이 타기가 어렵다.)

연동구문이 동작의 방식을 나타낼 때, 도구나 동작 방식의 차이로 인해 사용하는 동사가 달라진다. 예를 들면 '骑自行车, 骑摩托车, 坐火车/飞机, 开车' 등이다.
(3) 동사를 중복 사용해야 하나 사용하지 않은 오용 오류.

① *我打球累了。(我打球打累了。)
(나는 공놀이를 해서 지쳤다.)
② *他看电影哭了。(他看电影看哭了。)
(그는 영화를 보다가 울었다.)
③ *我们照相了三个小时。(我们照相照了三个小时。)
(우리는 사진을 3시간 동안 찍었다.)

(4) 동태조사 '了', '过'의 어순 오류.

① *昨天你妈妈来了看你。(昨天你妈妈来看你了。)
(어제 네 엄마가 너를 보러 왔어.)

② *上周末我去了五道口看电影。(上周末我去五道口看电影了。)
(지난 주말에 나는 五道口에 영화 보러 갔다.)
③ *我去了超市买一双鞋。(我去超市买了一双鞋。)
(나는 슈퍼에 가서 신발 한 켤레를 샀다.)

연동구문의 두 동사가 각각 동작과 목적을 나타낼 때 '了', '过'는 목적을 나타내는 동사 뒤에 위치해야 하며, 수반 동작을 나타내는 앞 동사의 뒤에는 위치할 수 없다.

(5) 부정사 혹은 시간을 나타내는 단어의 어순 오류.

① *我用毛笔不写字。(我不用毛笔写字。)
(나는 붓으로 글씨를 쓰지 않는다.)
② *他骑自行车曾经去上班。(他曾经骑自行车去上班。)
(그는 일찍이 자전거를 타고 출근했었다.)

연동구문에서 부정사 혹은 시간을 나타내는 단어는 방식동사 앞에 위치하여야 한다. 부정부사나 시간사의 적용 범위가 전체 서술어 구조로, 뒤의 동사에만 국한되는 것은 아니기 때문이다.

XI. 겸어구문

> 1. 겸어구문이란? 겸어구문은 몇 개의 유형으로 나누어질까?
> 2. 겸어구문과 이중목적어구문의 차이: "他叫我明天开会"와 "他告诉我明天开会"는 같을까?
> 3. 겸어구문과 주술구의 목적어 차이: "我请他来做讲座"와 "我知道他来做讲座"는 어떤 차이가 있을까?
> 4. '使', '叫', '让'의 차이: "老师使我们读课文"은 왜 잘못된 문장일까?
> 5. 겸어구문을 학습할 때 자주 출현하는 오류는?
> 6. 겸어구문 교육에서 유의할 점은?

1. 겸어구문이란? 겸어구문은 몇 개의 유형으로 나누어질까?

한 문장에서 앞 동사의 목적어가 뒤 동사의 주어를 동시에 겸하는 단어를 '겸어(兼语)'라고 하며, 겸어를 포함한 문장을 '겸어구문'이라고 한다.

앞 동사의 유형에 따라 겸어구문은 다음 몇 개의 유형으로 나눌 수 있다.

(1) 명령 의미를 나타내는 겸어구문: 이러한 겸어구문의 앞 동사는 명령 의미를 갖는 동사로 '请/叫/让' 등이다.

첫째, 긍정 형식은 '주어+请/叫/让+목적어+동사'이다.

① 他中了大奖, 今天晚上请我们吃大餐。
   그가 큰 상금에 당첨되어서, 오늘 저녁에 우리에게 크게 한턱낸다.
② 妈妈非让我学做饭。
   엄마는 나에게 꼭 요리를 배우라고 하셨다.

둘째, 부정 형식은 '주어+不/没+请/叫/让+목적어+동사'이다.

③ 他根本就没叫我去上课。
그는 나에게 수업에 가라고 전혀 하지 않았다.
④ 我可不再请她参加了。
나는 다시는 그녀에게 참가하라고 하지 않을 것이다.

명령 의미를 나타내는 동사는 별로 많지 않다. 흔히 볼 수 있는 동사는 '请, 叫, 让, 要, 要求, 请求, 派, 邀请, 约, 号召, 托, 劝, 催, 鼓励, 强迫, 恳求, 逼, 引导, 启发, 怂恿, 吩咐, 命令, 组织, 安排' 등이다. 명령 의미를 나타내지는 않지만 금지나 허락을 나타내는 동사도 겸어구문에 자주 쓰이는데, '准, 准许, 允许, 禁止, 阻止, 批准' 등이 있다.

(2) 호칭이나 인정의 의미를 나타내는 겸어구문: 이러한 겸어구문의 앞 동사는 일반적으로 호칭이나 인정의 의미를 나타내는 동사이다. '称, 叫, 骂, 选, 选举, 推选, 拜, 认, 认为' 등이 있는데, 뒤에 오는 동사는 대개 '做(作), 为, 当, 是' 등이다.

① 我们都选他当代表。
우리는 모두 그를 대표로 뽑았다.
② 他愿意拜你当师傅。
그는 당신을 스승으로 모시려고 한다.

(3) 앞 동사가 '有'인 겸어구문.

① 我有一个朋友去国外了。
내 친구 중 한 명이 외국에 갔다.
② 他有个女儿特别能干。
그는 특별히 출중한 딸이 하나 있다.

(4) 앞 동사가 기호나 부러움을 표현하는 동사인 겸어구문.

① 我喜欢他诚实。
　나는 그가 성실해서 좋다.
② 也许很多人都会讥笑老人活得太认真。
　아마도 노인이 너무 열심히 산다고 비웃는 사람이 많을 것이다.

기호나 부러움을 나타내는 동사는 별로 많지 않은데 흔히 볼 수 있는 것은 '喜欢, 爱, 讨厌, 恨, 嫌, 佩服, 钦佩, 称赞, 夸, 怪, 埋怨, 责怪, 笑话, 欣赏, 羡慕, 讥笑' 등이다.

2. 겸어구문과 이중목적어구문의 차이: "他叫我明天开会"와 "他告诉我明天开会"는 같을까?

위의 두 예시 문장은 구조가 다르다. 전자는 겸어구문으로 '我'가 겸어이다. 후자는 이중목적어구문으로 '我'는 간접 목적어이고 "明天开会"가 직접 목적어이다. 이중목적어구문의 직접 목적어와 간접 목적어는 주술구를 구성할 수 있는데 구조상 겸어구문과 유사하다. 이들을 어떻게 구별할 수 있을까?

(1) 질문 방식이 동일하지 않다. 겸어구문은 겸어 뒤의 성분을 '做什么'로 질문하고, 이중목적어구문은 직접 목적어를 '什么'로 질문한다. 비교해 보자.

① 他叫我参加会议。[他叫你做什么?]
　그가 저에게 회의에 참석하라고 했습니다. [그가 당신에게 무엇을 하라고 했습니까?]

② 他告诉我明天开会。[他告诉你什么?]
그가 저에게 내일 회의를 한다고 알려줬습니다. [그가 당신에게 뭐라고 알려줬습니까?]

(2) 이중목적어구문의 직접 목적어는 문장 앞에 위치할 수 있으나 겸어구문에서 겸어 뒤의 성분은 문장 앞에 위치할 수 없다. 비교해보자.

① a. 你告诉他明天开会。　　b. 明天开会, 你告诉他。
　　　그에게 내일 회의를　　　　　내일 회의가 열리니,
　　　하라고 알려줘.　　　　　　　그에게 알려줘.
② a. 他叫我明天开会。　　　b. *明天开会, 他叫我。
　　　그가 나에게 내일
　　　회의를 하라고 했다.

3. 겸어구문과 주술구의 목적어 차이: "我请他来做讲座"와 "我知道他来做讲座"는 어떤 차이가 있을까?

이 두 문장은 어순으로 보면 상당히 유사하나 문장 구조는 다르다. 전자는 겸어구문이고, 후자는 주술구를 목적어로 하는 문장이다. 다음과 같은 방법으로 이 둘을 구별할 수 있다.
(1) 겸어구문의 앞 동사 뒤에는 휴지가 있으면 안 된다. 그러나 주술구조가 목적어인 문장의 앞 동사 뒤에는 휴지가 있을 수 있다.

① *我请, 张教授来做讲座。
② 我知道, 张教授来做讲座。
　　나는 안다, 张교수가 강연을 하러 온다는 것을.

(2) 겸어구문은 앞 동사 뒤의 성분이 단독으로 문두에 위치할 수 없다.

그러나 주술구가 목적어인 문장은 앞 동사 뒤의 성분이 단독으로 문두에 위치할 수 있다.

① *张教授来做讲座我们请。
② 张教授来做讲座我们知道。
　　张교수가 강연를 하러 온 것을 우리는 알고 있다.

(3) 앞 동사의 성질이 다르다. 주술구를 목적어로 하는 문장에서 앞 동사는 하나의 사건을 진술, 설명할 수 있어야 한다. 그리고 '知道, 听说, 看见, 看到, 觉得, 以为, 明白' 등처럼 감각을 나타내거나 '希望, 盼望, 相信, 想, 怀疑, 记得' 등과 같이 심리활동을 나타낸다. 그러나 겸어구문의 앞 동사는 1번 질문('겸어구문은 몇 개의 유형으로 나누어질까?')에서 분류한 4개 유형에 국한된다.

(4) 앞 동사 뒤에 다른 단어의 삽입 가능 여부가 다르다. 주술구를 목적어로 하는 문장은 앞 동사 뒤에 다른 단어를 추가하여 부사어로 만들 수 있다. 그러나 겸어구문의 앞 동사 뒤에는 다른 단어를 삽입할 수 없다.

① a. 我让他们来。　　　　　b. *我让明天他们来。
　　 내가 그들에게 오라고 했다.
② a. 我希望他来。　　　　　b. 我希望明天他来。
　　 나는 그가 오기를 바란다.　　나는 내일 그가 오기를 바란다.

4. '使', '叫', '让'의 차이: "老师使我们读课文"은 왜 잘못된 문장일까?

'使', '叫', '让'은 모두 겸어구문에서 사용할 수 있지만 약간의 차이가 있다.

(1) '让', '叫'는 주로 행위자가 능동적으로 명령, 지시, 설득 등을 하면서 타인이 어떤 동작을 하게 만드는 것을 나타낸다('叫'가 구어체에 더 가까움). '使'는 어떤 일이나 동작을 통해 객관적인 결과나 효과가 자연스럽게 나타나게 만드는 것을 의미한다.

① 老师让/叫我们先写成书面报告，然后在班里进行口头汇报。
선생님은 우리에게 먼저 서면 보고서를 작성하고 나서, 반에서 말로 보고하라고 하셨다.
② 5.11大地震使他家破人亡。
5.11 대지진이 그의 집안을 망하게 했다.

(2) '使', '让'은 정서, 감정 혹은 동작을 의식적으로 제어하도록 할 때 사용된다. 그러나 '叫'는 이러한 용법이 없다.

① 他强忍着使自己不失态。
그는 억지로 참으면서 자신이 예의를 잃지 않도록 했다.
② 她努力不让自己流泪。
그녀는 눈물을 흘리지 않으려고 애썼다.

(3) 행위자의 주관 의지를 표현할 때는 일반적으로 '让'을 사용하지만 '使', '叫'도 사용할 수 있다. 그러나 객관적인 결과를 표현할 때는 보통 '叫'를 쓰지 않는다.

① 我一定努力不让/使/叫您失望。[주관]
반드시 당신을 실망시키지 않도록 노력하겠습니다.
② a. 你的所作所为真让我失望。[객관]
네가 한 짓은 정말 나를 실망시켰다.
b. ?你的所作所为真叫我失望。

5. 겸어구문을 학습할 때 자주 출현하는 오류는?

학습자에게 쉽게 나타나는 오류는 다음의 몇 가지 유형이 있다.
(1) 겸어 뒤에 동사를 누락한 오류.

① *你这样说话，让大家很没有意思。(……让大家感到/觉得很没有意思。)
(……모두를 재미없게 느끼게 해.)
② *这件衣服使她年轻。(这件衣服使她显得年轻。)
(이 옷은 그녀를 젊어 보이게 한다.)
③ *他使我们班活力。(他使我们班充满了活力。)
(그는 우리 반에 활기가 충만하게 했다.)

겸어구문에서 겸어 뒤에 동사성 성분이 출현해야 하는데 학습자는 뒤에 출현하는 동사를 누락하는 경우가 많다. 이러한 오류를 피하기 위해서 '주어+使/叫/让/请+목적어+동사+…'로 구조화할 수 있다.
(2) 동사 대신 전치사를 사용한 대체 오류.

① *那时候我常常因为不做作业跟老师生气。(那时候我常常因为不做作业让老师生气。)
(그때 나는 종종 숙제를 안 해서 선생님을 화나게 했다.)
② *对不起，我做得不好，对您失望了。(对不起，我做得不好，让您失望了。)
(죄송합니다, 제가 잘하지 못해서 당신을 실망시켰습니다.)

(3) '使, 叫, 让' 등 동사의 대체 오류.

① *老师使我回宿舍拿作业。(老师让/叫我回宿舍拿作业。)
(선생님은 나에게 기숙사에 숙제를 가지러 가라고 하셨다.)

② *脸上的酒窝叫她显得更加可爱。(脸上的酒窝使她显得更加可爱。)
(얼굴의 보조개가 그녀를 더욱 귀엽게 보이게 한다.)
③ *他问我告诉你明天不去了。(他让我告诉你明天不去了。)
(그가 나더러 당신에게 내일 가지 않겠다고 말하라고 했어요.)

(4) 부정사의 어순 오류.

① *妈妈让我不工作这么早。(妈妈不让我这么早工作。)
(엄마는 내가 이렇게 일찍 일하는 것을 못 하게 하셨다.)
② *他叫我不去, 我偏偏要去。(他不叫我去, 我偏偏要去。)
(그가 나에게 가지 말라고 했는데, 나는 기어코 가려 한다.)

겸어구문의 부정은 보통 '叫, 让' 앞에 '不'나 '没有'를 붙인다.

(5) '了'를 앞 동사 뒤에 배치하는 어순 오류.

① *他让了我大吃一惊。(他让我大吃了一惊。)
(그는 나를 깜짝 놀라게 했다.)

겸어구문에서 '了'는 보통 두 번째 동사 뒤에 배치한다.

6. 겸어구문 교육에서 유의할 점은?

교사는 겸어구문을 가르칠 때 맥락을 설정하고, 문장을 변환하는 연습을 시킬 수 있다.

① [맥락 제시] 老师: 玛丽, 明天去我家吃饭吧!
교사: 메리, 내일 우리 집에 밥 먹으러 가요.
[겸어구문 변환연습] "老师请玛丽去他家。"

② [맥락 제시] 老师: 请大家再读一遍课文。
　　　교사: 여러분 교과서 본문을 한 번 더 읽으세요.
　　　[겸어구문 변환연습] "老师让我们再读一遍课文。"
③ [맥락상황 제시] 老师: 大卫，下课后去我办公室一趟。
　　　교사: 데이비드, 수업 끝나고 내 사무실로 오세요.
　　　[겸어구문 변환연습] "老师让大卫去他办公室。"

학습자가 겸어구문의 기본 구조의 특징과 용법을 이해하게 한 후에, 변환 연습을 시킬 수 있다.

XII. 이중목적어구문

1. 이중목적어구문이란?
2. 이중목적어구문은 몇 개의 유형으로 나누어질까?
3. 이중목적어구문을 학습할 때 자주 출현하는 오류는?

1. 이중목적어구문이란?

동사가 두 개의 목적어를 가진 문장을 '이중목적어구문'이라고 한다. "他给了我几本书"와 같이 앞에 사람을 가리키는 목적어 '我'를 '간접 목적어'라 하는데 '근거리 목적어' 또는 '수여 목적어'라고도 한다. 뒤에 사물을 가리키는 목적어 '几本书'를 '직접 목적어'라 하는데 '원거리 목적어' 또는 '피행위자 목적어'라고도 한다. 원거리 목적어는 사물을 가리키는 경우가 많지만 때로는 한 문장일 수도 있다.

① 请你告诉他<u>明天不上课</u>。
  그에게 내일 수업을 안 한다고 전해줘.
② 他问我<u>这本书多少钱</u>。
  그는 나에게 이 책이 얼마냐고 물었다.

2. 이중목적어구문은 몇 개의 유형으로 나누어질까?

이중목적어구문은 아래 몇 개의 유형이 있다.
(1) 수여류 이중목적어구문.

① 我送妈妈一条围巾。
나는 엄마에게 목도리를 선물했다.
② 他给我一幅画。
그는 나에게 그림 한 점을 주었다.

(2) 취득류 이중목적어문.

① 那个小偷偷了我300块钱。
그 도둑은 나에게서 300위안을 훔쳤다.
② 他拿了我三本书。
그는 나한테 책 세 권을 가져갔다.

(3) 발화류 이중목적어구문.

① 经理已经通知我开会的事情了。
매니저가 이미 나에게 회의에 대해 알려줬다.
② 你别告诉他我们去的事儿。
그에게 우리가 간 것에 대해 말하지 마세요.

3. 이중목적어구문을 학습할 때 자주 출현하는 오류는?

이중목적어구문을 배울 때 학습자가 마주하는 문제는 크게 두 가지이다. 첫째는 어순 문제이고, 둘째는 동사 문제이다. 아래에서 차례대로 이야기해보자.

(1) 이중목적어구문의 어순 오류.

이중목적어구문의 어순은 특징이 있다. 그것은 바로 사람을 가리키는 목적어(즉, '간접 목적어')는 앞에만 출현할 수 있고, 사물을 가리키는 목적어(일반적으로 사물을 가리키지만 때로는 사람이 될 수도 있음)의 목적어

(즉, '직접 목적어')는 뒤에만 출현할 수 있다는 점이다. 그래서 '주어+동사+사람+사물'로 구조화할 수 있다.

① 他　给　我　一本书。
　　그가 나에게 책 한 권을 주었다.
② 王老师　教　我们　语法。
　　王 선생님이 우리에게 문법을 가르친다.

학습자는 종종 다음과 같은 오류를 범한다.

③ *我要送一件礼物女朋友。(我要送女朋友一件礼物。)
　　(나는 여자 친구에게 선물을 주려고 한다.)
④ *明天我就还钱你。(明天我就还你钱。)
　　(내일 너에게 돈을 갚을게.)
⑤ *我要告诉一件事妈妈。(我要告诉妈妈一件事。)
　　(나는 엄마에게 한 가지 일을 알려드려야 한다.)
⑥ *商店退100块钱我。(商店退我100块钱。)
　　(상점에서 나에게 100위안을 돌려줬다.)

(2) 동사의 오용 오류.
이중목적어를 가질 수 있는 동사는 매우 제한적이다. 그래서 학습자는 다음의 오류를 범한다.

① *妈妈讲了我们一个故事。(妈妈给我们讲了一个故事。)
　　(어머니가 우리에게 이야기를 해주셨다.)
② *请打我一个电话。(请给我打一个电话。)
　　(나에게 전화 한 통 해줘.)
③ *请问好你的妈妈。(请向你的妈妈问好。)
　　(당신 어머니께 안부 전해줘.)

④ *我买了妈妈一个生日礼物。(我给妈妈买了一个生日礼物。)
　(나는 어머니께 생일 선물 하나를 사 드렸다.)
⑤ *他介绍我一个朋友。(他给我介绍一个朋友。)
　(그는 나에게 친구 한 명을 소개해 주었다.)

　현행 중국어교재는 이중목적어를 취하는 동사를 일부 나열하는 방식을 쓰고 있다. 분석 내용이 없어 학습자는 규칙도 모르고 무조건 외우는 수밖에 없다. 이에 따라 이중목적어구문에 출현 가능한 동사에 대해 간단한 분석과 분류를 통해, 학습자가 기억하고 이해하는 데 도움을 줄 필요가 있다.

　첫째, 수여를 나타내는 동사. 예를 들면 '给, 送, 还, 交, 递, 退, 付, 借(出), 租, 赠, 寄, 卖, 发' 등의 동사는 모두 수여의 의미를 나타내며 뒤에 '给'를 수반할 수 있다. 이러한 동사로 이루어진 이중목적어구문은 특정 동작을 통해 사물을 다른 사람이 소유하게 되는 것을 나타낸다.

① 我们赠(给)那所学校200本书。
　우리는 그 학교에 200권의 책을 기증했다.
② 我发给她一封邮件。
　나는 그녀에게 이메일 한 통을 보냈다.

　둘째, 취득을 나타내는 동사. 예를 들면 '借(入), 骗, 赢, 赚, 偷, 抢, 拿, 收, 买, 学' 등의 동사로 이루어진 이중목적어구문은 어떤 사람이 그 동작을 통해 다른 사람한테서 무언가를 얻는 것을 나타낸다.

③ 我借了他300块钱，明天就还。
　나는 그에게 300위안을 빌렸으니, 내일 갚을 것이다.
④ 他骗走了我一本书。
　그는 나에게 책 한 권을 편취해갔다.

셋째, 발화 동사. '告诉, 通知, 问, 回答, 教, 答应, 嘱咐, 报告, 请教' 등의 동사는 발화 의미를 내포하여, 발화의 내용도 있고 발화 대상도 있다. 이러한 동사로 이루어진 이중목적어구문은 어떤 사람이 그 동작을 통해 서술 대상에게 발화 내용을 알게 하는 것을 나타낸다.

⑤ 他告诉我一个天大的秘密。
그는 나에게 엄청난 비밀을 하나 알려주었다.
⑥ 请你通知张经理开会的地点。
张 매니저에게 회의 장소를 알려줘.

(3) 간접 목적어의 누락 오류.
학습자는 가끔 간접 목적어를 누락하는 오류도 범한다.

① *他告诉一个好玩的地方。(他告诉我一个好玩的地方。)
(그가 나에게 재미있는 곳을 알려주었다.)

CHAPTER 7

복문

┃주요 내용┃

이 장은 복문과 복문의 유형, 각 복문의 특징 및 중국어 교육에서 사용 빈도가 높고 학습자의 오류가 많은 접속어구, 접속어구의 유의어 구별 및 분석, 중국어 교육에서 유의할 사항을 분석한다.

1. 복문 및 유형
   1.1 복문이란? 몇 개의 유형으로 나누어질까?
2. 병렬복문
   2.1 병렬복문이란?
   2.2 "她又丑又善良"은 왜 잘못된 문장일까?
   2.3 '既……又……', '又……又……', '也……也……'는 어떤 차이가 있을까?
   2.4 '一方面……(另)一方面……', '一面……一面……', '一来……二来……'는 어떤 차이가 있을까?
   2.5 "我叫大卫,我是美国人,我今年21岁,我现在在北京学习,我很喜欢中文"은 맞는 표현일까?
3. 순차복문
   3.1 순차복문이란?
   3.2 '然后'와 '后来': "大家先谈谈考察的情况, 后来我们再具体分析"는 왜 잘못된 문장일까?
   3.3 '以后'와 '后来': "下课以后去打球"에서 '以后'를 '后来'로 교체할 수 있을까?
4. 해설복문
5. 점층복문
   5.1 점층복문이란?

- 5.2 "我不但要去吃中国饭, 而且能去旅游"는 왜 잘못된 문장일까?
- 5.3 '不但不(没有)……, 反而……'의 용법: "老人不但不坐着, 反而站着"는 왜 잘못된 문장일까?

6. 선택복문
- 6.1 선택복문이란?
- 6.2 '不是A就是B'와 '或者A或者B'는 어떤 차이가 있을까?
- 6.3 '不是A就是B'와 '不是A而是B'는 어떤 차이가 있을까?
- 6.4 '与其……不如……', '宁可……也不……', '宁可……也要……'는 어떤 차이가 있을까?

7. 인과복문
- 7.1 인과복문이란?
- 7.2 '既然'과 '因为': "他既然生病了, 就回宿舍休息了"는 왜 잘못된 문장일까?
- 7.3 '所以'와 '于是': "因为他很聪明, 于是他的成绩很好"는 왜 잘못된 문장일까?

8. 전환복문
- 8.1 전환복문이란?
- 8.2 '虽然……但是……'와 '……就是……'는 어떤 차이가 있을까?
- 8.3 '只是', '不过', '可是', '但是', '然而'은 어떤 차이가 있을까?

9. 조건복문
- 9.1 조건복문이란?
- 9.2 '只有……才……'와 '只要……就……'는 어떤 차이가 있을까?
- 9.3 '不管……都……'와 '尽管……但是……': "不管父母不同意, 我都要和她结婚"은 왜 잘못된 문장일까?

10. 가정복문

11. 양보복문
- 11.1 양보복문이란?
- 11.2 '即使……也……'와 '如果……就……'는 어떤 차이가 있을까?

12. 목적복문
- 12.1 목적복문이란?
- 12.2 '……为的是……'와 '……以便……'은 어떤 차이가 있을까?

13. 복문 교육
- 13.1 복문에서 접속사와 부사의 위치: "不但他喜欢, 也我喜欢"은 맞는 문장일까?

1. 복문 및 유형

1.1 복문이란? 몇 개의 유형으로 나누어질까?

복문은 의미가 관련되나 구조상으로 서로 포함되지 않는, 즉 서로 구성 성분이 되지 않는 2개 이상의 절로 이루어진 문장을 말한다. 복문은 언어 소통에서 매우 중요한 역할을 하므로, 교사로서 복문은 필수적으로 파악해야 할 내용이다. 중국어 교육에서 학습자가 복문이 무엇인지, 어떤 복문인지 알고 모르고는 중요하지 않다. 학습자에게 복문의 개념, 구성, 유형 등을 알려줄 필요는 없고, 실용적 관점에서 사용 빈도가 높은 복문 구조(즉, 접속어구로 구성된 구조)를 학습자에게 교육하여 올바르게 사용할 수 있게 하면 된다. 복문은 다양해서 일일이 다 설명할 수 없으므로 사용 빈도가 높고 확장력이 강한 형식을 선택하여 간단히 제시하고, 학습자가 배우기 어렵고 헷갈리기 쉬운 형식을 분석해주는 것이 좋다.

구조상 복문의 절은 단어, 구, 문장이 될 수 있다. 그리고 주술문, 비주술문도 될 수도 있다.

① 蓝天, 白云, 成群的牛羊。
　푸른 하늘, 흰 구름, 한 무리의 소와 양 떼.
② 春暖花开, 神清气爽。
　따스한 봄에 꽃이 피니, 정신이 맑고 상쾌하다.
③ 如果你去, 我就不去了。
　만약 네가 간다면, 나는 안 갈 거야.

절의 의미 관계에 따라 복문은 연합복문과 수식복문의 2개 유형으로 나눌 수 있다. '연합복문'은 내부 각 절의 의미 층위가 동일하고, 주된 것과 부차적인 것의 구분이 없다. '수식복문'은 내부 각 절의 의미 층위가 달라 주절과 종속절의 구분이 있다. 중심절은 주절로 문장의 주요 의미이고, 수식절은 종속절로 의미상 중심절에 종속된다. 복문의 유형을 나열하면 다음과 같다.

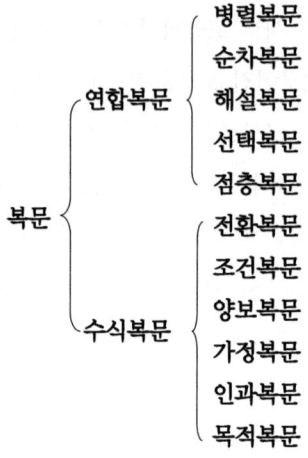

2. 병렬복문

2.1 병렬복문이란?

앞뒤 절이 관련된 몇 가지 사건이나 동일한 사건의 여러 측면을 서술하거나 묘사하는데, 절 간의 관계는 병렬 관계 혹은 대등 관계이다. 자주 쓰이는 접속어구는 다음과 같다.

又……又…… 예: 她又聪明又漂亮。
　　　　　　　그녀는 똑똑하고 아름답다.
也……也…… 예: 他钢琴也喜欢，架子鼓也喜欢。
　　　　　　　그는 피아노도 좋아하고 드럼도 좋아한다.
既……又…… 예: 他既聪明又能干。
　　　　　　　그는 똑똑하고 유능하다.
一方面……一方面…… 예: 他在北京一方面是为了打工挣钱，一方面是为了

　　　　　　　　　　寻找走失多年的妹妹。
　　　　　　　　　　그가 北京에 있는 것은 한편으로는 아르바이트를 하여 돈을 벌기 위함이고, 또 한편으로는 잃어버린 지 몇 해가 된 여동생을 찾기 위함이다.
一面……一面……　예: 他<u>一面</u>开车<u>一面</u>聊天.
　　　　　　　　　　그는 운전하면서 이야기를 한다.
一边……一边……　예: 他<u>一边</u>吃饭, <u>一边</u>看电视.
　　　　　　　　　　그는 밥을 먹으면서 TV를 본다.
不是……而是……　예: 你来得<u>不是</u>太早了, <u>而是</u>太晚了.
　　　　　　　　　　너는 너무 일찍 온 것이 아니라, 너무 늦었다.

2.2 "她又丑又善良"은 왜 잘못된 문장일까?

　병렬복문의 절들은 몇 개의 사건, 상황 또는 동일 사물의 여러 가지 측면을 설명하거나 묘사한다. 절에 출현하는 사물이나 상황은 반드시 동일한 성질, 범위에 속해야 한다. 학습자에게 이와 관련하여 오류가 출현하기 쉽다.

　　① *他刚到新单位, 一方面熟悉新环境, 一方面和新同事交流。

　위에서 선행절은 활동 전체를 의미하고 후행절은 전체 활동의 일부이므로, 병렬 구조가 될 수 없다. 위의 문장을 "他刚到新单位, 一方面熟悉新环境, 一方面制定新计划(그는 새로운 직장에 막 와서, 한편으로는 새로운 환경에 적응하고, 다른 한편으로 새로운 계획을 세웠다)"로 고친다면 병렬복문이 될 수 있다.

　　② *妈妈买的风衣不是不好看, 而是样子不好看。

　위에서 선행절은 바람막이 옷에 대한 전반적인 평가이고, 후행절은 디자인에 대한 평가이다. 전자가 후자를 포함하므로 병렬 관계가 될 수 없다. 위의 문장을 "妈妈买的风衣不是颜色不好看, 而是样子不好看(엄마가 산 바람막이가 색깔이 안 예쁜 게 아니라, 디자인이 안 예쁘다)"으로 고친다면 병렬복문이 될 수 있다.

③ *她又丑又善良。

'又……又……'로 연결된 형용사의 평가 의미는 일치해야 한다. 긍정 의미는 긍정 의미끼리, 부정 의미는 부정 의미끼리 사용해야 한다. 위의 문장에서 '丑'는 부정 의미 묘사이고 '善良'은 긍정 의미 묘사이므로 병렬복문이 될 수 없다.

2.3 '既……又……', '又……又……', '也……也……'는 어떤 차이가 있을까?

'既……又……', '又……又……', '也……也……'는 "我哥哥也(又/既)会唱也(又)会跳"와 같이 몇 가지 상황이나 상태의 병렬을 나타내지만 서로 호환할 수 없다.

(1) '既……又……'는 앞뒤 절의 의미적 뉘앙스의 차이가 있는데, 선행절이 약하고 후행절이 강하다. 반면 '又……又……'와 '也……也……'는 의미적 뉘앙스의 강약을 구분하지 않고 서로 위치를 바꾸어 쓰일 때도 있다.

(2) '又……又……'와 '也……也……'는 동사와 형용사를 모두 연결할 수 있다. 그러나 '又……又……'는 앞뒤 절의 주어가 같은 복문에서 쓰인다. '也……也……'도 앞뒤 절의 주어가 같은 복문에 쓰일 수 있지만, 주어가 다른 복문에도 많이 쓰인다.

① 我哥哥又喜欢文, 又喜欢武。
　우리 오빠는 학문도 좋아하고 무술도 좋아한다.

② a. 他又聪明又帅气。
   그는 똑똑하고 잘생겼다.
   b. *他也聪明也帅气。
③ a. 哥哥也招了，姐姐也招了，我再撑着也没意义了。
   형도 자백하고 누나도 자백했으니 내가 더 이상 버티는 건 의미가 없다.
   b. *哥哥又招了，姐姐又招了，我再撑着也没意义了。
④ a. 里面也热，外面也热，简直就没地方呆。
   안쪽도 덥고 바깥쪽도 더워서 정말 머무를 곳이 없다.
   b. *里面又热，外面又热，简直就是没地方呆。
⑤ a. 她民乐也想学，舞蹈也想学。
   그녀는 민속음악도 배우고 싶어하고 춤도 배우고 싶어 한다.
   b. *她民乐又想学，舞蹈又想学。

2.4 '一方面……(另)一方面……', '一面……一面……', '一来……二来……'는 어떤 차이가 있을까?

'一方面……(另)一方面……'은 관련된 두 가지 측면이나 두 개의 상황을 연결하지만 시간성은 드러나지 않는다. 그러나 '一面……一面……'은 동시에 진행하는 두 동작이나 상황을 연결하며, 시간성이 두드러진다. '一来……二来……'는 두 가지 원인이나 목적을 연결한다. 원인과 목적을 연결할 때 '一方面……(另)一方面……'은 경우에 따라 '一来……二来……'로 대체할 수 있다.

① a. 我姐姐一方面令人同情，(另)一方面又令人生气。[시간성이 없음]
   우리 언니는 한편으로 사람에게 동정심을 일으키고, (또) 다른 한편으로는 사람을 화나게 한다.
   b. *我姐姐一面令人同情，(另)一面又令人生气。
② a. 妈妈总是一面做饭一面唱歌。[시간성이 있음]
   엄마는 언제나 밥하면서 노래를 부르신다.

b. *妈妈总是一方面做饭一方面唱歌。
③ a. 虽然工资不高，但他还是决定留下来，<u>一来</u>他确实喜欢这份工作，<u>二来</u>他知道再找一份工作是多么不容易。
비록 임금이 높지 않지만, 그는 남기로 결정했는데, 첫째는 그가 확실히 이 일을 좋아하고, 둘째는 다시 일을 찾는 것이 얼마나 어려운지를 알고 있기 때문이다.
b. 虽然工资不高，但他还是决定留下来，<u>一方面</u>他确实喜欢这份工作<u>另一方面</u>他知道再找一份工作是多么不容易。
비록 임금이 높지 않지만, 그는 남기로 결정했는데, 한편으로는 그가 확실히 이 일을 좋아하고, 다른 한편으로는 다시 일을 찾는 것이 얼마나 어려운지를 알고 있기 때문이다.
c. *虽然工资不高，但他还是决定留下来，一面他确实喜欢这份工作，一面他知道再找一份工作是多么不容易。

2.5 "我叫大卫，我是美国人，我今年21岁，我现在在北京学习，我很喜欢中文" 은 맞는 표현일까?

먼저 아래 두 개의 예문을 비교해보자.

① 我叫大卫，我是美国人，我今年21岁，我现在在首都师范大学学习，我很喜欢中文。
내 이름은 데이비드이고, 나는 미국인이고, 나는 올해 21살이고, 나는 지금 首都师范대학교에서 공부하고 있고, 나는 중국어를 매우 좋아한다.
② 我叫大卫，是美国人，今年21岁，现在在首都师范大学学习，我很喜欢中文。
내 이름은 데이비드이고, 미국인이고, 올해 21살이고, 지금 首都师范대학교에서 공부하고 있고, 나는 중국어를 매우 좋아한다.

어떤 문장이 더 좋을까? 당연히 예문②이다. 왜냐하면 주어가 같다면 중복을 피하기 위해 후행절의 주어를 생략할 수 있기 때문이다. 교사가 처음에 학습자가 주술목의 완전한 문장을 말하도록 가르치고 난 후에 단락 단위로 넘어갈 때 동일 주어의 생략을 알려주지 않으면, 학습자가 단문을 말할 때는 정확하지만 단락에서는 어색해지는 현상이 발생한다. 그러므로 학습자의 수준이 어느 정도에 도달하면, 생략이 필요한 성분은 반드시 생략해야 한다는 것을 주지시킬 필요가 있다.

3. 순차복문

3.1 순차복문이란?

앞뒤 절이 시간, 공간, 논리의 순서에 따른 연속 동작이나 관련 상황을 말하는데, 앞뒤 절 간에 선후 관계가 있다. 상용 접속어구는 다음과 같다.

首先……然后…… 예: 你首先要想清楚自己要什么，然后才能做出合适的选择。
먼저 자신이 무엇을 원하는지 확실히 생각해야만, 제대로 된 선택을 내릴 수 있다.

刚……就…… 예: 妈妈刚进门，他就出去了。
엄마가 들어오자마자, 그는 바로 나갔다.

一……就…… 예: 老师一说作业，他们就大叫太累了。
선생님께서 숙제에 대해 말씀하시자마자, 그들은 너무 힘들다고 소리쳤다.

先……又…… 예: 她先打开首饰盒子，取出了那条一般场合不舍得戴的项链，又站在衣柜前想了一阵，到底穿不穿那件她曾经最喜欢的裙子。
그녀는 먼저 액세서리 상자를 열어, 일반적인 장소에서 착용해도 아깝지 않은 목걸이를 꺼내고, 옷장 앞에 서서, 그녀가 가장 좋아했던 치마를 입을지 안 입을지

　　　　　　　　　　한참을 생각했다.
　　先……然后……　예: 他先给女朋友写了封信，然后给父母打了一个电话，似乎真的是下决心要离开这个伤心之地。
　　　　　　　　　　그는 먼저 여자 친구에게 편지 한 통을 썼다. 그리고 나서 부모님께 전화를 걸었다. 마치 이 마음 아픈 땅을 정말로 떠나기로 마음을 먹은 듯했다.
　　起初(开始)……, 后来……　예: 开始我们都以为这是经理自己故意丢的，后来才知道我们的判断错了。
　　　　　　　　　　처음에 우리 모두 이것이 매니저 스스로 일부러 잃어버린 것이라고 생각했는데, 나중에서야 우리의 판단이 틀렸다는 것을 알았다.

순차 관계의 절은 논리에 따라 순서대로 배열하며, 임의로 순서를 바꿀 수 없다.

3.2 '然后'와 '后来': "大家先谈谈考察的情况, 后来我们再具体分析"는 왜 잘못된 문장일까?

'然后'와 '后来'는 동작이나 사건의 앞뒤 순서를 나타낼 때 사용하는데, 이 둘은 약간의 차이가 있다.

(1) '然后'는 주로 '(首)先'과 같이 사용하고, '后来'는 '开始/起初'와 같이 사용한다.

(2) '然后'가 나타내는 동작이나 사건은 연속으로 발생한 것이고, '后来' 앞뒤의 두 동작은 시간상 간격이 존재한다.

(3) '然后'는 과거에도 사용할 수 있고 미래에도 사용할 수 있다. 그러나 '后来'는 과거의 시간하고만 연관된다.

　① a. 上课后，我们先复习昨天的生词，然后讲今天的语法和课文。
　　　　수업 후에, 우리는 먼저 어제 배운 단어를 복습하고 나서, 오늘 배운 문법과 본문을 이야기했다.
  b. *上课后，我们先复习昨天的生词，后来讲今天的语法和课文。
② a. 起初他对我们很有敌意，后来慢慢放松了警惕。
   처음에 그는 우리에게 적의를 가지고 있었는데, 나중에는 천천히 경계를 풀었다.
  b. *起初他对我们很有敌意，然后慢慢放松了警惕。
③ a. 你到上海后，先给陈老师打个电话，然后再去。
   上海에 도착한 후에 먼저 陈선생님께 전화드리고 가라.
  b. *你到上海后，先给陈老师打个电话，后来再去。

3.3 '以后'와 '后来': "下课以后去打球"에서 '以后'를 '后来'로 교체할 수 있을까?

'以后'와 '后来'는 모두 문장 사이에 위치할 수 있어 학습자가 어려워하는데, 이 둘의 차이는 아래와 같다.

(1) '以后'는 동사(구)나 절의 뒤에 쓰여 구체적인 시간을 나타낼 수 있다. '后来'는 후행절의 앞에만 단독으로 사용할 수 있어서, 이 둘은 호환할 수 없다.

① a. 来中国以后，我才发现中国也有很多汽车和楼房，大街上也没有马车了。
   중국에 와서야, 나는 중국도 자동차와 건물이 많고, 거리에 마차가 없다는 것을 알았다.
  b. *来中国后来，我才发现中国也有很多汽车和楼房，大街上也没有马车了。
② a. 离开父母以后才意识到他们的牢骚是多么温馨。
   부모님을 떠난 후에 그들의 잔소리가 얼마나 따스한지 느꼈다.
  b. *离开父母后来才意识到他们的牢骚是多么温馨。
③ a. 下课以后去打球。
   수업이 끝난 후에 공놀이하러 간다.

b. *下课后来去打球。

(2) '以后'와 '后来' 모두 후행절 앞에서만 단독으로 사용할 수 있고, 경우에 따라 호환할 수 있다. 그러나 '以后'는 미래도 가리킬 수 있는 반면, '后来'는 과거의 시간만 가리킬 수 있다.

① a. 他出国以后，我给他写了好几封信，他都没有回，以后我们就失去联系了。[과거]
지그가 출국한 후에, 나는 그에게 편지를 여러 통 썼는데, 그가 전혀 답장하지 않아서, 이후에 우리는 연락이 끊겼다.
b. 他出国以后，我给他写了好几封信，他都没有回，后来我们就失去联系了。
그가 출국한 후에, 나는 그에게 편지를 여러 통 썼는데, 그가 전혀 답장하지 않아서, 나중에 우리는 연락이 끊겼다.
② a. 现在我要努力学习汉语，以后想当汉语老师。[미래]
지금 나는 중국어를 열심히 공부해서, 이후에 중국어 교사가 되고 싶다.
b. *现在我要努力学习汉语，后来想当汉语老师。

4. 해설복문

절과 절 사이에 해석이나 설명, 총괄 및 세분화의 관계가 존재한다. 해설복문은 보통 접속어구를 사용하지 않는데, 일부는 후행절에만 단독으로 '即, 就是说, 也就是说' 등의 접속어구를 사용한다. 이러한 복문은 후행절이 선행절을 설명한다.

① 现在年轻人之间很流行"AA制"，即一起消费时自己付自己的那部分钱。
지금 젊은이들 사이에 '더치페이'가 유행하는데, 즉 소비를 같이하고 자

신 몫의 돈만 지급하는 것이다.

'총괄- 세분화'는 아래 예문과 같이 먼저 총괄 서술한 후, 세부적으로 설명한다.

① 调查有两种方法: 一种是走马观花, 一种是下马观花。
조사는 두 가지 방법이 있다. 하나는 말을 타고 지나가면서 꽃을 보는 것이고, 하나는 말에서 내려서 꽃을 보는 것이다.

어떤 경우는 먼저 세부적인 설명을 한 후, 총괄 서술한다.

② 对自己要严一点, 对别人要宽一点, 我们要学习这种严于律己, 宽以待人的态度。
자신에게 엄격하고, 남에게 관대하여야 한다. 우리는 이렇게 자신에게 엄격하고, 남에게 관대한 태도를 배워야 한다.

5. 점층복문

5.1 점층복문이란?

'후행절이 선행절보다 한 단계 더 나아감'의 의미를 나타내는 복문이다. 보통 작은 것에서 큰 것으로, 적은 것에서 많은 것으로, 가벼운 것에서 무거운 것으로, 쉬운 것에서 어려운 것으로 진행되는데, 반대도 가능하다. 상용 접속어구는 아래와 같다.

不但……而且…… 예: 我哥哥<u>不但</u>聪明<u>而且</u>善良。
　　　　　　　　　　　우리 오빠는 똑똑할 뿐만 아니라 착하다.
不仅……而且…… 예: 他<u>不仅</u>聪明<u>而且</u>能吃苦。
　　　　　　　　　　　그는 똑똑할 뿐만 아니라 고생을 잘 견딘다.

| 不但……还…… | 예: | 班长<u>不但</u>帮助我们班的学生，<u>还</u>经常帮助其他班的同学。 |

반장은 우리 반의 학생들을 도울 뿐만 아니라, 다른 반 학생들까지 자주 돕는다.

| 不但……反而…… | 예: | 爷爷住院后，病情<u>不但</u>没好，<u>反而</u>更重了。 |

할아버지께서 입원하신 후에, 병세가 좋아지지 않고, 도리어 더 나빠졌다.

| 不但……而且……甚至…… | 예: | 张秘书<u>不但</u>会唱歌，<u>而且</u>会弹琴，<u>甚至</u>会作曲。 |

张비서는 노래를 잘할 뿐만 아니라, 피아노도 칠 줄 알고, 심지어는 작곡도 할 수 있다.

일부 점층 관계의 복문은 접속어구를 하나만 쓰기도 한다.

| ……甚至…… | 예: | 我根本不认识这个人，<u>甚至</u>连面也没见过。 |

나는 이 사람을 전혀 모르고, 심지어 얼굴도 본 적이 없다.

| ……何况…… | 예: | 女孩子都不怕，<u>何况</u>小伙子呢？ |

여자도 무서워하지 않는데 하물며 젊은 남자는?

| ……尚且…… | 예: | 大城市<u>尚且</u>买不到这种东西，农村更不可能了。 |

대도시조차도 이런 물건을 살 수 없는데, 농촌은 더 불가능하다.

점층의 의미를 나타낼 때 선/후행절 앞에 각각 접속어구를 배치하는 것이, 접속어구를 하나만 사용하는 것보다 더 강한 뉘앙스를 나타낸다.

5.2 "我不但要去吃中国饭，而且能去旅游?"는 왜 잘못된 문장일까?

점층복문에 관해 다음의 몇 가지 사항에 유의해야 한다.

첫째, 점층복문에서 후행절의 의미가 선행절보다 한 단계 더 진전되어야 하므로, 절 간의 비교 관계에 유의해야 한다. 비교 관계가 존재하지 않으면 점층복문을 사용할 수 없다.

① a. 我<u>不但</u>要吃中国饭，<u>而且</u>要学做中国饭。
　　　나는 중국 음식을 먹어야 할 뿐만 아니라, 중국 음식을 만드는 것을 배워야 한다.
　b. *我不但要吃中国饭，而且能去旅游。

둘째, 점층복문을 사용할 때는 층차에 유의하여야 한다. 후행절의 의미가 반드시 선행절보다 한 단계 더 나아가야 한다.

② a. 她这次考试成绩<u>不但</u>在全班最高，<u>还</u>在全校最高。
　　　그녀의 이번 시험 성적은 반에서 최고일 뿐만 아니라, 전교에서도 최고다.
　b. *她这次考试成绩不但在全校最高，还在全班最高。

셋째, 선행절의 접속어구는 생략할 수 있으나, 후행절의 접속어구는 생략할 수 없다.

③ a. 他会说汉语，<u>还</u>会说俄语。
　　　그는 중국어를 할 줄 알고, 러시아어도 할 줄 안다.
　b. *他不仅会说汉语，会说俄语。

5.3 '不但不(没有)……, 反而……'의 용법: "老人不但不坐着, 反而站着"는 왜 잘못된 문장일까?

'不但不(没有)……, 反而……'은 역방향의 점층 관계를 나타낸다. '不但'은 희망이나 실현되어야 할 것이 실현되지 않는 상황을 나타내고, '反而'은 상반된 결과나 효과를 나타내어, 역방향의 점층 상황이 성립된다.

① 吃了好几副中药, 不但没好, 反而更厉害了。
한약을 여러 첩 먹었는데, 낫기는커녕, 오히려 더 심해졌다.
② 他一进门就把那张满分的卷子放到了妈妈书桌上, 可没想到妈妈不但没表扬, 反而批评他骄傲。
그는 집에 들어서자마자 만점짜리 시험지를 엄마 책상 위에 내려놓았는데, 의외로 엄마는 칭찬은커녕, 오히려 교만하다고 꾸짖으셨다.

이는 학습자가 이해하기 어려운 구조 중 하나이다. 교사는 학습자가 제대로 이해하도록 화제식 도입 방법을 사용할 수 있다. 예:

老师: 已经春天了, 天气应该怎么样了?
교사: 벌써 봄인데, 날씨가 어때야 할 것 같아요?
学生: 应该暖和了。
학생: 따뜻해야 할 것 같아요.
老师: 可是没有暖和, 更冷了。
교사: 그런데 따뜻하지 않고, 더 추워졌어요.
　　　이럴 때 우리는 다음과 같이 말할 수 있어요.
　　　"春天了, 不但没暖和, 反而更冷了。"
　　　"봄이 되니, 따뜻해지기는커녕, 오히려 더 추워졌다."

위 구조의 특징을 정리하여 도식으로 나타내면 아래와 같다.

마땅히 A상황이 출현해야 하는데 오히려 출현하지 말아야 할 B상황이 출현한다. 즉, A와 B는 상반되는 상황이다(马真 1985).

6. 선택복문

6.1 선택복문이란?

선택복문은 2개 유형으로 나눌 수 있다.

(1) 아직 결정하지 않은 선택, 즉 두 가지 이상의 가능성이 있는 상황 중에서 선택하는 것이다.

是……还是……　예: 你<u>是</u>去上海<u>还是</u>去广州?
　　　　　　　　　　上海로 가니 广州로 가니?

要么……要么……　예: 我们<u>要么</u>早上八点出发, <u>要么</u>晚上八点出发, 别的时间都不合适。
　　　　　　　　　　우리는 아침 8시에 출발하든지 저녁 8시에 출발하든지 해야지, 다른 시간은 모두 적합하지 않다.

或者……或者……(或者)　예: <u>或者</u>班长去, <u>或者</u>你去, <u>或者</u>我们都去。
　　　　　　　　　　반장이 가든지, 네가 가든지, 우리 모두 가든지 하자.

不是……就是……　예: 到了周末, 他<u>不是</u>去打球<u>就是</u>去游泳。
　　　　　　　　　　주말이 되면, 그는 공 치러 가지 않으면 수영을 하러 간다.

(2) 이미 결정한 선택으로, 즉 이미 하나를 결정해서 나머지 하나는 버려야 한다.

与其……不如……　예: <u>与其</u>坐着等, <u>不如</u>出去找一找。
　　　　　　　　　　앉아서 기다리는 것보다, 차라리 나가서 찾아보는 게 낫다.

宁可……也不/要……

① 我<u>宁可</u>当乞丐, <u>也不</u>花女人的钱。

나는 차라리 거지가 될지언정, 여자 돈은 쓰지 않는다.
② 我宁可离婚也要把父母接来。
나는 차라리 이혼을 하더라도 부모님을 모셔 올 것이다.

宁愿……也不/要……

① 我宁愿受罪, 也要和他结婚。
나는 고생을 하더라도, 그와 결혼할 것이다.
② 他宁愿独身也不和她结婚, 这谁还有办法?
그가 독신으로 살지언정 그녀와는 결혼하지 않겠다는데, 누가 방법이 있겠어?

6.2 '不是A就是B'와 '或者A或者B'는 어떤 차이가 있을까?

'不是A就是B'는 다른 것은 배제하고 A와 B 둘 중 하나를 선택함을 나타내므로, 반드시 둘 중의 하나를 선택해야 한다. 즉, A가 아니면 B이다. '或者A或者B'는 A와 B 둘 중의 하나가 있을 수 있음을 나타내지만 A, B가 아닌 제3자를 배제하지는 않는다.

① 我儿子很喜欢球类, 到了周末不是打篮球就是踢足球。
내 아들은 구기종목을 좋아해서, 주말이 되면 농구를 하지 않으면 축구를 한다.
② 这孩子快把我折磨死了, 天天不是哭就是叫。
이 아이는 나를 괴롭혀서 죽을 지경인데, 매일 울지 않으면 소리를 지른다.
③ 昨天来的或者是小张, 或者是小王, 也可能是小赵, 我不是很熟。
어제 온 사람은 小张아니면 小王일 것이고, 小赵일수도 있는데, 나는 잘 알지 못한다.
④ 明天我们去广州, 或者深圳。
내일 우리는 广州에 가거나, 深圳에 간다.

6.3 '不是A就是B'와 '不是A而是B'는 어떤 차이가 있을까?

'不是A就是B'와 '不是A而是B'는 의미가 전혀 다르다. 전자는 선택 관계를 나타내고, 후자는 병렬 관계를 나타낸다.

'不是A就是B'는 A와 B 둘 중의 하나를 선택함을 의미하는데, 반드시 둘 중의 하나를 선택해야 한다. 즉, A가 아니면 B이다. '不是A而是B'는 A를 부정하며 B임을 확신한다.

① 他<u>不是</u>中国人<u>就是</u>韩国人。['他'는 중국인일 수도 있고 한국인일 수도 있음]
그는 중국인이 아니면 한국인이다.
② 他<u>不是</u>中国人，<u>而是</u>韩国人。['他'는 한국인임]
그는 중국인이 아니라 한국인이다.

다른 예를 보자.

③ 我儿子周末<u>不是</u>玩PSP，<u>就是</u>玩电脑，从来就不知道学习。
내 아들은 주말에 PSP를 하지 않으면 컴퓨터를 하고, 여태껏 공부할 줄을 모른다.
④ 他<u>不是</u>玩电脑，<u>而是</u>在玩PSP，我们家的电脑坏了好几天了。
그는 컴퓨터를 하는 게 아니라, PSP를 하고 있는데, 우리 집 컴퓨터는 고장이 난 지 며칠이 되었다.

교사는 A와 B 중 맞는 선택지에 체크를 하거나 X 표시를 하는 방법으로 학습자에게 차이점을 이해시킬 수 있다. 예:

不是	A	就是	B
	✓		✓

不是	A	而是	B
	×		✓

6.4 '与其……不如……', '宁可……也不……', '宁可……也要……' 는 어떤 차이가 있을까?

위의 세 가지 형식은 모두 선택을 나타내며, 선택한 것은 모두 동작성 행위이다. 이들의 차이점은 무엇일까?

'与其+동사$_1$+不如+동사$_2$'는 주로 견해를 말하거나 조언하는 데 사용한다. 전자를 버리고 후자를 택하는 것, 즉 '与其' 뒤에 있는 것을 버리고, '不如' 뒤에 있는 것을 선택하는 것이다. 후자도 마음에 드는 것은 아니나 전자에 비해 조금은 더 적합하다는 의미를 나타낸다.

① 你们<u>与其</u>临阵磨枪<u>不如</u>平时多下工夫。
　너희들은 벼락치기 하느니 평소에 더 많은 노력을 하는 것이 낫다.
② 我们<u>与其</u>等到放假再去，<u>不如</u>现在请假去。
　우리는 휴가를 기다렸다가 가느니, 지금 휴가를 신청해서 가는 것이 낫다.

여기에서 '与其'와 '不如' 뒤에 자주 '说'가 출현하는데, 이때는 화자의 견해를 강조해서 설명한다.

③ 他的书房堆满了各种电器零件，<u>与其</u>说是书房，还<u>不如</u>说是一个小修理部。
　그의 서재는 각종 전기부품으로 가득 차 있어서 서재라기 보다는 작은 수리점이라고 하는 편이 맞다.
④ 所有接触过她的人都说她天资聪明。其实<u>与其</u>说是天资聪明，倒<u>不如</u>说是更勤奋。
　그녀와 접촉한 모든 사람은 그녀가 타고난 자질이 총명하다고 말한다. 사실 타고난 자질이 똑똑하다기보다는, 차라리 부지런하다고 하는 편이 더 맞다.

'宁可+동사₁+也不+동사₂'와 '宁可+동사₁+也要+동사₂'는 당사자 자신의 선택에 사용한다. '宁可+동사₁+也不+동사₂'는 동사₂를 실현하지 않으려고 화자가 선호하지 않던 동사₁을 선택함을 뜻한다. '宁可+동사₁+也要+동사₂'는 동사₂를 실현하려고 화자가 선호하지 않던 동사₁을 선택함을 나타낸다. 둘 다 모두 특별히 원해서 어떤 일을 하거나, 또는 특별히 원치 않아서 어떤 일을 하는 태도를 크게 과장한다.

⑤ 我<u>宁可</u>一辈子不结婚, <u>也不</u>和她结婚。['一辈子不结婚'을 원치 않지만 '不和她结婚'을 위해 받아들일 수 있음]
나는 평생 결혼을 안 할지언정, 그녀와 결혼하지는 않을 거다.
⑥ 我<u>宁可</u>一辈子吃苦, <u>也要</u>和他结婚。['一辈子吃苦'를 원치 않지만 '和他结婚'을 위해 받아들일 수 있음]
나는 평생 고생하더라도, 그와 결혼할 것이다.

교사는 이 문장들이 사용되는 상황에 유의해야 한다. '与其+동사₁+不如+동사₂'와 '宁可+동사₁+也不+동사₂'는 모두 화자의 생각에 좋지 않고 부정적인 항목 중에서 선택함을 나타낸다.

⑦ <u>与其</u>跪着生<u>不如</u>站着死。
무릎 꿇고 살 바에야 서서 죽는 것이 낫다.
⑧ <u>与其</u>坐而等死<u>不如</u>起而造反。
앉아서 죽기를 기다릴 바에야 일어나 반란을 일으킬 것이다.

'跪着生'과 '站着死'는 화자 생각에 모두 원치 않는 일이지만, 화자는 '站着死'가 조금 낫다고 보고 그것을 선택한다. '坐而等死'와 '起而造反' 역시 화자가 원치 않는 일이지만, '起而造反'이 그나마 낫다고 판단해 선택한 것이다.

⑨ 我<u>宁可</u>饿死<u>也不</u>当乞丐。
　　나는 차라리 굶어 죽을지언정 거지는 되지 않겠다.
⑩ <u>宁可</u>在家吃方便面<u>也不</u>和他一起去吃饭。
　　집에서 차라리 라면을 먹을지언정 그와 함께 식사하러 가지 않겠다.

'饿死'와 '当乞丐'는 화자가 원치 않는 일이지만 비교해보면 '饿死'가 조금 낫기 때문에 그것을 선택한다. 물론 이 형식은 화자가 후자의 행동을 극도로 원치 않음을 과장되게 표현하기 위한 것이지, 전자가 일어나기를 바라는 의미는 아니다.

"둘 다 원치 않는 부정적인 선택 항목이지만 그나마 좀 더 나은 것을 선택한다"는 설명은 학습자에게 매우 중요하다. 교재에 나와 있는 일반적인 해석대로라면, 학습자가 쉽게 다음과 같은 오류를 범할 수 있기 때문이다.

⑪ *上海和杭州都很值得去，可你们的时间很少，与其去上海不如去杭州。
⑫ *我很喜欢吃肉，但是宁可吃牛肉也不吃鸡肉。
⑬ *我喜欢看书也喜欢看电影，但宁可看书也不看电影。

물론 화자마다 관점이 다를 수 있고, 선택도 다를 수 있다.

⑭ A: 我觉得当乞丐太丢面子，<u>我宁可饿死也不当乞丐</u>。
　　　나는 거지가 되는 게 너무 창피해. 나는 차라리 굶어 죽더라도 거지는 되지 않을 거야.
　B: 我可不这么认为，我觉得生命比面子更重要，<u>我宁可当乞丐也不要活活饿死</u>。
　　　나는 그렇게 생각하지 않아. 나는 목숨이 체면보다 더 중요하다고 생각해. 나는 차라리 거지가 되더라도 굶어 죽지는 않을 거야.

7. 인과복문

7.1 인과복문이란?

수식절은 원인이나 이유를 말하고, 중심절은 결과를 말한다. 선행절이 원인, 후행절이 결과일 수도 있고, 선행절이 결과, 후행절이 원인일 수도 있다. 인과 관계는 설명성 인과 관계일 수 있고, 추론성 인과 관계일 수도 있다.

(1) 설명성 인과 관계에서 상용 접속어구는 아래와 같다.

因为……所以…… 예: 因为生活水平提高了, 所以出国旅游的人越来越多了。
생활수준이 높아져서, 해외여행을 하는 사람들이 점점 많아졌다.

由于……所以…… 예: 由于他的专业是哲学, 所以对什么事都要刨根问底。
그의 전공이 철학이어서, 무슨 일이든 끝까지 파고들어 캐묻는다.

之所以……是因为…… 예: 她之所以来北京, 是因为喜欢中国文化。
그녀가 北京에 온 것은, 중국 문화를 좋아하기 때문이다.

因为……的缘故,…… 예: 因为不努力的缘故, 这次又考砸了。
노력하지 않았기 때문에, 이번에도 시험을 망쳤다.

……因此…… 예: 他今天迟到了, 因此被批评了。
그는 오늘 지각을 해서, 혼이 났다.

……以致…… 예: 他常常犹犹豫豫, 以致坐失良机。
그는 자주 망설여서, 좋은 기회를 놓친다.

(2) 추론성 인과 관계의 상용 접속어구는 아래와 같다.

既然……就…… 예: 你既然来了, 就安心地住下吧。

이왕 왔으니까, 편안하게 머무르세요.

……, 可见…… 예: 今天他又忘了, <u>可见</u>他没当回事。
오늘 그가 또 잊어버린 걸 보니, 대수롭지 않게 여기는 것 같다.

7.2 '既然'과 '因为': "他既然生病了, 就回宿舍休息了"는 왜 잘못된 문장일까?

'既然'과 '因为'는 모두 인과복문에 사용하는 접속사로 학습자가 혼동하기 쉬운 단어 중 하나이다. 그렇다면 그들의 차이는 무엇일까? 예문을 살펴보자.

① 学生: 老师, 我感冒了, 可以回去休息吗?
  학생: 선생님, 제가 감기에 걸렸는데, 돌아가서 쉬어도 될까요?
  老师: 你<u>既然</u>感冒了, 就回去休息吧。
  교사: 어차피 감기에 걸렸으니, 돌아가서 쉬세요.
② 老师: 大卫怎么没来上课?
  교사: 데이비드는 왜 수업에 오지 않았나요?
  学生: <u>因为</u>他感冒了, 所以没来上课。
  학생: 그는 감기에 걸려서, 수업에 오지 않았습니다.

이와 같은 비교를 통해 둘 다 인과 관계를 나타내지만 차이가 있다는 것을 알 수 있다.

(1) '因为……所以……'는 설명성 인과 관계에 사용되며, 실제 원인과 결과를 밝힌다. '因为' 뒤에는 발생 원인이, '所以' 뒤에는 이미 발생한 객관적인 사실이 출현한다. '既然……就……'는 추론성 인과 관계에 사용되며, 사실을 통해 추론해낸다. '既然' 뒤는 화청자가 이미 알고 있는 사실이며, '就' 뒤는 화자의 주관적인 추론과 견해이다. 비교하면 다음과 같다.

① 因为生病，所以我没去上课。
　　병이 나서, 나는 수업에 못 갔다.
② 既然生病了，就别去上课了。
　　이왕 병이 났으니, 수업에 가지 마.

(2) '因为'절과 '所以'절은 서로 위치를 바꿀 수 있고, 둘 다 단독으로 사용할 수 있다. 그러나 '既然'과 '就'절은 위치를 바꿀 수 없으며, 같이 사용해야 한다.

① 昨天我没来，因为下雨了。
　　나는 어제 안 왔다. 왜냐하면 비가 내렸기 때문이다.
② 我最近身体不好，所以很少去跳舞。
　　나는 요즘 몸이 좋지 않아서, 춤추러 잘 안 간다.
③ a. 你既然答应了人家，就要认认真真地做。
　　　네가 기왕 그에게 승낙했으니, 성실하게 해야 한다.
　　b. *就要认认真真地做，你既然答应了人家。
　　c. *你既然答应了人家，要认认真真地做。

(3) '既然'절은 화자와 청자가 모두 알고 있는 정보로, 화자는 이를 통해 뒤의 결론을 도출한다. 그러나 '因为'절은 청자가 모르는 정보이다.

① 学生: 老师，我有点儿不舒服。
　　학생: 선생님, 제가 몸이 좀 안 좋아요.
　　老师: 你既然不舒服，就回宿舍休息吧。
　　교사: 몸이 안 좋으면, 기숙사에 가서 쉬세요.
② 老师: 真善，昨天的汉语日你为什么没参加?
　　교사: 真善, 어제 중국어의 날에 왜 참석하지 않았어요?
　　学生: 因为我不舒服，所以没参加。
　　학생: 제가 몸이 안 좋아서, 참석하지 않았습니다.

이들의 차이는 다음과 같이 정리할 수 있다.

'因为'+청자가 모르는 원인, '所以'+객관적인 결과
'既然'+청자가 아는 사실, '就/那'+주관적 의견(주장, 추론)

7.3 '所以'와 '于是': "因为他很聪明, 于是他的成绩很好"는 왜 잘못된 문장일까?

접속사 '所以'와 '于是'의 차이는 학습자에게 어려운 부분이다. '所以'는 앞에서 말한 원인에 따라 어떤 결론이나 결과가 도출됨을 나타내며, 자주 '因为'와 같이 사용한다. '于是'은 뒤의 일이 앞의 일에 바로 이어서 발생함을 나타낸다. 뒤의 사건은 주로 앞의 사건에 의한 것이고 이미 발생한 일이어서, 주요 동사 뒤에 '了, 起来, 下来' 등이 출현한다.

① a. 因为那儿风景很美, 所以每年都有很多人去那儿旅游。
   그곳의 풍경이 아름다워서, 매년 많은 사람들이 그곳에 여행하러 간다.
   b. *因为那儿风景很美, 于是每年都有很多人去那儿旅游。
   c. 听说那儿风景很美, 于是我决定去那儿旅游。
   그곳의 풍경이 매우 아름답다고 들어서, 나는 그곳에 여행 가기로 결정했다.
② a. 计划生育政策推广得很好, 所以人口出生率下降很快。
   가족계획 정책이 잘 추진되어서, 출생률이 빠르게 감소했다.
   b. *计划生育政策推广得很好, 于是人口出生率下降很快。
   c. 计划生育政策推广开来了, 于是人口得到了很好的控制。
   가족계획 정책이 확산되었고, 그로 인해 인구가 잘 통제되었다.
③ a. 他们各执己见, 于是就吵了起来。
   b. 他们各执己见, 所以就吵了起来。
   그들은 각자 자기 의견을 고집해서, 싸움이 일어났다.

이와 같이 둘이 호환될 때도 있고, 호환되지 않을 때도 있다. 예를 들어 후행절이 나타내는 것이 사건이 아니라 상태이거나, 혹은 사건이지만 일어나지 않은 사건이라면 '于是'는 '所以'로 바꿀 수 없다.

8. 전환복문

8.1 전환복문이란?

앞뒤 절의 의미가 상반되거나 상대적인 것이다. 즉, 후행절이 선행절의 내용에 따라 전개되는 것이 아니라 갑자기 상반되거나 상대적인 내용으로 바뀌어 전개되는데, 후행절의 의미야말로 화자가 표현하고자 하는 바이다. 앞뒤 절의 의미가 상반되거나 상대되는 정도의 강약에 따라 강한 전환과 약한 전환의 2개 유형으로 나뉜다. 상용 접속어구는 다음과 같다.

虽然(虽说)……但是…… 예: 虽然已经是春天了, 但是晚上还很冷。
　　　　　　　　　　　　　이미 봄이지만, 밤에는 여전히 춥다.
虽然……可是…… 예: 她虽然很漂亮, 可是我不喜欢她。
　　　　　　　　　　그녀는 매우 아름답지만, 나는 그녀를 좋아하지 않는다.
尽管……但是(可是/然而/还是)…… 예: 尽管下雨了, 我还是要去。
　　　　　　　　　　　　　　　　　　비가 오더라도, 나는 갈 거야.
固然……可是/但是…… 예: 工作固然很重要, 但是身体更重要。
　　　　　　　　　　　　일이 물론 중요하지만, 건강이 더 중요하다.

약한 전환 관계의 절과 절 사이는 의미의 상대적 차이가 뚜렷하지 않은 경우가 많고 전환의 뉘앙스도 약한 편이다. 그래서 후행절에만 접속어구를 사용한다.

……不过…… 예: 她确实很聪明, 不过很懒。
　　　　　　　그녀는 확실히 똑똑하지만, 게으르다.

……就是…… 예: 这大衣好看是好看，就是贵了点儿。
　　　　　　　이 외투는 예쁘기는 하지만, 좀 비싸다.
……只不过…… 예: 那儿确实很漂亮，只不过远了点儿。
　　　　　　　그곳은 확실히 매우 아름답지만, 조금 멀다.
……倒…… 예: 事情是他挑起来的，可真要动真格的，他倒不干了。
　　　　　　　일은 그가 벌인 건데, 정말 움직여야 할 때, 그는 도리어 하지 않았다.
……只是…… 예: 我是应该出席的，只是实在没时间。
　　　　　　　나는 마땅히 참석해야 하나, 정말로 시간이 없을 뿐이다.

전환복문은 주로 수식절이 앞에, 중심절이 뒤에 위치하는데, 중심절을 강조하기 위해서 수식절을 뒤에 사용하여 보충 설명의 역할만 하는 경우도 있다.

① 他也拿出了几百块钱，虽然他也只是一个靠打工交学费的穷学生。
그도 몇백 위안을 내놓았다. 비록 아르바이트를 하면서 학비를 내는 가난한 학생이지만 말이다.

8.2 '虽然……但是……'와 '……就是……'는 어떤 차이가 있을까?

중국어 교재에서는 '…就是…'와 '…只不过…'가 약한 전환을 나타내며, '虽然……但是……'를 의미한다고 설명한다. 그러나 이러한 단순한 설명만으로는 부족하다. 아래 학습자의 오류를 살펴보자.

① a. *这件衣服贵是贵，就是很好看。
　 b. 这件衣服虽然很贵，但很好看。
　　　이 옷은 비싸지만, 아주 예쁘다.
② a. *那支歌难是难，就是很好听。
　 b. 那支歌虽然很难，但是很好听。
　　　그 노래는 어렵지만, 듣기 좋다.

③ a. *这房间小是小，就是很干净。
   b. 这房间虽然很小，但是很干净。
      이 방은 작지만, 매우 깨끗하다.

왜 오류가 발생하는 것일까? 교사가 교재 설명에 따라 학습자에게 '…就是…'가 전환을 나타내고, '虽然……但是……'를 의미한다고 설명한다. 그러면 학습자는 교사의 설명에 따라 문장을 만드는데, 형식은 맞지만 실제로는 잘못된 문장이다. '…就是…'가 '虽然……但是……'를 의미하지만, 그것과는 또 다르기 때문이다. 비교하면 다음과 같다.

① a. 这个公园很漂亮，就是小了点儿。
     이 공원은 예쁘기는 한데, 조금 작다.
   b. 这个公园虽然很漂亮，但是小了点儿。
     이 공원은 예쁘지만, 조금 작다.
   c. *这个公园小了点儿，就是很漂亮。
   d. 这个公园虽然小了点儿，但是很漂亮。
     이 공원은 조금 작지만, 예쁘다.
② a. 这件衣服好是好，就是贵了点儿。
     이 옷은 좋기는 한데, 조금 비싸다.
   b. 这件衣服虽然好，但是贵了点儿。
     이 옷은 좋지만, 조금 비싸다.
   c. *这件衣服有点贵，就是很好看。
   d. 这件衣服虽然有点贵，但是很好看。
     이 옷은 조금 비싸지만, 예쁘다.
③ a. 那支歌很好听，就是有点难。
     그 노래는 듣기는 좋은데, 조금 어렵다.
   b. 那支歌虽然很好听，但是有点难。
     그 노래는 듣기 좋지만, 조금 어렵다.
   c. *那支歌有点难，就是很好听。

d. 那支歌<u>虽然</u>有点难，<u>但是</u>很好听。
      그 노래는 조금 어렵지만, 듣기 좋다.
④ a. 这房间干净<u>是</u>干净，<u>就是</u>有点小。
      이 방은 깨끗하긴 한데, 좀 작다.
   b. 这房间<u>虽然</u>很干净，<u>但是</u>太小了。
      이 방은 비록 깨끗하지만, 너무 작다.
   c. *这房间小是小，就是很干净。
   d. 这房间<u>虽然</u>小，<u>但是</u>很干净。
      이 방은 작지만, 깨끗하다.

대조해 보면 '……就是……'의 선행절은 긍정 의미인데 후행절은 부정 의미를 내포하여, 전체 문장의 의미는 아쉬움을 나타낸다. 그러나 '虽然……但是……'는 이러한 의미 제약이 없다.

8.3 '只是', '不过', '可是', '但是', '然而'은 어떤 차이가 있을까?

이들 접속사는 의미상 공통점이 있는데, 모두 전환을 나타낸다. 그러나 약간의 차이도 존재한다.

(1) '只是', '不过'는 의미가 유사하나 '不过'가 '只是'보다 약간 무거운 어조이다. 이들 모두 약한 전환 의미만 있다. 의미의 중점은 선행절이고, 후행절은 보충이나 수정의 역할만 한다. 전환 의미가 약하므로 선행절에는 '虽然'을 사용하지 않고, 후행절은 '却'를 사용하지 않는다.

① 我也很想去看看，<u>只是</u>没有时间。
   나도 가보고 싶은데, 시간이 없어.
② 他们两个以前经常吵架，<u>不过</u>现在好多了。
   그 두 사람은 예전에 자주 말다툼을 했는데, 지금은 많이 좋아졌다.
③ *虽然我不喜欢他的性格，只是/不过我还是要支持他，毕竟他做事情很公正。

④ *她很聪明也很善良，只是/不过脾气却有点儿急躁。

이 외에 '只是'의 선행절은 긍정 의미인 데 반해 후행절은 부정 의미를 내포한다. '不过'는 이러한 의미 제약이 없다.

⑤ a. 这衣服挺好看的，<u>只是</u>有点儿贵。
　　이 옷은 꽤 예쁘긴 한데, 좀 비싸다.
　b. 这衣服挺好看的，<u>不过</u>有点儿贵。
　　이 옷은 꽤 예쁘지만, 좀 비싸다.
⑥ a. *这衣服有点儿贵，只是挺好看的。
　b. 这衣服有点儿贵，<u>不过</u>挺好看的。
　　이 옷은 좀 비싸지만, 꽤 예쁘다.

(2) '可是', '但是', '然而'은 모두 전환의 의미가 강하다. '但是'와 '然而'의 전환의 의미가 가장 강하고, 후행절이 의미 중점이 된다. '可是'와 '但是'의 선행절은 '虽然'을, 후행절은 '却'를 자주 사용한다. '然而'은 문어체 성격으로 자주 사용하지 않으며 '虽然'과 같이 사용한다.

① 在我的记忆中，爸爸虽然很少发脾气，<u>可是/但是</u>我们却很怕他。
　　내 기억 속에서, 아버지는 화를 잘 내지 않으셨으나, 우리는 아버지를 무서워했다.
② 我们的口语老师很严格，<u>然而</u>我们都很喜欢她。
　　우리 회화 선생님은 매우 엄격하시지만, 우리는 그녀를 매우 좋아한다.

9. 조건복문

9.1 조건복문이란?

종속절은 조건을 제시하고, 중심절은 이 조건을 만족하는 상황에서 생겨난 결과를 나타낸다. 이러한 조건 관계는 조건이 있을 수도 있고, 조건이 없을 수도 있다.

(1) 조건에 따른 결과를 나타내는 상용 접속어구는 다음과 같다.

只要……就…… 예: 只要你努力了, 就一定会得到回报。
당신이 노력하기만 하면, 반드시 보답을 받을 것이다.
一旦……就…… 예: 一旦你找到方法, 问题就迎刃而解。
일단 네가 방법을 찾으면, 문제는 쉽게 풀릴 것이다.
……就…… 예: 多读多写, 作文水平就自然提高了。
많이 읽고 많이 쓰면, 저절로 작문 실력이 향상된다.
只有……才…… 예: 只有刻苦才能考好。
각고의 노력을 해야만 시험을 잘 볼 수 있다.
……才…… 예: 付出了, 才能有收获。
노력을 해야, 얻는 게 있다.
……要不然…… 예: 你快来吧, 要不然我也走了。
빨리 와, 안 그러면 나도 갈 거야.
除非……否则…… 예: 除非你答应来, 否则他也不来。
네가 온다고 약속하지 않으면, 그도 오지 않을 것이다.
除非……才…… 예: 除非你来, 他才会来。
네가 와야, 그도 올 것이다.

(2) 무조건적인 결과를 나타내는 접속어구는 쌍을 이루어 사용해야 한다. 이때 종속절은 모든 조건을 배제함을 나타내고, 중심절은 어떤 조건에서도 동일한 결과가 생겨남을 나타낸다. 상용 접속어구는 다음과 같다.

不管……都/也…… 예: 不管父母同意不同意, 我都要和她结婚。
부모님이 동의하든 안 하든, 나는 그녀와 결혼할 거야.
无论……都/也…… 예: 无论是谁, 都不应该不遵守纪律。
누구든지, 규율을 지키지 않으면 안 된다.

조건복문은 종속절이 앞에 위치한다. 그러나 때로는 중심절의 의미를 강조하기 위해 중심절을 앞에 놓기도 하는데, 이때 종속절은 그 뒤에서 보충 설명하는 역할만 한다.

① 现实就是这么残酷, 不管你接受不接受。
현실은 이렇게 잔인한 거야, 네가 받아들이든 말든 간에.
② 你应该心平气和地和他谈谈, 除非你真的不想过了。
너는 마음을 가라앉히고 차분하게 그와 이야기해야 해, 정말로 그와 관계를 끝내고 싶지 않은 이상.

9.2 '只有……才……'와 '只要……就……'는 어떤 차이가 있을까?

'只有……才……'가 열거하는 조건은 필요조건이다. '只有'절의 조건 없이는 '才'절의 결과가 있을 수 없기 때문이다. 그러나 '只要'가 열거한 조건은 충분조건이다. '只要'절의 조건으로 '就'절의 결과가 나올 수 있지만, 또 다른 조건에서도 같은 결과가 나올 수 있다.

① a. 只有经理签字, 我们才能拿到钱。 ['拿到钱'의 조건이 '经理签字'뿐임]
사장님이 서명해야만, 우리는 돈을 받을 수 있다.
b. 只要经理签字, 我们就能拿到钱。 ['拿到钱'의 조건 중 하나가 '经理签字'임. 예를 들어 '董事长签字(회장님 서명)'도 조건이 됨]
사장님이 서명만 하면, 우리는 돈을 받을 수 있다.
② a. 只有拿到巧克力, 她才会开心。 ['她开心'의 조건이 '拿到巧克力'뿐임]
초콜릿을 받아야만, 그녀는 기뻐할 것이다.
b. 只要拿到巧克力, 她就会开心。 ['她开心'의 조건 중 하나가 '拿到巧克力'임]
초콜릿만 받기만 하면, 그녀는 기뻐할 것이다.

9.3 '不管……都……' 와 '尽管……但是……' : "不管父母不同意, 我都要和 她结婚?"은 왜 잘못된 문장일까?

'不管'과 '尽管'은 유사해 보이는 접속사여서, 학습자가 자주 혼동한다. 이 둘은 비슷해 보이나 용법이 다르다. '不管'은 '无论'과 마찬가지로 '都/ 也'와 함께 결합하여 조건복문을 구성하여 '不管…… 都/也……'로, 뒤의 결과가 앞의 조건에 의해 바뀌지 않음을 나타낸다. '不管' 뒤의 단어는 특징이 있는데, 불확실한 조건을 요구하여 질문 형태로 출현한다. 구체적 인 형식은 다음과 같다.

(1) 의문대체사 '谁, 什么, 哪儿, 怎么, 什么时候, 多少' 등.

① 不管你怎么说, 我都不去。
   네가 어떻게 말하든, 나는 안 갈 거야.
② 不管父母说什么, 他都装作没听到。
   부모님이 뭐라고 하시든지, 그는 못 들은 척했다.

(2) 多(么)+형용사.

① 不管多么远, 多么晚, 他每天都会去看她的。
   얼마나 멀고 늦든지, 그는 매일 그녀를 보러 간다.
② 不管多忙, 你都得参加。
   얼마나 바쁘더라도, 너는 참가해야 한다.

(3) '동사+不+동사' 또는 '형용사+不+형용사'.

① 不管班长去不去, 我们都要去。
   반장이 가든 안 가든, 우리는 가야 한다.
② 不管好不好吃, 我都要买。
   맛이 있든 없든, 나는 살 거야.

(4) A还是B.

① 不管是你还是他，都应该冷静下来好好想想。
너든 그이든, 모두 진정하고 잘 생각해야 한다.
② 不管是上午还是下午，那儿永远像停车场。
오전이든 오후이든, 그곳은 언제나 주차장 같다.

(5) 是否+동사.

① 不管你是否同意，我都要这样做。
네가 동의하든 안 하든, 나는 이렇게 할 거야.
② 不管是否能挣到钱，我都不同意你和她一块做生意。
돈을 벌 수 있든 없든, 나는 네가 그녀와 같이 사업하는 것을 동의하지 않는다.

교사는 이러한 형식적인 특징에 유의해서 가르쳐야 한다. 그렇지 않으면 학습자에게 다음과 같은 오류가 출현한다.

① a. *不管父母不同意，我都要和她结婚。
b. 不管父母同不同意/是否同意，我都要和她结婚。
부모님이 동의하든 안 하든, 나는 그녀와 결혼할 거야.
② a. *不管刮风，我们的训练都没停止过。
b. 不管刮不刮风，我们的训练都没停止过。
바람이 불든 안 불든, 우리의 훈련은 멈춘 적이 없다.
③ a. *不管很贵，我们也要去吃一次。
b. 不管贵不贵，我们也要去吃一次。
비싸든 안 비싸든, 우리도 한 번 먹으러 갈 것이다.
④ a. *不管他聪明，我也不怕他。
b. 不管他是否聪明，我也不怕他。

그가 똑똑하든 아니든, 나는 그를 두려워하지 않는다.

학습자에게 오류가 생기는 것을 막기 위해서 구조화 방법을 채택할 수 있다.

```
不管+ [    ?    ] 都……
      谁/哪儿/怎么……
      多(么)+형용사
      동사+不+동사
      형용사+不+형용사
      A 还是 B
      是否+동사
```

'尽管'과 '虽然'은 유사하여, '但是/可是'와 결합해서 사용하면 전환복문이 된다. '尽管……但是……'에서 尽管 뒤에 오는 단어는 확정적인 성분만 올 수 있다.

① 尽管雨下得这么大, 但是他还是来了。
   비가 이렇게 많이 왔지만, 그는 그래도 왔다.
② 尽管最近很忙, 但我一定按时完成。
   요즘 바쁘지만, 나는 반드시 제시간에 완성하겠다.

그 외에 '不管……都……'에서 '不管' 뒤에 미지의, 확정적이지 않은 조건이 온다. 반면 '尽管……但是……'에서 '尽管'의 뒤는 이미 발생한 확정 사실이 온다. 비교하면 다음과 같다.

① 不管您是否高兴, 这意见我都要提。 [당신이 좋을 수도, 싫을 수도 있음]
   당신이 좋든 싫든, 이 의견은 내가 제기할 것이다.

② <u>不管</u>父母同意不同意，我<u>都</u>要和他结婚。[부모가 동의하실 수도, 동의하지 않으실 수도 있음]
부모님이 동의하든 않든, 나는 그와 결혼할 것이다.
③ <u>尽管</u>您不高兴，<u>但</u>我还是要把这意见说完。[당신은 이미 기분이 안 좋음]
당신이 기분이 안 좋더라도, 나는 이 의견을 다 말하겠다.
④ <u>尽管</u>父母不同意，<u>但是</u>我仍然要和他结婚。[부모님은 이미 동의하시지 않음]
부모님이 허락하지 않더라도, 나는 그와 결혼할 것이다.

10. 가정복문

종속절은 가설을 제시하고, 중심절은 가설이 실현된 후에 발생한 결과를 나타낸다. 상용 접속어구는 다음과 같다.

如果……就…… 예: <u>如果</u>明天下雨，我们<u>就</u>不去了。
내일 비가 온다면, 우리는 가지 않을 것이다.
要是……就…… 예: <u>要是</u>我父母也在北京<u>就</u>好了。
우리 부모님도 北京에 계셨으면 좋았겠다.
假如……就…… 예: <u>假如</u>经理不同意，我们<u>就</u>去找董事长。
만일 사장님이 동의하지 않으면, 우리는 바로 회장님을 찾아간다.
幸好……不然…… 예: <u>幸好</u>我带伞了，<u>不然</u>肯定会淋雨。
내가 우산을 가져와서 다행이지, 그렇지 않았다면 분명 비를 맞았을 것이다.
幸亏……不然…… 예: <u>幸亏</u>我父母不知道我的考试成绩，<u>不然</u>我就要挨批评了。
부모님이 내 시험 성적을 모르셔서 다행이야, 그렇지 않으면 나는 혼났을 것이다.
如果……那么…… 예: <u>如果</u>校长不同意，<u>那么</u>系主任也不会同意。

총장이 동의하지 않으면, 학과장도 동의하지 않을 것이다.

……的话…… 예: 你不来的话，提前打个电话。
안 오면, 미리 전화 줘.

11. 양보복문

11.1 양보복문이란?

종속절은 한발 물러서서 가설을 사실로 인정하고, 중심절은 가설이 실현되더라도 바뀌지 않을 결론을 설명한다. 상용 접속어구는 다음과 같다.

即使……也…… 예: 即使你不同意，我也不会怨你。
설령 네가 동의하지 않더라도, 나는 널 원망하지 않을 것이다.

哪怕……也…… 예: 哪怕下冰雹，我也要去。
우박이 내려도, 나는 갈 것이다.

就是……也…… 예: 就是班长，也要参加考试。
반장이라도, 시험은 봐야 한다.

就算……也…… 예: 就算你有钱，也买不回来生命。
돈이 있다고 하더라도, 목숨을 다시 살 수는 없다.

即便……也…… 예: 即便他不来，我们也照样顺利完成。
그가 오지 않더라도, 우리도 그대로 순조롭게 완성할 것이다.

再……也…… 예: 她再漂亮，我也不喜欢她。
그녀가 아무리 예뻐도, 나는 그녀를 좋아하지 않는다.

11.2 '即使……也……'와 '如果……就……'는 어떤 차이가 있을까?

'即使……也……'에서 종속절('即使'절)은 가설의 상황이다. '如果……就……'에서 종속절('如果'절)도 가설의 상황이다. 이러한 공통점은 학습자가 이 둘을 변별하는 데 혼동을 주어 다음과 같은 오류가 발생한다.

① *即使你同意去，我就去。
② *如果她父母还活着，他们也劝不住她。

예문①, ②는 모두 오류문이다. 이 둘의 차이는 어디에서 드러나는 것일까? 아래 몇 개의 예문을 보자.

③ 即使有天大的困难，我也决不放弃。
  아무리 큰 어려움이 있어도, 나는 절대 포기하지 않을 것이다.
④ 即使明天下冰雹，我们也要去。
  내일 우박이 내려도, 우리는 갈 것이다.
⑤ 如果有困难，我们就去找您。
  어려움이 있으면, 우리가 당신을 찾아뵙겠습니다.
⑥ 如果明天天气不好，我们就不去了。
  내일 날씨가 좋지 않으면, 우리는 가지 않을 것이다.

위의 대조를 통해 종속절은 모두 가설의 상황이나 중심절과의 관계가 다르다는 것을 알 수 있다. '即使……也……'는 아직은 어떤 상황인지 알지 못하나 그러한 상황이 발생했다고 가정할 때, 중심절이 그 가설과 상반된 결과를 제시하여 앞뒤 절이 전환 의미를 나타낸다. 반면 '如果……就……'는 가설이 있고, 중심절은 그 가설에 따른 결과를 제시하여 전환 의미가 없다. 둘의 차이를 도식으로 나타내면 아래와 같다.

如果 A 就 B: A ⟶ B
　　　　　　下雨　　不举行比赛
비가 오면 시합을 열지 않는다.

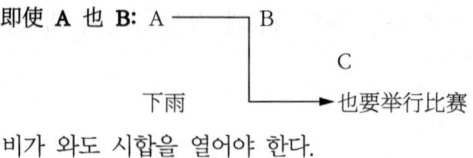

비가 와도 시합을 열어야 한다.

12. 목적복문

12.1 목적복문이란?

목적복문은 원하는 일이 일어나게 해서 원하는 결과를 도출하거나('~하도록'), 원치 않는 일이 일어나지 않게 해서 원하지 않는 결과가 나오지 않게 함('~하지 않도록')을 나타낸다.

(1) 전자('~하도록') 의미 관련 상용 접속어구는 다음과 같다.

为了…… 예: 为了让父母高兴, 他暂时没有告诉他们结婚的事。
부모님을 기쁘게 하기 위해, 그는 당분간 그들에게 결혼 사실을 알리지 않았다.

……, 为的是…… 예: 她不分白天黑夜地赶写论文, 为的是在儿子上学之前毕业。
그녀가 밤낮을 가리지 않고 논문을 서둘러 쓴 것은, 아들이 학교 가기 전에 졸업하기 위해서이다.

……好…… 예: 下飞机后快给父母打个电话, 好让他们放心。
비행기에서 내린 후 빨리 부모님께 전화를 드려서, 그분들이 안심할 수 있도록 하세요.

……以便…… 예: 你最好提前告诉我们参会的人数, 以便安排食宿。
네가 우리에게 회의 참석 인원수를 미리 알려주면 좋겠어, 숙식 준비를 위해서 말이야.

……以…… 예: 我们学校打算盖一座新的大厦, 以满足留学生的需要。
우리 학교는 새로운 빌딩을 지을 계획인데, 유학생 수요를 충족시키기 위해서이다. [유의: '以' 뒤에는 이음절 동사만

올 수 있음

(2) 후자('~하지 않도록') 의미 관련 상용 접속어구는 다음과 같다.

······省得······ 예: 去之前先打个电话问问有没有人，省得白跑一趟。
　　　　　　　　그리 가기 전에 먼저 전화를 걸어서 사람이 있는지 물어봐, 헛걸음하지 않게.
······免得······ 예: 还是先和她商量一下，免得她不高兴。
　　　　　　　　그래도 먼저 그녀에게 상의해봐, 그녀가 기분 나쁘지 않게.
······以免······ 예: 在宿舍说话注意点，以免再和她发生矛盾。
　　　　　　　　기숙사에서 말조심해, 다시는 그녀와 다툼이 생기지 않게.

12.2 '······为的是······'와 '······以便······'은 어떤 차이가 있을까?

둘 다 목적을 나타내는데, 목적을 나타내는 종속절이 뒤에 위치한다. 이들의 차이점은 다음과 같다. 먼저 '···为的是···'는 선행절의 목적을 보충 설명하는 데 쓰인다. 따라서 선행절에서 언급한 상황은 이미 완료되었거나 진행 중인 것이다. '······以便······'에서 선행절은 후행절에서 언급한 일이 쉽게 실현되도록 하기 위해 제시된 것이다. 따라서 선행절에서 언급한 상황은 대개 아직 완료되지 않은 일이나 계획에 해당한다.

① 她总是夏天穿冬衣，冬天穿夏衣，为的是吸引男人的注意力。
　그녀가 항상 여름에 겨울옷을 입고, 겨울에 여름옷을 입는 것은, 남자의 관심을 끌기 위해서다.
② 我们没有及时通知你父亲病危的事情，为的是让你安心参加高考。
　우리가 제때 네 부친이 위독하다는 사실을 알리지 않은 것은, 네가 안심하고 수능을 치게 하기 위해서였다.
③ 你最好把事情的经过如实告诉我们，以便我们帮助你。
　우리에게 사건의 경과를 사실대로 말하는 것이 좋겠어, 그래야 우리가

너를 도울 수 있어.
④ 发现有错误的地方请您及时告诉我, 以便我们进行修正。
오류가 있는 부분을 발견하면 즉시 알려주세요, 우리가 수정할 수 있도록요.

13. 복문 교육

13.1 복문에서 접속사, 부사의 위치: "不但他喜欢, 也我喜欢"은 맞는 문장일까?
접속사가 복문을 구성하지만, 부사도 복문을 구성할 수 있다. 그러나 이들은 문장 내의 위치가 달라서 복문 교육에서 특별히 유의해야 한다.

① a. 不但哥哥聪明, 弟弟也聪明。
　　 형도 똑똑하고, 남동생도 똑똑하다.
　 b. *不但哥哥聪明, 也弟弟聪明。
② a. 虽然他很聪明, 成绩却不好。
　　 비록 그는 똑똑하지만, 성적은 오히려 좋지 않다.
　 b. *虽然他很聪明, 却成绩不好。
③ a. 如果明天下雨, 我们就不去了。
　　 만약 내일 비가 온다면, 우리는 가지 않을 것이다.
　 b. *如果明天下雨, 就我们不去了。
④ a. 只有好好学习, 你才能取得好的成绩。
　　 열심히 공부해야만, 너는 좋은 성적을 얻을 수 있다.
　 b. *只有好好学习, 才你能取得好的成绩。
⑤ a. 无论你去不去, 我都要去。
　　 네가 가든 말든, 나는 갈 것이다.
　 b. *无论你去不去, 都我要去。
⑥ a. 这件衬衣, 不仅质量好, 价格还便宜。
　　 이 셔츠는, 질이 좋을 뿐만 아니라, 가격도 저렴하다.
　 b. *这件衬衣, 不仅质量好, 还价格便宜。

⑦ a. <u>不但</u>学生想去，<u>而且</u>老师也想去。
　　학생이 가고 싶어 할 뿐만 아니라, 선생님도 가고 싶어 한다.
　b. *不但学生想去，老师而且也想去。
⑧ a. <u>如果</u>你参加，<u>那么</u>我也参加。
　　만약 당신이 참가한다면, 나도 참가하겠다.
　b. *如果你参加，我也那么参加。
⑨ a. <u>虽然</u>他很聪明，<u>但是</u>成绩并不好。
　　비록 그는 총명하지만, 성적은 좋지 않다.
　b. *虽然他很聪明，成绩但是并不好。
⑩ a. <u>因为</u>房价太高了，<u>所以</u>他放弃了买房。
　　집값이 너무 비싸서, 그는 집 사는 것을 포기했다.
　b. *因为房价太高了，他所以放弃了买房。

상술한 비교를 통해 접속어구 역할을 하는 부사(예: 就, 才, 都, 却, 也, 又, 还, 越 등)는 주어 뒤에 위치해야 하고, 앞에는 출현할 수 없음을 알게 되었다. 접속사(예: 所以, 而且, 但是, 那么 등)는 주어 앞에 위치해야 하고, 뒤에 위치해선 안 된다. 따라서 '而且/所以/那么/但是/然后 등+주어', '주어+就/才/都/却/也/又/还/先 등'으로 요약할 수 있다. 앞뒤 절의 주어가 같으면 학습자의 오류가 발생하지 않으나, 주어가 달라지면 오류가 발생하기 쉽다.

⑪ a. *不但老师不同意，也学生不同意。
　b. <u>不但</u>老师不同意，学生<u>也</u>不同意。
　　선생님이 동의하지 않을 뿐만 아니라, 학생도 동의하지 않는다.
⑫ a. *既然你妈妈来了，就你多陪陪妈妈吧。
　b. <u>既然</u>你妈妈来了，你<u>就</u>多陪陪妈妈吧。
　　기왕 네 엄마가 왔으니, 엄마와 많이 시간을 보내라.

이 같은 오류를 피하기 위해서 학습자가 복문이나 고정된 형식을 배울 때마다, 교사는 주어가 두 개 나오면 가능한 주어의 위치를 구조화 방법을 통해 학습자에게 알려주어야 한다. 예:

不但+주어1……, 而且+주어2……
因为+주어1……, 所以+主语2……
既然+주어1……, 주어2+就……
如果+주어1……, 주어2+就……
不管+주어1……, 주어2+都……
只要+주어1……, 주어2+就……

CHAPTER 8
문법의 오류 분석

| 주요 내용 |

이 장은 오류 분석이 중국어 교육에서 가지는 의의, 문법 오류의 원인, 특성, 유형 그리고 오류 분석의 기본 원칙과 방법을 소개한다.

1. 중국어 교육에서 오류 분석은 어떤 중요한 의미가 있을까?
2. 오류 분석의 원칙: '오류'와 '실수'는 어떤 차이가 있을까?
3. 학습자의 오류 원인은?
4. 학습자의 오류 특징은?
5. 오류 유형은 어떻게 분류할 수 있을까?

CHAPTER 6

용매와 용액

1. 중국어 교육에서 오류 분석은 어떤 중요한 의미가 있을까?

중간언어 이론에서는 학습자가 외국어를 학습할 때 스스로 만들어내는 언어체계, 즉 중간언어를 외국어 학습 과정에서 나타나는 언어 발달 단계로 본다. 언어를 습득하는 과정에서 학습자는 오류 발생, 피드백에 따른 오류 정정, 교정의 과정을 거친다. 이 과정에서의 학습자 오류를 분석하면 제2언어 습득의 규칙, 학습자가 언어 습득 과정에서 취하는 전략과 절차 등을 밝혀낼 수 있다. 궁극적으로 오류 분석은 학습자의 학습에 도움이 될 뿐만 아니라, 교사가 학습자의 오류 원인을 고려하여 교육 내용 및 방법을 조정하고, 더 나아가 오류 발생을 예측하여 효과적인 교육을 수행하는 데 도움이 된다.

2. 오류 분석의 원칙: '오류'와 '실수'는 어떤 차이가 있을까?

중간언어 연구는 주로 오류 분석의 방법을 활용한다. 즉 제2언어 학습 과정에서 발생하는 오류에 주목하여 체계적인 분석과 연구를 진행함으로써, 제2언어 습득 과정과 규칙을 밝혀낸다.

오류 분석은 먼저 '오류'와 '실수'를 구별해야 한다. '오류'란 학습자가 목표언어를 사용하면서 무의식적으로 범하는 잘못을 나타낸다. 이러한 오류는 체계적이고 규칙적이며 화자의 언어 수준을 반영하기 때문에 언어 능력의 범주에 속한다.

① *我学习汉语在首师大。
② *我吃早饭七点。

위의 예문은 미국 초급 학습자의 과제에 출현한 오류이다. 모국어의 부정적 전이로 인하여 부사어를 동사 뒤에 배치하였는데, 아직 시간 부사어와 장소 부사어의 위치를 제대로 파악하지 못해서 나타난 오류이다. 이는 중국어를 학습하는 특정 단계에서 미국 학습자에게 보편적으로 나타나는 현상이다. 언어능력에 해당하고 보편성을 갖기 때문에 오류에 해당한다.

'실수'란 특수한 상황에서 발생하는 언어상의 잘못이다. 긴장, 부주의, 집중력 부족 등의 원인으로 인한 것이며 우연히 발생한다. 학습자와 모국어 화자 모두 범할 수 있는 잘못이지만, 이를 저지른 후에 스스로 즉시 고칠 수 있는 능력이 있다. 그래서 화자의 언어 수준이라고 볼 수 없기 때문에 언어능력의 범주에 속하지 않는다.

중국어 교육에서 오류 분석을 진행할 때 고수해야 할 한 가지 원칙은 '오류'를 분석하는 것이며 '실수'를 분석하는 것이 아니라는 점이다.

3. 학습자의 오류 원인은?

학습자의 오류는 여러 요인에 의해 발생한다. 오류 원인은 크게 5개로 나눌 수 있는데 모국어 문법 규칙의 부정적 전이, 중국어 내부 문법 규칙의 과도한 일반화, 문화적 요인에 의한 부정적 전이, 학습 및 의사소통 전략으로 인한 오류, 교사와 교재로 인한 오류이다.

(1) 모국어 문법 규칙의 부정적 전이.

① *你不要说这样。
② *他喜欢说话大声。

이것은 모국어가 영어인 학습자의 오류이다. 부사어는 모두 동사 앞에 위치하여야 한다. 그런데 학습자가 모국어의 부정적 영향으로 인하여 부사어를 영어 어순에 따라 문미에 배치하면서 오류가 발생하였다.

(2) 중국어 내부 문법 규칙의 과도한 일반화.

① *我学习太极拳三个年了。
② *马上我们就可以休息7个天。

학습자가 명사 앞에 양사가 위치해야 하는 규칙은 알지만 '年, 天, 分钟' 등은 앞에 양사를 추가할 필요가 없다는 특수 규칙은 모른다. 그래서 명사 앞에 양사가 위치하는 규칙을 과잉 일반화하여 오류가 발생하였다. 또 다른 예로, 학습자가 '不(没有)+동사'라는 규칙을 '把', '被'에 적용하여 다음과 같은 오류가 발생하기도 한다.

③ *我把作业没交给老师。
④ *他被妈妈没打哭。

그리고 '정도부사+형용사' 규칙을 '比' 구문에 적용하여 다음과 같은 오류를 범하기도 한다.

⑤ *他比我很高。
⑥ *我比他非常刻苦。

(3) 문화적 요인에 의한 부정적 전이.

① *我妈妈最近身体不好，我需要在家照顾她，那就是我不去参加你的晚会的原因。

중국어 화자는 방금 한 말이나 언급을 '가까운' 상황으로 인식한다. 그래서 '这'를 사용하여 직전 내용을 조응 지시한다. 그러나 영어 화자는 방금 한 말이나 언급 내용을 과거 상황으로 간주하기 때문에, '멀다'고 인식해서 'that'으로 지칭한다. 이러한 문화 차이로 인하여 영어가 모국어인 학습자에게 '这' 대신 '那'를 사용하는 오류가 많이 발생한다.

(4) 학습 및 의사소통 전략으로 인한 오류.

학습자는 언어 학습 및 교류의 주체로서 언어를 배우고 활용하는 과정에서 능동적으로 참여하고 어려움을 극복하기 위해 전략을 사용한다. 학습 전략과 의사소통 전략이 여기에 해당하는데, 예를 들면 '회피'가 있다. '회피'란 학습자가 어려움에 처했을 때 무의식적으로 목표언어의 규칙을 무시하고, 어렵게 여기는 어떤 언어항목의 사용을 기피하는 것을 말한다.

① *请你放桌子上杯子。
② *我要寄给妈妈这张照片。

'把'구문은 여러 나라의 학습자에게 고난이도 문법 항목이기 때문에 학습자가 '把'구문의 사용을 회피하여 오류가 발생한다.

(5) 교사와 교재로 인한 오류.

① *爷爷喜欢吃饭后散步散步。
② *昨天我们游泳了一个小时。
③ *我的同屋经常帮忙我。

학습자가 상술한 오류를 범하는 데에는 여러 원인이 있다. 이 중 주요 원인은 현행 교재가 이합사를 제대로 소개하지 못했거나, 교사가 이러한 단어에 대한 인식이 부족하기 때문이다. 이합사는 특수 문법 항목이기 때문에 일반 동사의 사용 방법과 크게 다르다. 그러나 현행 교재는 대체로 이러한 특수성에 대해 제대로 다루지 않는다. 예를 들어『桥梁(북경어언대출판사)』에서는 명사 뒤에 '名'을, 동사 뒤에 '动'을 표기한다. 그러나 이합사에는 아무것도 표기하지 않는다. 아무런 표기도 없는 것은 해당 단어가 특수성을 가진다는 것을 의미하기 때문에 교사가 책임지고 어떤 특수성을 갖는지 보충 설명을 해야 한다. 그렇지 않으면 학습자는 이합사를 일반 동사처럼 사용하여 위와 같은 오류를 범하게 된다.

오류 발생은 매우 복잡한 문제이다. 우선, 오류 원인으로 작용하는 이 다섯 가지 요인은 독립적인 것이 아니라 서로 연관되어서, 여러 요인이 동시에 작용하기도 한다. 그리고 이 다섯 가지 요인은 동일한 관점에서 분류한 것이 아니므로 분류 기준이 통일되지 않아서 개념이 중복되기도 한다. 그러므로 오류 분석을 진행할 때 위의 다섯 가지 요인을 참고하되, 억지로 적용할 필요는 없다.

4. 학습자의 오류 특징은?

보편성: 동일한 모국어를 구사하거나 심지어 다른 모국어를 구사하는 학습자가 중국어를 학습하는 여러 단계에서 나타나는 오류는 보편성을 가진다. 예를 들면 부사어를 문장의 말미에 놓는 오류는 모국어가 영어인 학습자뿐만 아니라 한국어, 태국어를 모국어로 하는 학습자 사이에서도 매우 보편적이다.

단계성: 학습자의 중간언어는 동적인 시스템이다. 학습자의 중국어 수준이 향상됨에 따라 중간언어도 끊임없이 변화하고 모종의 단계성을 나타낸다. 그리고 단계별로 나타나는 오류도 다음과 같이 각기 다른 특징이 있다.

(1) 학습자의 중국어 수준이 향상됨에 따라 모국어의 부정적 전이로 인한 오류가 점차 줄어든다. 모국어의 부정적 전이로 인한 오류는 두 언어

의 대조 분석으로 설명할 수 있다. 이러한 오류는 주로 학습의 초기 단계에서 나타난다. 모국어의 부정적 전이로 인한 오류가 많은데 모국어의 부정적 전이가 요인이 아닌 오류는 주로 학습의 중고급 단계에서 나타난다. 이 단계는 학습자의 모국어로 인한 영향이 점차 약해지고 목표언어의 영향이 점차 강해진다. 목표언어의 과잉 일반화로 인한 오류는 두 언어의 대조로는 설명할 수 없다.

(2) 학습자의 중국어 실력이 향상됨에 따라 문장 내 오류는 점차 감소하고, 문장 외 오류가 점차 증가한다. 문장 내 오류는 문장 내부에서 발생하는 오류를 말한다. 단어의 의미나 용법 등과 관련된 오류, 단어의 문장 성분 역할에 관련된 오류인데, 이러한 오류는 주로 중급 단계에서 나타난다.

① *北京里有很多人。(北京有很多人。)
(北京에는 많은 사람들이 있다.)
② *明天我等你在学校大门口。(明天我在学校大门口等你。)
(내일 내가 학교 정문에서 너를 기다릴게.)

문장 외 오류는 문장과 문장 사이에 출현하는 오류를 말한다. 예를 들면 문장의 연결 형식과 대체사 조응 관련 오류, 문법은 맞지만 맥락과 화용적 제약으로 인해 발생한 오류가 있다. 이러한 오류는 주로 학습의 중고급 단계에서 나타난다.

반복성, 고착성: 상술한 바와 같이 오류의 출현에는 단계성이 있다. 그러나 반복성과 고착성도 간과해서는 안 된다. 각 단계에서 나타나는 오류는 확연히 구분되지는 않기 때문에, 학습자의 오류를 제때 바로잡지 못하면 오류가 반복되고 결국은 고착되어서 목표언어 습득에 부정적인 영향을 미칠 가능성이 높다.

5. 오류 유형은 어떻게 분류할 수 있을까?

문법 오류는 내용상 크게 두 가지로 나눌 수 있다. 하나는 품사인데 주로 각종 단어의 사용 오류를 말한다. 특히 전치사, 부사, 조사, 접속사 등 의미가 허화된 단어의 사용 오류가 있다. 또 다른 하나는 통사인데 주로 각종 구, 문장의 구조 유형, 구문 유형, 문장 성분 등의 사용 오류를 말한다. 이 두 가지 오류는 형식상 크게 네 가지 유형으로 나눌 수 있는데 누락 오류, 첨가 오류, 오용 오류, 어순 오류이다.

(1) 누락 오류. 단어의 누락(접속사, 부사, 대체사, 조사, 양사 등을 포함)일 수도 있고, 문장 성분의 누락일 수도 있다.

① *我妈妈每天_很担心。[부사 '都' 누락. '每天' 뒤에 '都' 추가해야 함]
② *外边有人吵架, 可里边_清静。[부사 '很' 누락. 형용사가 서술어로 쓰이면 '很' 추가해야 함]
③ *我从朋友_借了一本书。[대체사 '那儿' 누락. 보통명사가 장소 나타낼 때 대체사 사용해야 함]
④ *她已经认识到自己错_。[조사 '了'의 누락. '已经……了'는 변화를 나타냄]
⑤ *他是我最好_朋友。[조사 '的'의 누락. 구가 관형어로 쓰여서 명사를 수식할 때 '的' 추가해야 함]
⑥ *虽然我们都想早点儿下课去看演出, _老师不同意。[접속사 '可是' 누락]
⑦ *就是妈妈反对, 我_要去。[연결 역할을 하는 부사 '也' 누락]
⑧ *只有打工, 他_能上学。[연결 역할을 하는 부사 '才' 누락]

(2) 첨가 오류. 단어 또는 문장 성분을 사용하지 말아야 할 곳에 잘못 사용한 오류를 지칭한다. 특수 의미를 나타내는 형태소에 대한 첨가 오류, 허사의 첨가 오류, 특수한 문장의 구조 유형, 구문의 유형의 표지성 성분에 대한 첨가 오류 등이 있다.

① *昨天有四个朋友们去了我家。['们'의 첨가 오류. 명사 앞에 수량이 있을 때 뒤에 '们' 추가하면 안 됨]
② *以前每年的冬天我都生病了。['了'의 첨가 오류. '每…'가 습관 상황을 설명할 때 '了' 사용하지 않음]
③ *我们得到了他们的热情的帮助。[여러 개의 관형어가 연속될 때. 조사 '的'의 첨가 오류]
④ *信被他写好了。['被'의 첨가 오류. '행위자-피행위자'의 관계가 명확하여 '被'자문의 표지인 '被'를 추가할 필요 없음]
⑤ *他女朋友又很聪明又很漂亮。[부사 '很'의 첨가 오류. '又……又……'에서 형용사 앞에 '很' 사용할 수 없음]
⑥ *我昨天买了一本书，但是现在还没看书。['书'의 첨가 오류. 앞과 동일한 성분은 생략해야 함]
⑦ *我是一个英国留学生，我今年23岁，我在北京学习汉语，我很喜欢北京。['我'의 첨가 오류. 후행절에서 선행절의 동일 성분은 생략해야 함]

(3) 오용 오류. 두 개 이상의 언어형식이 의미, 용법, 형식상으로 관련이 있으면 이들을 혼용하기 쉽다. '오용 오류'는 이렇게 혼동하기 쉬운 언어형식 중에서 특정 용법이나 맥락에 적합하지 않은 형식을 사용하여 발생하는 오류이다.

① *我没有够的时间去参观。['够'의 오용. 관형어는 '足够'를 사용. '够'는 관형어로 쓰일 수 없음]
② *他的家庭非常圆满。['圆满'의 오용. 가정, 결혼을 표현할 때 '美满' 사용]
③ *你这条裙子在哪儿买了，我也想买一条。['了'의 오용. 이미 아는 정보의 부분 정보를 강조할 때 '的' 사용]
④ *大卫去桂林了，关于林芳，我还不知道。['关于'의 오용. 다른 화제를 언급할 때 '至于' 사용]

(4) 어순 오류. 특정 문장 성분이 잘못 배치된 오류를 말한다. 예를

들면 부사어를 주어 앞에, 부사어를 동사 앞에, 관형어를 명사 뒤에, 방위사를 명사 앞에 잘못 놓은 오류 등이 있다.

① *我们都同意了，却班长不同意。['却'는 주어 '班长' 뒤에 놓아야 함]
② *爸爸来了从上海。[부사어 '从上海'는 동사 앞에 놓아야 함]
③ *什么时候你出发？[특수 의문대체사는 동사 '出发' 앞에 놓아야 함]
④ *歌迷的周杰伦都来了。[관형어 '周杰伦的'는 중심어 '歌迷' 앞에 놓아야 함]
⑤ *南边的教学楼是车库。[방위사 '南边'은 명사 '教学楼' 뒤에 놓아야 함]
⑥ *老师，我回去宿舍拿书。['来/去'는 장소 목적어 '宿舍' 뒤에 놓아야 함]

参考文献

奥田宽(1982) 论现代汉语形容词的强制性联系和非强制性联系,『南开学报』第3期。
北京大学中文系1955, 1957级语言班编(1996)『现代汉语虚词例释』,商务印书馆。
北京大学中文系现代汉语教研室(2005)『现代汉语』(重排本),商务印书馆。
陈保亚(1997) 对剩余语素提取方法的限制,『汉语学习』第3期。
崔希亮(1992) 汉语"连"字句的语用分析,『中国语文』第2期。
邓守信(1999) The acquisition of "了·le"in L2 Chinese,『世界汉语教学』第1期。
房玉清(2008)『实用汉语语法』(第3版),北京语言大学出版社。
傅雨贤等(1997)『现代汉语介词研究』,中山大学出版社。
高顺全(2001) 试谈"被"字句的教学,『暨南大学大学化文学院学报』,第1期。
高永奇(1999) 感叹句中"多(么)""太"的语义,句法,语用分析,『殷都学刊』第1期。
国家对外汉语教学领导小组办公室汉语水平考试部(1996) 『汉语水平等级标准与语法等级大纲』,高等教育出版社。
国家汉语办公室汉语水平考试中心编(2001)『汉语水平词汇与汉字等级大纲』,经济科学出版社。
郭 锐(2002)『现代汉语词类研究』,商务印书馆。
贺阳(1994) "程度副词+有+名"浅析,『汉语学习』,第2期。
洪波(2003) 对外汉语成语教学探论,中山大学学报论丛,第23卷第2期。
侯学超(1998)『现代汉语虚词词典』,北京大学出版社。
胡明扬(1981) 北京话的语气助词和叹词,『中国语文』第5, 6期;又见『北京话初探』,胡明扬,商务印书馆,1987年。
黄伯荣·廖序东(2002)『现代汉语』(增订二版),高等教育出版社。
黄南松(1992) 论对外汉语基础阶段的语法教学,中国对外汉语教学学会第四届年会论文。
郎大地(1987) 受副词"多么, 真"强制的感叹句,『语言研究』第1期。

李大忠(1984) 不能重叠的双音节形容词,『语法研究和探索』(二), 北京大学出版社。

李大忠(1997) 『外国人学汉语语法偏误分析』, 北京语言文化大学出版社。

李小荣(1997) 谈对外汉语虚词教学,『世界汉语教学』第4期。

李行健(2000) 『现代汉语成语规范词典』, 长春出版社。

李晓琪(2005) 『现代汉语虚词讲义』, 北京大学出版社。

李英哲等(1990)『实用汉语参考语法』, 熊文华译, 北京语言学院出版社。

刘丹青(1987) 形名同现及形容词的向,『南京师范大学学报』第3期。

刘德联·刘晓雨(2005)『汉语口语常用句式例解』, 北京大学出版社。

刘叔新(1984)『词汇学和词典学研究』, 天津人民出版社。

刘月华·潘文娱等(2004)『实用现代汉语语法』(增订本), 商务印书馆。

刘月华主编(1998)『趋向补语通释』, 北京语言文化大学出版社。

卢福波(1996)『对外汉语教学实用语法』, 北京语言文化大学出版社。

卢福波(2004)『对外汉语教学语法研究』, 北京语言大学出版社。

陆俭明(1980) 关于汉语副词教学,『语言教学与研究』第4期。

陆俭明(1982) 现代汉语副词独用刍议,『语言教学与研究』第2期。

陆俭明(1987) 说"年, 月, 日",『世界汉语教学』第1期。

陆俭明(1990) 表疑问的"多少""几",『王力先生纪念论文集』, 商务印书馆。

陆俭明(1991) 现代汉语时量词说略,『语言教学与研究』第1期。

陆俭明(1993)『陆俭明自选集』, 河南教育出版社。

陆俭明(2000) "对外汉语教学"中的语法教学,『语言教学与研究』第3期。

陆俭明(2002) 英汉回答是非问句的认知差异,『暨南大学华文学院学报』第1期。

陆俭明(2004) 词语句法, 语义的多功能性: 对"构式语法"理论的解释,『外国语』, 第2期。

陆俭明(2005a)『现代汉语语法研究教程』(第三版), 北京大学出版社。

陆俭明(2005b)『作为第二语言的汉语本体研究』, 外语教学与研究出版社。

陆俭明(2005c) 要重视讲解词语和句法格式的使用环境,『对外汉语研究』第1期。

陆俭明(2005d) 汉语教员应有的意识,『世界汉语教学』第1期。

陆俭明·郭锐(1998) 汉语语法研究所面临的挑战,『世界汉语教学』第4期。

陆俭明·马真(1985)『现代汉语虚词散论』, 北京大学出版社。

陆俭明・沈阳(2002)『汉语和汉语研究十五讲』,北京大学出版社。
陆庆和 (2008)『基础汉语教学(二)・词类教学』,台北新学林出版股份有限公司。
陆庆和(2006)『实用对外汉语教学语法』,北京大学出版社。
吕明臣(1998) 汉语的情感指向和感叹句,『汉语学习』第6期。
吕叔湘(1983) 怎样学习语法,『吕叔湘论文论集』,商务印书馆。
吕叔湘(1984)『汉语语法分析问题』,商务印书馆。
吕叔湘主编(1996)『现代汉语八百词』,商务印书馆。
吕文华(1992) "了$_2$"语用功能初探,『语法研究与探索』(六),语文出版社。
吕文华(1994)『对外汉语教学语法探索』,语文出版社。
吕文华(1999) 短语词的划分在对外汉语教学中的意义,『语言教学与研究』第3期。
马庆株(1992)『汉语动词和动词性结构』,北京语言学院出版社。
马 真(1982) 说"也",『中国语文』第1期。
马 真(1983) 说"反而",『中国语文』第3期。
马 真(1988) 程度副词在表示程度比较的句式中的分布情况考察,『世界汉语教学』第3期。
马 真(1997)『简明实用汉语语法教程』,北京大学出版社。
马 真(2001) 表加强否定语气的副词"并"和"又"——兼谈词语使用的语义背景,『世界汉语教学』第3期。
马 真(2004)『现代汉语虚词研究方法论』,商务印书馆。
聂文龙 (1989) 存在和存在句的分类,『中国语文』第2期。
彭小川・李守纪・王红(2004)『对外汉语教学语法释疑201例』,商务印书馆。
齐沪扬(2002)『语气和语气系统』,安徽教育出版社。
齐沪扬(2005)『对外汉语教学语法』,复旦大学出版社。
沈家煊(2001) 跟副词"还"有关的两个句式,『中国语文』第6期。
施家炜(1999) 外国留学生22类现代汉语句式的习得顺序研究,『世界汉语教学』第2期。
宋玉柱(1993) 对外汉语语法教学札记,『汉语学习』第4期。
孙德金(2002)『汉语语法教程』,北京语言大学出版社。
孙德金主编(2006)『对外汉语语法及语法教学研究』,商务印书馆。
佟慧君(1986)『外国人学汉语病句分析』,北京语言学院出版社。

王了一 (1953) 句子的分类,『语文学习』第1期。

汪小宁(1996) 实词·虚词·中词——现代汉语基本词类划分新探,『安庆师范学院学报』第3期。

吴门吉·周小兵(2004) "被"字句与"叫,让"被动句在教学语法中的分离,『云南师范大学学报』(对外汉语教学与研究版),第4期。

肖奚强(2002)『现代汉语语法与对外汉语教学』,学林出版社。

邢福义(1984) 说"NP了"句式,『语文研究』第3期。

邢红兵(2005)『基于统计的汉语字词研究』,语文出版社。

徐晶凝(1998) 语气助词的语气义及其教学探讨,『世界汉语教学』第2期。

薛凤生(1994) "把"字句和"被"字句的结构意义,戴浩一、薛凤生主编『功能主义与汉语语法』,北京语言学院出版社。

杨寄洲(2005)『1700对近义词用法对比词典』,北京语言大学出版社。

杨寄洲·崔永华(1991) 课堂教学技巧说略,『语言教学与研究』第2期。

杨庆蕙主编(1995)『现代汉语离合词用法词典』,北京师范大学出版社。

杨庆蕙主编(1996)『对外汉语教学中的语法难点剖析』,北京师范大学出版社。

杨玉玲(2004) "还NP呢",『修辞学习』第6期。

杨玉玲(2006) "单个'这'和'那'篇章不对称研究",『世界汉语教学』第4期。

杨玉玲(2007) 认知凸显性和带"有"的相关格式,『修辞学习』第5期。

杨玉玲(2011)『国际汉语教师语法教学手册』,高等教育出版社。

叶盼云,吴中伟(2006)『外国人学汉语难点释疑』,北京语言大学出版社。

袁毓林(1993)『现代汉语祈使句研究』,北京大学出版社。

袁毓林(1999)『袁毓林自选集』,广西师范大学出版社。

张旺熹(1991) "把字结构"的语义及其语用分析,『语言教学与研究』第3期。

张旺熹(1993) 主谓谓语结构的语义模式,『世界汉语教学』第3期。

张旺熹(2005) 连字句的序位框架及其对条件成分的映现,『汉语学习』第2期。

张谊生(2000)『现代汉语副词研究』,学林出版社。

赵金铭(1996) 对外汉语语法教学的三个阶段及其教学主旨,『世界汉语教学』第3期。

赵金铭(1997)『汉语研究与对外汉语教学』,语文出版社。

赵金铭主编(1997)『新视角汉语语法研究』,北京语言文化大学出版社。

赵淑华等(1995) 关于北京语言学院现代汉语精读教材主课文句型统计结果报

告,『语言教学与研究』第2期。
周小兵(1995) 谈汉语时间词,『语言教学与研究』第3期。
周小兵·赵新(2002)『对外汉语教学中的副词研究』,中国社会科学出版社。
周小兵·朱其智·邓小宁等(2007)『外国人学汉语语法偏误研究』,北京语言大学出版社。
朱德熙(1982)『语法讲义』,商务印书馆。
朱德熙(1985)『语法答问』,商务印书馆。

한국문화사 중국어학 시리즈
질문으로 배우는 중국어 문법 下

1판 1쇄 발행 2025년 9월 9일

원 제	现代汉语语法答问 下
편 찬 자	陆俭明
지 은 이	杨玉玲·应晨锦
편 역 자	김미순·정인정·고은미
펴 낸 이	김진수
펴 낸 곳	한국문화사
등 록	제1994-9호
주 소	서울시 성동구 아차산로49, 404호(성수동1가, 서울숲코오롱디지털타워3차)
전 화	02-464-7708
팩 스	02-499-0846
이 메 일	hkm7708@daum.net
홈페이지	http://hph.co.kr

ISBN 979-11-6919-325-2 94720
ISBN 979-11-6919-323-8 (세트)

• 이 책의 내용은 저작권법에 따라 보호받고 있습니다.
• 잘못된 책은 구매처에서 바꾸어 드립니다.
• 책값은 뒤표지에 있습니다.

오류를 발견하셨다면 이메일이나 홈페이지를 통해 제보해 주세요.
소중한 의견을 모아 더 좋은 책을 만들겠습니다.